LA COLONIE DU DOCTEUR SCHAEFER

Maria Poblete
Frédéric Ploquin

La colonie
du Docteur Schaefer

Une secte nazie
au pays de Pinochet

Fayard

Le paradis terrestre avait été discrédité au moment exact où il devenait réalisable. Toute nouvelle théorie politique, de quelque nom qu'elle s'appelât, ramenait à la hiérarchie et à l'enrégimentement, et [...] des pratiques depuis longtemps abandonnées, parfois depuis des centaines d'années (emprisonnement sans procès, emploi de prisonniers de guerre comme esclaves, exécutions publiques, tortures pour arracher des aveux, usage des otages et déportation de populations entières), non seulement redevinrent courantes, mais furent tolérées et même défendues par des gens qui se considéraient comme éclairés et progressistes...

GEORGE ORWELL, *1984.*

Mes parents sont arrivés de Parral où je suis né. Là-bas, au centre du Chili, poussent les vignes et abonde le vin.

PABLO NERUDA.

Pérou

Bolivie

Brésil

Paraguay

Arica

Iquique

Pampa de Tamarugal

Calama

Antofagasta

*Llullaillaco
(6 723 m)*

CHILI

*Ojos del Salado
(6 880 m)*

Océan

Coquimbo

Argentine

Pacifique

Uruguay

*Aconcagua
(6 959 m)*

Valparaiso

*Tupungato
(6 830 m)*

Santiago du Chili

*Maipo
(5 290 m)*

Rancagua

Talca

Parral

X

Concepción

Chillán

Temuco

Valdivia

Chiloe

Océan

Atlantique

Punta Arenas

X Colonie du Dr. Schaefer
Voir détail en annexe

0   km   500

Ushuaïa

Cap Horn

CORDILLÈRE DES ANDES

PRÉAMBULE

Il était une fois, au pays de Pinochet, un village d'irréductibles qui résistait à toutes les mises au pas. Ses habitants ne venaient pas de Gaule, mais de Germanie. Les premiers habitants du moins, car, depuis lors, ils avaient pallié le vieillissement et l'amenuisement démographique en incorporant des « indigènes » à qui ils apprenaient leur langue, leurs chansons, leurs coutumes particulières, sans pour autant aller jusqu'à se reproduire avec eux.

« Colonia Dignidad » (« Colonie Dignité ») : l'ancien nom de ce camp ne figurait sur aucune carte du Chili. Car, estimant sans doute l'appellation déplacée, à moins qu'il ne se soit agi pour elle d'effacer un passé trop encombrant, la communauté s'était rebaptisée du nom bucolique de « Villa Baviera », double hommage au paysage local et au Land d'origine de ses pères fondateurs.

Il était une fois une histoire vraie qui avait plus à voir avec un conte cruel façon Hansel et Gretel qu'avec un roman à l'eau de Cologne... L'histoire d'une tribu partie d'une Allemagne ruinée par le nazisme, disloquée, pour suivre le subjugant Docteur Schaefer, prédicateur plus autoritaire qu'éclairé qui promettait à ses ouailles un avenir « radieux » à l'abri de ce péril communiste qui, selon ses dires, menaçait l'Europe.

Cette histoire, nous avons choisi de la reconstituer parce qu'elle nous parle mieux que toute autre de ce Chili marqué par une dictature « exemplaire » fondée par un dictateur « modèle » : le général Augusto Pinochet (dont le patronyme sent, lui, le terroir français).

Il y est question d'autorité et de soumission. De la façon dont une poignée d'individus déterminés peuvent, en s'en donnant les moyens, asservir leurs prochains jusqu'à réguler leur vie conjugale et sexuelle. De la manière dont ces mêmes individus, venus de l'Europe des Lumières, de la Raison et de l'Argent, ont détourné le prestige dont ils jouissaient pour mater toute résistance chez les habitants du pays qui les avait accueillis. Et abuser amplement de la situation.

L'histoire éclaire au passage d'un jour cru les choix diplomatiques des États-Unis, bien avant le coup de main financier donné à un Oussama Ben Laden pour combattre l'avancée soviétique dans une région moyen-orientale au sol gorgé d'or noir et de gaz. Au Chili, ne reculant devant aucune alliance extrême, Washington a utilisé la CIA pour liquider l'union de la gauche, parvenue démocratiquement au pouvoir, et installer une dictature militaire, le 11 septembre 1973. Pour les besoins de sa « cause », et par souci logistique, la centrale du renseignement américain a ensuite couvert une secte enseignant et pratiquant la torture, dont elle savait pertinemment qu'elle avait servi de point de chute à d'anciens nazis en fuite : la Colonia Dignidad.

Loin de nous l'intention de nous substituer à une justice latino-américaine chroniquement défaillante, même si l'absence de poursuites judiciaires a souvent un parfum scandaleux. Pas question non plus de dire qui est coupable, qui est innocent. Nous avons simplement voulu décrypter des événements que les années de dictature ont volontairement et méthodiquement occultés jusqu'à aujourd'hui, Pinochet partageant généreusement son impunité avec ceux qui l'ont aidé, au premier rang desquels trône le Docteur Schaefer, grand manitou de l'enclave allemande.

La Colonia Dignidad est toujours debout en 2004, même si son chef, objet de plusieurs mandats d'arrêt internationaux, est activement recherché par la police chilienne. Elle est au centre de l'un des mystères les plus opaques du Chili où notre enquête nous a conduits à deux reprises. Nous y avons été reçus à bras ouverts par de nombreuses personnes, soulagées ou simplement heureuses de pouvoir transmettre les informations dont elles disposaient ou de raconter les souffrances qu'elles avaient endurées.

Nous avons aussi, à notre vif regret, buté contre des portes désespérément closes, notamment celles des responsables de la Colonia Dignidad, à l'évidence peu soucieux de s'expliquer publiquement et traitant par le mépris, selon leur habitude, les légitimes questions que nous posions sur leur fonctionnement, leur passé, leurs méthodes.

Ce serait enfin manquer au lecteur que de ne pas mentionner que cette histoire est aussi un peu la nôtre, du moins celle de Maria Poblete : née au Chili, elle a fui le pays à l'âge de dix ans dans les bagages de ses parents, contraints à l'exil en France en raison de leur engagement intellectuel et politique.

Il est vrai que l'enquête commençait à Paris...

1.

La justice française
face à « l'homme dont les chiens
couvraient les cris des torturés »

Paris, novembre 2002

« La Colonia Dignidad ? C'est une secte ; soyez prudents si vous vous rendez sur place. D'autant que c'est encore un énorme tabou au Chili. »

L'avocate parisienne qui nous reçoit est probablement l'une des personnes les mieux informées sur cette « Colonie Dignité » qui porte si mal son nom. Elle s'appelle Sophie Thonon et emploie depuis longtemps son savoir-faire juridique à débusquer les séquelles, nombreuses et vivaces, laissées derrière elles par les dictatures militaires latino-américaines. Code de procédure pénale à la main, souvent accompagnée de son confrère William Bourdon, elle n'a de cesse de dresser un rempart contre l'oubli et l'impunité. D'accompagner et d'épauler les familles des victimes françaises de ces régimes qui ont érigé la torture en système de contrôle de l'opinion.

Ces victimes européennes sont le fil indispensable de ceux qui ne veulent pas laisser les bourreaux dormir en paix ; elles allaient nous permettre d'aborder de plein fouet le cas de la Colonia Dignidad et de son chef

Paul Schaefer, un frustré du nazisme, parti exercer ses talents sur le continent sud-américain, apparemment doublé d'un grand pervers sexuel.

C'est l'arrestation d'Augusto Pinochet au Royaume-Uni, le 16 octobre 1998, qui a déclenché l'offensive judiciaire. L'ancien dictateur venait de se faire opérer d'une hernie lombaire, dans une clinique londonienne, avec la bénédiction de son amie Margaret Thatcher ; la justice européenne s'est alors brusquement réveillée ; Sophie Thonon et William Bourdon ont entrevu la brèche.

Dans leur bataille procédurale, les deux avocats se sont longtemps appuyés sur un magistrat du tribunal de Paris, Roger Le Loire qui lancera un mandat d'arrêt le 25 octobre 2001 contre le chef de la Colonia Dignidad[1].

Comment ce juge s'y est-il pris pour marquer des points utiles alors que les crimes avaient eu lieu des années auparavant et dans l'autre hémisphère ? Comme souvent, la machine judiciaire a connu des ratés. Les mandats d'arrêt ont eu les plus grandes difficultés à franchir l'Atlantique. Ils ont dû suivre un vrai labyrinthe dont les autorités chiliennes n'ont jamais souhaité dessiner l'issue, trop soucieuses de préserver certains intérêts et probablement confortées dans leur inertie par le peu de vélocité manifestée par la partie française, plus prompte en paroles qu'en actes.

Rompu à la lutte contre la voyoucratie, le juge Le Loire ne s'est pas laissé refroidir par la perspective

---

1. Ce jour-là, le juge lancera quinze mandats d'arrêt : contre Paul Schaefer mais aussi contre le général Pinochet (au pouvoir de 1973 à 1990), contre le général Manuel Contreras, fondateur de la police politique, et contre plusieurs militaires chiliens aujourd'hui à la retraite.

de ces barrières « naturelles ». Saisi de la disparition d'un citoyen français – Alphonse Chanfreau, dit « Alfonso » – dans la colonie allemande, il est parti à la recherche du Docteur Schaefer. Fil de son enquête : à la veille d'être fusillé sur ordre de la sinistre Direction du Renseignement national (DINA, police politique chilienne), un militant appelé Humberto Menanteaux a déclaré avoir aperçu Chanfreau à la Colonia, au mois de mai 1975. Encore un homme que nous ne pourrions pas retrouver, mais dont les confidences avaient heureusement été recueillies et répercutées avec assez de sérieux pour figurer dans un dossier d'instruction français...

« Séquestrations accompagnées de tortures » : c'est ainsi que Roger Le Loire a d'emblée qualifié les faits. Au pluriel : outre Chanfreau, né au Chili dans une famille qui avait quitté, au début du siècle, Saint-Gaudens et le sud-ouest de la France, quatre autres familles de disparus français ont porté plainte[1].

Difficile d'enquêter à 12 000 kilomètres de distance, mais l'information circule bien parmi les pourfendeurs de dictatures. Elle afflue de Rome où un juge enquête lui aussi sur le régime de Pinochet. D'Espagne où le juge Balthazar Garzón a déjà écrit quelques pages sur le sujet. Mais aussi du Chili. Plusieurs documents confidentiels parviennent sur le bureau du juge français qui retrouve bientôt la trace d'un exilé politique chilien

---

1. Les quatre autres victimes s'appellent Étienne Pesle, arrivé au Chili comme prêtre en 1953 et interpellé le 19 septembre 1973 ; Jean-Yves Claudet-Fernandez (interpellé en Argentine le 1er novembre 1975) ; Georges Klein (conseiller politique du président Allende, arrêté le 11 septembre 1973) ; et Marcel René Amiel Baquet.

vivant en France, le professeur de biologie Iván Treskow Cornejo. Il le convoque aussitôt et l'entend dérouler l'histoire qui l'a conduit durant un mois à la Colonia Dignidad alors que grondait la dictature.

Treskow appartenait aux Jeunesses communistes lorsque la tornade militaire s'est abattue sur le pays. Il était l'un des piliers de cette organisation dans la petite ville de Talca, située non loin de la colonie allemande, ce qui faisait de lui un client tout désigné du Docteur Schaefer. L'accent allemand de ses tortionnaires, il ne l'a pas oublié, ni la désagréable impression qu'il ne sortirait pas vivant de cet endroit. Pour peser sur ses nerfs, on diffusait en boucle *Le Lac des cygnes*, du compositeur russe Tchaïkovsky, dans laquelle un certain Siegfried, prince de son état, doit choisir une princesse. Une équipe de « psychopathes » (c'est ainsi qu'il les a perçus) frappaient les détenus sur les testicules, au niveau de l'estomac et en pleine figure, alors qu'ils dormaient, « juste parce que ça leur faisait plaisir ». Un jour, il lui a semblé entendre un détenu succomber alors qu'un haut-parleur diffusait un discours de la junte militaire expliquant que la torture n'existait pas au Chili :

« J'ai entendu un homme s'exclamer : "Attention, ce con de sa mère nous échappe !" Ils lui ont administré des gifles, ont tenté de le réanimer, mais il n'est pas revenu à lui. »

Une autre fois, « ils » ont violé une prisonnière après l'avoir baignée, l'avoir attachée au « gril » et avoir branché des électrodes sur son corps.

« Il y avait quelqu'un qu'ils appelaient "le Docteur", ou "Doc", précise Treskow. C'était un homme à l'accent allemand qui traitait les détenus de "chèvres" et les menaçait en ces termes : "Jusqu'ici, nous avons été mous. Nous ne nous sommes pas donnés à fond, mais si vous continuez à jouer, vous allez voir !" »

Dans son bureau qui surplombe le boulevard du Palais, dans l'île de la Cité, le juge Le Loire s'imprègne de cette atmosphère irrespirable où plane l'ombre de Paul Schaefer. Bizarrement, d'après le témoin, le Docteur semblait plus excité par le degré de résistance à la torture de ses sujets que par les aveux qu'il pouvait leur arracher.

Le magistrat manque encore d'éléments pour ficeler convenablement son dossier, mais les soupçons semblent assez solides pour imaginer une expédition outre-Atlantique. Il voudrait voir de plus près cette enclave qui a résisté à tous les régimes depuis sa création en 1961. Fouler ce lieu suspecté d'avoir abrité tous les crimes, à la fois carrefour du trafic d'armes, haut lieu de la pédophilie, centre de tortures, paradis fiscal et planque d'anciens nazis. Approcher cet îlot entouré de barbelés où un dangereux « gourou » tenait sous une poigne de fer une population condamnée à vivre comme dans une gravure ténébreuse du XIXe siècle...

En attendant un hypothétique voyage, le juge repère et convoque un autre Chilien, Reinaldo Erick Zott Chuecas. Lui aussi est passé entre les mains des bourreaux de la Colonia. Lui aussi vit en exil en Europe, précisément à Vienne (Autriche).

Le témoin se présente au Palais de justice de Paris le 9 avril 2001 et expose son calvaire dont le récit est couché sur procès-verbal. Lors du coup d'État militaire, il étudiait la sociologie à l'université de Concepción, grosse ville du Sud chilien, et dirigeait une section étudiante du MIR (Mouvement de la gauche révolutionnaire), un parti d'extrême gauche dans la mouvance de Che Guevara ; il est aussitôt entré dans la clandestinité. Envoyé à Valparaíso, grand port encore rayonnant, pour y organiser la section locale du MIR, il a été interpellé le 17 janvier 1975 par les « Vampires » : une équipe de choc de la police politique, dirigée par Fernando Lauriani Maturana, dit le « lieutenant Pablo ». Considéré comme un « gros poisson », Zott est rapidement transféré à Santiago pour y subir un traitement digne de son rang.

« La tâche de la DINA, explique-t-il au juge Le Loire, consistait à liquider les militants et à éradiquer le MIR. Les détenus portés disparus qui se trouvaient entre ses mains étaient transférés en deux endroits. Le premier était un complexe touristique populaire situé dans une station balnéaire proche du port de San Antonio ; de là, ils étaient emmenés vers le large en hélicoptère et précipités à la mer. La seconde destination était la Colonia Dignidad. Sur place, les détenus qui devaient subir des interrogatoires étaient aiguillés vers la partie habitée ; les autres vers un campement militaire installé sur la colline Maravilla. Là, ils étaient affectés aux travaux forcés ou servaient de cobayes à des expérimentations médicales, notamment des tests sur le gaz sarin, menées sous la double tutelle du personnel de la Colonia Dignidad et de membres de la DINA. »

Sur les cinq cents personnes présumées mortes entre les mains de la police politique, combien sont passées par la Colonia ? Erick Zott l'ignore. Tout comme il ignore le jour précis de ce mois de juillet 1975 où il s'y est retrouvé lui-même avec les fameux « Vampires ».

Deux autres membres du MIR étaient ce jour-là à ses côtés dans la camionnette bleue de la DINA – les « mouches bleues », comme on les appelait. L'un d'eux s'appelait Luis Enrique Peebles ; ils l'avaient « chargé » à la base navale de Concepción. Une fois à la Colonia, il a aussi reconnu la voix de Pedro Espinoza Bravo, l'un des hauts responsables de la « Brigade de renseignement métropolitaine », bras armé de la DINA. Il s'en souvient comme si c'était hier : « La situation est bien plus sérieuse ici, lui a annoncé de but en blanc Espinoza. Tout contact avec qui que ce soit est absolument interdit. » En somme, là où il se retrouvait, on ne rigolait plus.

Les interrogatoires – il a encore dans l'oreille le son de leurs voix – furent conduits par Lauriani en personne, assisté d'Espinoza. Il a également entendu une voix à l'accent portugais, peut-être un « élève » brésilien. Détail qui revêt à ses yeux une importance notable : une liaison radio permettait un contact permanent entre la Colonia et le grand centre de tortures du pays, la Villa Grimaldi, à Santiago. Cette même villa où les officiers auront la surprise de le voir revenir, au terme de son séjour dans le Sud : normalement, lui diront-ils, on ne sort pas vivant de la Colonie du « Docteur » Schaefer...

Comment pouvait-il affirmer, alors qu'il avait toujours eu les yeux bandés, qu'il était bien à la Colonia Dignidad ?

« Je connaissais la réputation de cet endroit avant le coup d'État, car le MIR avait enquêté sur les activités de groupes d'extrême droite comme la Jeunesse du

Parti national et le mouvement Patria y Libertad[1]. Les membres de ces groupes recevaient une instruction militaire à la Colonia. »

Ce n'était pas son seul indice. Plus tard, des officiers de la Navale lui avaient confirmé qu'il revenait bien de la Colonia. Un des « Vampires » avait lui aussi lâché le mot en expliquant que leur arrivée sur place avait interrompu un « cours », du style exercice anti-guérilla. Le fait qu'il portât un patronyme à consonance allemande lui avait d'ailleurs valu un traitement particulier : coton imbibé d'eau dans les oreilles, casque en cuir lui couvrant intégralement le crâne, cellule d'isolement.

« Savez-vous si la DINA disposait d'une antenne permanente au sein de la Colonia Dignidad ? » interroge le juge Le Loire.

« À mon avis, la Colonia abritait l'unité la plus importante et la plus sûre de la DINA. Manuel Contreras[2] avait passé une alliance stratégique avec Paul Schaefer. Il se défiait des unités du régime militaire, car il était en conflit avec plusieurs officiers supérieurs et généraux de l'armée de terre. La Colonia constituait une base idéale pour mener à bien le sale boulot, c'est-à-dire exterminer et faire disparaître le corps des détenus, monter des attentats terroristes à l'extérieur du pays, principalement en Europe et en Argentine, se livrer à diverses activités lucratives et poursuivre des recherches dans le domaine scientifique.

Sur le plan technique, par exemple, les agents de la DINA en poste en Europe communiquaient avec leur

---

1. En première ligne lors de la préparation du putsch contre Salvador Allende, en 1973.
2. Chef de la DINA, mise sur pied par le régime militaire dès 1974.

service par le truchement de la Colonia qui possédait une importante représentation à Siegburg[1], en Allemagne. »

Avec un témoin aussi précis, le juge d'instruction plongeait dans le vif du sujet. Était-il envisageable qu'Alphonse Chanfreau, vu pour la dernière fois à la Villa Grimaldi à la fin août 1974, alors qu'une camionnette lui roulait sur les jambes, eût été aperçu à la Colonia neuf mois plus tard ?

« Il est possible que Chanfreau ait survécu longtemps à la Colonia, répond prudemment Erick Zott. On ne percevait aucune logique dans le traitement réservé aux détenus. »

La logique du Docteur Schaefer, maître en son micro-État, le juge français la perçoit mieux en découvrant certains détails. La cuisinière de la Colonia, réfugiée en Allemagne, a en effet livré ses secrets culinaires que voici transmis à la justice. Elle préparait là-bas trois sortes de repas. Le menu spécial était réservé aux visiteurs, à Paul Schaefer et à quelques dirigeants. Le menu normal était destiné au personnel de la Colonia. Le troisième était le « menu des cochons » (*Schwein*, en allemand) dont elle ignorait, cloisonnement oblige, qu'il était destiné à des êtres humains.

Lorsqu'il prend connaissance du témoignage d'un ancien conscrit sur les travaux forcés endurés à l'intérieur de la Colonia, Roger Le Loire ne peut s'empêcher de penser aux camps de concentration de la Seconde Guerre mondiale. Ces êtres vêtus de blanc, sous-alimentés, travaillant dans des conditions physiques

---

1. La ville natale de Paul Schaefer, située non loin de Bonn.

abominables lui en rappellent d'autres, portant des tenues rayées et voués à la mort.

Sous les yeux du magistrat se dessinent à distance les contours d'une véritable annexe de la police politique. Un lieu à l'abri des regards, y compris de ceux de la Croix-Rouge internationale qui, lors d'une visite dans les prisons chiliennes, au début 1975, a été tenue à distance de la Colonia Dignidad (où plusieurs « disparus » venaient d'être discrètement transférés en prévision de cette inspection).

Non seulement la DINA pouvait torturer en paix chez les Allemands, mais l'endroit était idéal pour entreposer la documentation confidentielle rassemblée sur l'« ennemi intérieur », ainsi que la liste des nombreux informateurs du service. Les « colons » ne risquaient pas de vendre la mèche : leur liberté de mouvement et de parole était on ne peut plus limitée.

Pour ne rien gâcher, Manuel Contreras, le grand manitou de la DINA, pouvait éventuellement s'y livrer à des activités commerciales fort lucratives. Après la répression, le business n'était-il pas le second pilier du régime pinochétiste ? La Colonia, le juge le découvre dans une vieille note du Bureau des Mines, a très tôt obtenu l'autorisation d'extraire du sol chilien titane et molybdène, deux métaux rares utilisés dans les industries d'armement. Mais aussi de l'or dont les sbires de la police politique contrôlaient à l'époque le marché à l'intérieur du pays. De quoi susciter convoitises et arrangements.

Les « intérêts supérieurs » des États, comme on désigne pudiquement les contrats juteux, d'armes en particulier, ont incité entre-temps les Britanniques à relâcher leur proie : Pinochet est rentré chez lui, le 3 mars 2000, à bord d'un avion militaire chilien. Officiellement pour raisons médicales, sauf que la justice française disposait de rapports officieux indiquant que le vieux général était encore relativement frais. Seule la Belgique a fait mine de vouloir le retenir : tous les autres gouvernements ont fermé les yeux. Et ont évité de les rouvrir pour regarder l'ancien dictateur fouler le sol de son pays en laissant derrière lui une chaise roulante plus vraiment indispensable...

Roger Le Loire, lui, met la main sur les déclarations d'un ancien agent de la DINA autrefois chargé de conduire les militants politiques récalcitrants à la Colonia où l'on avait la réputation de savoir traiter les moins bavards. Il s'agit d'un certain Samuel Enrique Fuenzalida Devia, l'un des rares à avoir vu sur place Paul Schaefer. Il accepte à son tour de venir témoigner devant la justice française, le 11 avril 2001.

Il n'avait même pas vingt ans en ce mois de juillet 1974. Il était en poste à la Villa Grimaldi, à Santiago, lorsqu'il a été convoqué dans le bureau de son commandant. Il devait partir « pour le Sud » en compagnie d'un capitaine du service, chef du poste de la DINA à Parral, et d'un prisonnier...

« Je savais que le "Sud", c'était la Colonia Dignidad. Je m'y rendais pour la première fois, mais j'avais déjà entendu dire que des gens étaient conduits là-bas. Nous avons quitté la caserne vers 15 heures, le capitaine et moi, à bord d'un pick-up Chevrolet de couleur claire, puis nous nous sommes rendus au centre de détention de Tres Alamos (les "Trois Peupliers", un autre centre de tortures). Le capitaine a demandé aux gardes de lui ramener un certain "Loro Matías". L'homme nous a été amené les yeux bandés, et nous en avons pris possession sans signer aucun registre. J'ai demandé où se trouvaient les affaires personnelles du détenu. Le capitaine m'a répondu qu'il n'avait besoin de rien. Nous lui avons simplement ajusté des lunettes noires pour masquer son bandage, puis j'ai aidé "Loro Matías" à monter dans la camionnette, car il était très mal : il arrivait à peine à marcher.

« Nous avons pris la route du Sud [...]. À un moment, avant d'arriver à Parral, le capitaine est descendu de la camionnette. "Loro Matías" m'a alors dit que si j'étais catholique, il fallait que je prie pour lui, car il ne reviendrait pas de là où on allait [...]. À la nuit, nous sommes arrivés devant un portail sur lequel on pouvait lire, en espagnol : "Colonie de la Bienfaisance." Nous avons été accueillis par cinq Allemands. Habillés en uniformes militaires vert olive, sans insigne, ils étaient armés de mitraillettes Rei Metal F.A. Parmi eux se trouvait Paul Schaefer, que je ne connaissais pas encore. C'était un vieux monsieur avec un œil de verre, que l'on appelait "Professeur". Aidé d'un Allemand appelé Mücke, il a empoigné le prisonnier pendant que les trois autres nous conduisaient vers la maison de maître, où un dîner était dressé à notre intention.

« Nous étions en train de manger quand Schaefer est réapparu avec un chien, un berger allemand. Il s'est adressé au capitaine. Joignant le geste à la parole, il a prononcé un seul mot en allemand : *"Fertig"*, ce qui peut se traduire par : "Fini". J'ai compris que "Loro Matías" avait été tué [...].

« Au cours de mon passage à la Colonia, j'ai appris que Pinochet devait se rendre sur place, mais également Contreras et plusieurs officiers du service... »

Et Samuel Fuenzalida de remettre au juge d'instruction des photos de victimes, mutilées de façon à les rendre inidentifiables, « afin d'expliquer ce qu'était la répression au Chili ».

Quelques jours plus tard, particulièrement convaincu par ces deux premiers témoignages, Roger Le Loire s'offre le luxe de menacer directement Henry Kissinger. L'ancien secrétaire d'État américain travaillait auprès du président Richard Nixon lorsque les États-Unis ont téléguidé le putsch anti-Allende. Plusieurs documents annexés au dossier montrent surtout qu'il était informé du déroulement du « plan Condor » : un plan de répression massive et coordonnée mis au point par les dictatures latino-américaines dans les années 70, au sujet duquel deux tonnes d'archives oubliées ont été repêchées par hasard dans un commissariat de la banlieue d'Asunción (Paraguay), après le retour de la démocratie dans ce pays. Un plan dont les attendus étaient ainsi consignés : « La subversion est présente dans notre continent depuis quelques années, s'appuyant sur des conceptions politiques et économiques qui sont fondamentalement contraires à l'histoire, à la philosophie, à la religion et aux coutumes propres à nos pays et à nos deux hémisphères. »

De passage à Paris dans les derniers jours du mois de mai 2001, Kissinger est descendu à l'hôtel Ritz, place Vendôme, lorsqu'il apprend que la justice française souhaite lui poser quelques questions au sujet de cette vaste chasse aux exilés. L'Amérique en lutte contre ce qu'elle considérait comme le « cancer communiste » a béni une traque mortelle ; Kissinger peut en être tenu pour partiellement comptable. Sans doute le sait-il parfaitement, lui qui, d'après un document de la CIA, a tenu ces propos explicites au général Pinochet, le 8 juin 1976 :

« Aux États-Unis, comme vous le savez, nous sommes de tout cœur avec vous [...]. Je vous souhaite de réussir. »

Prenant la menace judiciaire au sérieux, Kissinger choisit d'abréger son séjour parisien. L'incident suscite un courrier circonstancié d'un représentant des États-Unis à Paris. Le signataire fournit ses arguments au juge Le Loire : premièrement, l'ancien secrétaire d'État bénéficie d'un passeport diplomatique, ce qui le rend intouchable ; deuxièmement, les informations qu'il détient éventuellement sont la propriété exclusive des États-Unis ; enfin, si l'on veut bien lui adresser des questions par écrit, il se tient prêt à y répondre dans le respect des règles.

Le magistrat prend au mot cette dernière proposition et expédie ses questions par les voies diplomatiques habituelles.

Roger Le Loire tient de plus en plus à se déplacer au Chili, mais il n'a pas encore l'aval des autorités chiliennes. La Cour suprême de Santiago a même retoqué sa première commission rogatoire internationale. Officiellement pour vice de forme, en vérité au motif que la France n'a pas à mettre son nez dans les affaires intérieures du pays.

Approcher l'antre de l'homme dont les bergers allemands couvraient en aboyant les cris des torturés, voilà qui reste le principal objectif du juge d'instruction. Aussi rédige-t-il une nouvelle commission rogatoire internationale. À Paris, la Chancellerie l'appuie, cette fois plus nettement (le socialiste Lionel Jospin est à

Matignon et Élisabeth Guigou au ministère de la Justice). L'État français, fait unique dans les annales, recrute même un avocat à Santiago pour suivre l'affaire. Mais, de nouveau, ça coince...

Pour contourner l'obstacle, le juge prend contact avec l'un des magistrats les plus influents du Chili, Juan Guzmán Tapia, qui l'invite à venir lui rendre visite. Entre juges et policiers de bonne volonté, l'information circule normalement ; on parvient même à mettre les formes pour éviter toute contestation.

Une fois Le Loire à Santiago, Guzmán l'introduit auprès de la police judiciaire chilienne, service dont le juge français se rend rapidement compte qu'il fait honneur au Chili démocratique. Lorsqu'il leur explique sa mission – découvrir les conditions de la disparition des cinq Français –, les policiers mettent leur documentation à sa disposition.

Les suites de ce déplacement ne se font pas attendre : la justice française se voit bientôt expédier une série de documents essentiels à sa compréhension du théâtre chilien. Parmi ceux-ci, la copie de la déclaration faite en octobre 1977 par un jeune homme (32 ans) qui se savait condamné à mort : Juan René Muñoz Alarcón. Comment cet ancien dirigeant du Parti socialiste, membre du Comité central de la jeunesse et responsable de la Centrale unifiée des travailleurs (CUT), a-t-il été enrôlé par la police politique de Pinochet ? C'est toute l'histoire de cette vie qu'il a tenu à narrer aux prêtres du Vicariat de la Solidarité, à Santiago, lieu où convergeaient tous ceux qui pleuraient un disparu.

Tout avait commencé avec sa démission du Parti, quelques mois avant le coup d'État, pour désaccord politique. Traqué par ses anciens camarades, il a tout perdu, maison et famille, et filait droit vers le suicide. Un pilier de la droite conservatrice l'a alors hébergé, caché et nourri. Et voilà que, par « esprit de revanche », il a emboîté le pas aux militaires putschistes jusqu'au stade national de Santiago, où avaient été concentrés les opposants au régime : une cagoule sur la tête, pour garantir son anonymat, il a désigné à la DINA les plus influents de ses anciens camarades. Beaucoup sont morts à cause de lui, et cette sanglante collaboration aurait pu perdurer... Sauf qu'un jour, alors qu'il arpentait les rues de la capitale avec des militaires, il a refusé d'identifier un militant : non, cet homme ne lui disait vraiment rien. Malheureusement, Alarcón apparaissait sur une vieille photo à ses côtés. Considérant qu'il ne jouait plus le jeu, on l'a alors jeté à son tour au fond d'une cellule.

Contraint d'accepter d'aller encore plus loin pour s'en sortir, Alarcón a été conduit à la Colonia Dignidad. « Là-bas fonctionne un centre d'entraînement des services spéciaux, dirigé par des Allemands, témoigne-t-il. On y trouve des avions-ambulances, des avions postaux, des prisons souterraines. J'ai moi-même été préparé à interroger des gens et à assurer des missions de contre-espionnage. On m'a demandé d'entrer dans la clandestinité et de revenir au Parti. Malheureusement – je dirais plutôt : heureusement ! – je n'ai pu le faire, car j'étais grillé. On m'a alors occupé à d'autres tâches : capturer des gens, les interroger, les torturer et les tuer. »

Dans sa première et dernière déposition, effectuée en pleine dictature, Alarcón cite les noms de ses chefs. Il évoque un escadron de la mort à l'œuvre dans le pays. Dit comment la DINA entretient « une armée de mouchards ». Balance les noms des deux principaux correspondants de la CIA dans le pays. Raconte comment il a discrètement prévenu deux hommes d'Église à la veille de leur arrestation. Et tente de se justifier.

« La DINA, dit-il, on y entre mais on n'en sort pas. »

À l'heure où il livre cette véritable confession, affirme-t-il, 112 anciens cadres politiques de l'Unité populaire sont encore retenus à la Colonia Dignidad. Ses sources ? Il s'est personnellement chargé de plusieurs d'entre eux. Les recherches du Vicariat risquent cependant de rester vaines, car la DINA a mis au point un stratagème destiné à brouiller les identités : lorsqu'un homme est fait prisonnier, on brûle tous ses papiers et on l'enregistre sous un faux nom. « Certains apparaissent dans les fichiers comme ayant quitté le territoire, mais ils ne sont pas en exil : ils ont simplement été confiés à la police argentine qui les a réexpédiés vers le Chili. Celui qui refuse de collaborer – et, croyez-moi, à l'intérieur, nous collaborons tous – se voit confectionner une fiche au nom d'un membre de la DINA. On le fait alors officiellement sortir du pays, mais, en fait, on l'exécute. »

Devant la surprise de son interlocuteur, Alarcón abat toutes ses cartes sur la table :

« Je me suis préparé avant de faire cette déclaration, dit-il. Mais je suis un peu nerveux, car je sais que je signe mon arrêt de mort, que ce soit d'un côté ou de l'autre, cela est pour moi très clair. »

Il ne veut rien oublier, se souvient brusquement d'un détail important qu'il tient à voir consigné :

« La Colonia dispose d'une radio capable de relayer des conversations vers n'importe quel endroit du monde en quelques secondes. C'est ici qu'aboutit l'information envoyée par les membres de la DINA en service dans les pays étrangers. »

Puis, comme une obsession, Alarcón évoque à nouveau les disparus. Il se dit convaincu qu'en agissant vite, on pourrait en sauver quelques-uns, « même si beaucoup sont au bord de la folie à cause des traitements qu'on leur a fait subir. On ne les maintient en vie que parce que l'on compte les utiliser pour en capturer d'autres », ajoute-t-il avant de parapher cette déposition historique.

Il l'a déjà dit et le répète une dernière fois : il est prêt à témoigner devant n'importe quel tribunal. Roger Le Loire n'aura cependant aucune chance de le rencontrer : quelques jours après cette confession, l'homme à la cagoule a été retrouvé dans une rue de Santiago, assassiné de dix-sept coups de poignard.

Avancement de carrière oblige, Roger Le Loire cède bientôt le dossier « Chili » à un autre juge, Sophie-Hélène Château. Laquelle sera appelée un an plus tard, en septembre 2002, à de plus hautes fonctions...

Un juge se passionne, l'autre y croit moins, un troisième s'en tient aux formalités. Pourquoi déployer autant d'énergie pour une cause si lointaine ? Pourquoi faire passer un pays situé par-delà l'Océan et la Cordillère des Andes avant cet homicide involontaire par accident de la route, sur la Nationale 12, ou cette affaire de viol, ou cette histoire d'abus de biens sociaux au détriment d'une importante société publique ? Ces disparus, ces morts, même citoyens français, appartiennent à l'histoire du Chili : un juge français n'est pas obligé de considérer qu'ils appartiennent aussi à l'histoire de l'humanité. Nul ne lui reprochera de clore un tel dossier sans demander de comptes à des tortionnaires qui ont su négocier chez eux l'impunité, même si elle a été en définitive obtenue par la force...

N'est-ce pas aux élus chiliens de se démener pour apurer les pages noires de leur histoire ? Ceux qui le pensent trouveront un argument en leur faveur en jetant un coup d'œil du côté de l'Argentine où, durant le mois d'août 2003, le Parlement a commencé à débattre de l'opportunité d'annuler la loi *Obediencia debida*, dite « Loi du point final ». Une loi votée le 4 juin 1987, aux termes de laquelle 2 395 membres des forces armées accusés d'avoir violé les droits de l'homme durant la dictature avaient échappé à toutes poursuites...

Rien ne serait donc irrémédiable... sauf que le Chili n'est pas l'Argentine. Ainsi, quand Buenos Aires a plutôt facilité l'acheminement des mandats d'arrêt émis par la justice française, Santiago a souvent agi en sens contraire, dans la plus grande opacité. À plusieurs reprises, les Argentins ont fait fi de la fameuse « voie diplomatique », dans laquelle s'engluent la plupart des mandats et commissions rogatoires ; les Chiliens, eux, ont donné à cette voie son sens le plus tortueux : en son nom ils ont ignoré les demandes qui arrivaient par le biais d'Interpol. Une négligence que la diplomatie française est, soit dit en passant, loin d'avoir corrigée : le Quai d'Orsay aussi s'est parfois endormi sur des mandats d'arrêt jugés malvenus. Ligne de conduite apparente : on ne dérange pas un pays ami qui dort, même si son sommeil tourne à la cécité.

MM^es Sophie Thonon et William Bourdon, conscients de ces immenses difficultés, ont maintenu la pression sur la justice. Au nom des cinq victimes françaises, mais en pensant aussi à toutes les autres victimes, ainsi qu'au million de Chiliens (un habitant sur dix) qui ont fui leur pays dans les années 70 – une véritable saignée ! –, ils se sont accrochés à l'idée d'un grand procès ouvert en France...

En attendant, nous devions nous rendre au Chili pour pister les bourreaux et rencontrer les survivants. Avions-nous une chance, même infime, de retrouver Paul Schaefer ? Aux yeux de Sophie Thonon comme de la plupart de ses interlocuteurs chiliens, le Chili restait encore son plus sûr refuge. Peut-être même vivait-il à l'abri des blockhaus de la Colonia Dignidad, digne héritage des systèmes de défense érigés en leur temps par les nazis ? Intouchable pour avoir, entre autres services, offert le gîte et le couvert à des époux Pinochet au faîte de leur puissance...

2.

Le bruit, l'odeur et la fureur

Santiago du Chili, janvier 2003

Flanqué sur la côte ouest du continent sud-américain, le Chili s'étale comme une longue banderole au pied de la Cordillère des Andes. La tête dans le désert, les doigts de pied sous les glaces, un cœur gros comme une capitale qui a peu à peu aspiré l'essentiel de la jeunesse du pays : Santiago, brûlante en ce mois de janvier, l'équivalent du mois d'août dans l'hémisphère Nord. Brûlante et polluée, avec ses milliers de bus vrombissant, toutes fumées dehors, dans une frénétique chasse aux clients.

Plutôt que de nous épuiser à traquer des fantômes, ici fort nombreux, nous cherchons à nous rassurer auprès des vivants. L'avantage qu'ils ont sur les morts, c'est qu'ils parlent. Un miracle, sachant que leur silence a justement failli leur coûter la vie à l'époque où les tortionnaires dictaient leur « loi ». Pas étonnant, dans ces conditions, qu'ils s'appellent entre eux les *sobrevivientes*, les survivants.

Un nom nous suit depuis Paris, apparu dans le dossier judiciaire français : celui de Luis Enrique

Peebles, l'un de ces « survivants ». Le mot prend un relief particulier lorsque nous nous rendons sur son lieu de travail : l'hôpital Barros Lucos, l'un des plus grands de Santiago, cerné par les vendeurs de cercueils, embaumement et transport compris, destinés à héberger ceux pour qui la médecine ne peut plus rien.

Luis Peebles, dit « Quico », officie comme psychiatre au sein de l'Unité de santé des travailleurs, la médecine du travail. C'est un homme au calme communicatif, qui s'exprime aussi facilement en français qu'en espagnol et qui choisit ses mots avec la précision que réclame l'exercice de son métier.

« Vous commencez un long voyage », lâche-t-il. Et l'on voit bien qu'il ne fait pas seulement référence à la distance qui sépare la capitale des barbelés de la Colonia Dignidad, 348 kilomètres en roulant vers le sud. C'est que d'autres ont cherché avant nous à percer les mystères de la colonie allemande. Peebles se souvient de l'un d'eux, un journaliste allemand venu frapper à sa porte voici près de vingt ans. Il s'appelait Gero Gemballa et a laissé derrière lui un petit opuscule contenant les renseignements qu'il a pu glaner à l'époque, en pleine dictature[1]. Il avait évidemment été repoussé aux portes de ce territoire jalousement gardé par les fidèles de Paul Schaefer.

« Vous savez, poursuit le psychiatre, plusieurs avocats se sont usés en procès contre la Colonia depuis le retour de la démocratie, mais le plus au fait des derniers rebondissements est assurément Hernán Fernández. Si vous n'en rencontrez qu'un, ce doit être celui-là. »

Et le médecin des travailleurs de nous expliquer

---

1. *Colonia Dignidad*, publié aux éditions Cesoc, 1996.

comment les dirigeants de la Colonia avaient senti le vent tourner, à la fin de la dictature, et créé un formidable réseau de sociétés anonymes pour échapper à un démantèlement programmé.

Cependant, nous n'avions pas poussé la porte du bureau de Luis Peebles pour qu'il nous parle des autres. Nous voulions savoir comment sa propre existence avait côtoyé l'abîme à la Colonia Dignidad.

« Et vous ? Dans quelles circonstances vous êtes-vous retrouvé là-bas ? »

Ce genre de question, il y a eu droit plus d'une fois dans la bouche de juges ou de policiers. Le plus souvent, comme il le fera cet après-midi, il s'est plié avec une infinie patience à l'exercice.

« J'avais 26 ans au moment du coup d'État militaire. J'étais en septième année de médecine, à Concepción. J'étais en même temps très engagé dans le militantisme, à la fois au sein du MIR [Mouvement de la gauche révolutionnaire], dont j'étais l'un des dirigeants locaux, et dans les rangs de la Jeunesse catholique. Marié, père de deux enfants, j'appartenais à une communauté chrétienne de base installée dans un bidonville ; nous y avions fait venir l'électricité, y avions installé une polyclinique et travaillions sur la malnutrition depuis 1967, bien avant l'Unité populaire et Salvador Allende. Nous étions des révolutionnaires. Nous voulions faire la révolution par nous-mêmes.

– À quel milieu social apparteniez-vous ?

– À la petite bourgeoisie. Mon père était chef d'entreprise pour Coca-Cola, ce qui m'avait valu de faire une partie de mes études aux États-Unis ; j'étais là-bas en 1965, lorsque Johnson lança les premiers B 52 sur le Vietnam.

– Marxiste et catholique à la fois, n'est-ce pas ?

– J'avais été formé par les Jésuites et j'étais guévariste : je ne jurais que par la justice sociale, la planification de la production et la dictature du prolétariat, lorsque le coup d'État s'est produit. Numéro 13 dans l'organigramme du MIR à Concepción, j'ai vu les douze premiers tomber en moins d'un mois. Notre organisation était la cible prioritaire des militaires. Le simple fait d'appartenir à ce mouvement équivalait à une condamnation à mort. Dès lors, je n'ai plus remis les pieds chez moi. J'ai même quitté Concepción pour rejoindre Antofagasta, ma ville natale, dans le Nord. Mais j'ai rapidement décidé de revenir sur mes pas pour remplir mon devoir. Il s'agissait d'organiser la résistance passive à la dictature, de dénoncer les injustices, de protester contre l'interdiction des journaux et la dissolution de l'Assemblée nationale, de soutenir les femmes et les hommes emprisonnés. Des camarades voulaient passer à l'action directe ; moi, je pensais qu'affronter directement la dictature et les militaires relevait du suicide. »

Trois décennies après le printemps le plus noir de l'histoire du pays, le Chili, statistiques à l'appui, est devenu un fier élève du libéralisme le plus forcené, mais ses cicatrices suppurent encore. Dans l'hôpital silencieux, écrasé par la touffeur de cet après-midi d'été, Luis Peebles n'a aucun effort à fournir pour rassembler ses souvenirs. Ce jour où il est tombé, il l'a reconstitué maintes fois pour arriver toujours aux mêmes conclusions. Il venait de retrouver son épouse à Santiago, dans l'appartement d'une cousine. Un ami de la famille, fils de sa propre marraine, médecin dans l'armée de l'air, a conduit jusqu'à lui sa mère qu'il n'avait pas revue depuis près d'un an. Fort de son laissez-passer, l'ami ne paraissait pas gêné outre mesure par les restrictions imposées par les militaires. Il semblait également fort bien renseigné. À un moment donné, il s'est tourné vers lui :

« Tu sais, Luis, tu es sous le coup d'un mandat d'arrêt. C'est certainement une erreur, mais je serais toi, je quitterais le pays dans les 24 heures. Passe en Argentine, je te dirai exactement à quel endroit franchir la frontière. »

L'ami est resté au-delà du couvre-feu. Il est même allé chercher une bouteille de Pisco, un alcool de raisin à boire sec, avec du citron, ou coupé de Coca. Peebles a émis des doutes : ce mandat d'arrêt existait-il vraiment ? Le poste frontière était-il vraiment sûr ?

L'ami s'est encore absenté quelques instants. Lorsqu'il est revenu, c'était avec de bonnes nouvelles : « Tout est OK, la frontière n'est pas surveillée demain. Tu peux y aller tranquillement. »

Le lendemain, 15 décembre 1974, Peebles oublie ses soupçons et prend le bus pour l'Argentine. Le fait que l'ami connaisse l'un de ses noms d'emprunt aurait dû l'alerter davantage, d'autant que sa propre femme l'ignorait. C'était bien la preuve que l'autre en savait beaucoup plus qu'il ne le disait. Mais il était trop tard pour reculer. Le clandestin était dans la gueule du loup. Dans le froid glacial de la Cordillère, il allait bientôt recevoir sa première bastonnade...

Arrivé au poste frontière, un militaire monta à bord.

« Qui est M. Luis Enrique Peebles ? »

Luis se tut.

« Qui est M. Mauricio Ramos ? »

Puis, rompant à nouveau le silence, le militaire déclama la troisième identité de Peebles :

« Qui est M. Manuel Martinez ? »

Il fut traîné dans un bureau sans avoir eu le temps de saluer son épouse. État de guerre oblige, des militaires en armes l'entouraient. Presque aussitôt, ils commencèrent à le frapper.

Bandage sur les yeux, menottes aux poignets, fourgon cellulaire, direction tenue secrète... L'ami de la famille l'avait-il balancé ? Il lui a fallu attendre seize ans pour avoir un début de réponse. Seize ans d'exil qui ont fait de lui un quasi-citoyen européen, diplômé de la faculté de médecine belge. Seize ans au terme desquels, de retour au pays, il s'est par le plus grand des hasards retrouvé face à l'homme qui avait peut-être provoqué son arrestation.

Désireux de poursuivre l'exercice de son art au Chili, Peebles devait, à 43 ans, se plier à de nouveaux examens. En salle de chirurgie, il s'est retrouvé nez à nez avec cet homme de quelques années de plus que lui : c'est à lui qu'il revenait de le noter. L'« ami » a trouvé de bon ton de plaisanter sur la dictature. Il a surtout cherché à pousser son élève à la faute. À un moment donné, troublé par l'intensité de ce face-à-face, Peebles a craqué :

« À mon avis, cette question est hors de propos », a-t-il rétorqué.

Furieux d'être ainsi ridiculisé devant les élèves plus jeunes, l'homme a cherché une parade. Peebles a alors lâché les mots qui lui brûlaient la langue :

« Mais pourquoi as-tu fait cela ? Pourquoi m'avoir ainsi pressé de partir ? »

Loin de se démonter, le professeur a répliqué :

« Tu as eu tort de passer la frontière avec ton faux passeport, c'est tout. »

C'était pourtant sur son conseil qu'il avait agi ainsi.

« Malgré la présence de cet examinateur, vous êtes

devenu à votre tour professeur, n'est-ce pas ? lui demandons-nous.

– Oui, il n'est pas parvenu à m'en empêcher. »

« Revenons à ce fameux poste frontière...

– Ils m'ont conduit à Santiago où je suis resté un ou deux jours. Puis j'ai été transporté par avion à Concepción où j'ai été incarcéré à la base navale de Talcahuano. »

On n'arrive pas par hasard à la Colonia Dignidad. On y est invité et bien reçu, en ami ; ou bien on y est conduit de force, sans savoir si l'on en repartira vivant. Mais, à cette époque, Luis Peebles n'a que vaguement entendu parler de ce lieu. Il n'en est d'ailleurs pas question tout de suite. La police politique tente d'abord d'« opérer » elle-même son prisonnier. Elle veut savoir où se cachent ceux qui lui échappent encore. Où l'organisation a planqué ses stocks d'armes. Quelles actions ont été planifiées contre le régime. Et elle dispose, pour obtenir ces aveux, de méthodes aussi rudimentaires que sauvages dont Peebles fait les frais dix jours d'affilée. Les « techniciens » de l'interrogatoire ne s'embarrassent ni de mots ni de mise en scène. Ils appliquent leurs électrodes et balancent des décharges électriques dans le corps du « suspect ». Les confidences ne viennent pas ? Ils enchaînent avec des séances de « sous-marin », opération consistant à plonger le prisonnier dans des bidons remplis, au choix, de paraffine brûlante ou d'excréments.

Toujours rien ? Les spécialistes nationaux de la DINA rappliquent : ils ont jeté leur dévolu sur lui. On passe à la vitesse supérieure :

« Ils sont arrivés à la base navale un dimanche, vers

5 h 30 du matin, à bord d'une fourgonnette banalisée. Ils ont donné quelques ordres aux soldats postés à l'entrée, qui sont venus me chercher. J'ai été projeté à l'arrière du véhicule, à même le sol, les yeux bandés, menotté, des bouchons d'ouate mouillée dans les oreilles. J'étais persuadé qu'ils me conduisaient à Santiago, mais nous nous sommes arrêtés plusieurs heures à Concepción. Là, j'ai pu voir que je n'étais pas le seul détenu. Il y avait deux autres personnes gisant sur le plancher de la camionnette, un homme et une femme. J'ai rapidement reconnu le premier : c'était Erick Zott, un ami et camarade avec qui j'ai pu échanger trois mots. Je connaissais aussi l'autre personne, une fille qui n'avait pas, à cet instant, les yeux bandés. Elle s'appelait Marcia Alejandra Merino[1], avait été arrêtée sept mois plus tôt et contrainte à collaborer. Visiblement, elle était descendue avec eux de Santiago. Il y avait encore cinq autres personnes dans le véhicule. J'ai d'abord repéré leurs chaussettes, de couleur verte pour trois d'entre eux, grises pour les deux qui semblaient être des officiers. Sans doute avais-je affaire à un mélange de carabiniers et de membres de l'armée de terre, mais, hormis les chaussettes, ils étaient en civil. Leur façon de parler n'était pas celle des marins. À la base navale, je devais les appeler *señor* [monsieur] ; là, nous devions dire *jefe* [chef]. Leur manière de nous bousculer était différente ausi. À un moment, j'ai dit que je voulais pisser. "La ferme !" a hurlé l'un d'eux. Lorsque je leur ai annoncé que je commençais à uriner dans la camionnette, ils ont néanmoins accepté de m'ouvrir la portière. »

---

1. Connue sous le nom de la « Flaca Alejandra », « Alejandra la Maigre », sur laquelle la cinéaste chilienne Carmen Castillo a fait un film.

Commence alors un terrifiant jeu de piste où les messages sont de simples bruits, et le « trésor », un monstre... Tapis au fond de la fourgonnette, les prisonniers tentent de comprendre où ils sont conduits. Le lieutenant-colonel Pedro Espinoza, numéro deux de la DINA, dirige l'équipage, mais Peebles ne le sait évidemment pas. À un moment donné, Marcia Alejandra Merino, ligotée à son tour, est précipitée vers l'arrière ; elle est alors prise d'une crise d'hystérie qui dégénère en torrent de larmes.

La fourgonnette roule vers le nord, de cela Luis Peebles est sûr et certain. Elle s'arrête quelques minutes. Monte une forte odeur d'essence. Une station-service, probablement. Une voix venue de l'extérieur dit : « *¿ Patroncito, me adelanta para Cocharca ?* » L'homme fait de l'auto-stop. Il demande s'il peut faire un bout de chemin à bord de la fourgonnette en direction de Cocharca, localité située près de la ville de Chillán. Vers le nord, donc. « Oui, oui, on t'amène là-bas, bien sûr », dit une voix moqueuse à bord du véhicule. Les cinq membres de l'équipage partent d'un grand éclat de rire et plantent là l'auto-stoppeur.

Une fois la station-service derrière eux, Peebles s'efforce de compter les kilomètres. Après le passage d'un pont, le véhicule ralentit.

« Passe-moi 2 000 escudos », dit une voix.

Un péage, certainement. « Le » péage, car il n'y en a qu'un sur cette route-là.

Quelques minutes plus tard, nouveau ralentissement, puis virage à droite, en direction de l'est, donc de la Cordillère. La route goudronnée laisse place à un chemin de terre plutôt bien entretenu, ce qui n'est pas si fréquent dans le pays. La camionnette se remplit de poussière. La nuit tombe et quelques rares lumières apparaissent dans la campagne. Sous les roues, vacarme d'un pont de planches assez sommaire, note le prisonnier qui détecte bientôt un deuxième pont du même acabit. Puis le véhicule s'arrête. Une voix à l'extérieur :

« *Pantera*.

– *Rosa* », répond sans hésiter le chauffeur.

Le mot de passe, assurément : les militaires en sont friands. Un portail est ouvert. Le véhicule se remet en mouvement, toujours sur un chemin de terre. Environ cinq minutes plus tard, nouvel arrêt. Nouveau mot de passe, suivi de commentaires assez acerbes à bord de la fourgonnette. « Ces types-là, dit une voix, ils se protègent bien plus que nous-mêmes. » Qu'est-ce que cela pouvait signifier ? Que l'on pénétrait dans une base aérienne ou un dépôt de la Marine ? Une chose est certaine : les membres de l'équipage se sentaient étrangers sur le territoire dans lequel ils venaient de pénétrer. De mémoire, Luis Peebles ne voyait cependant aucune base militaire dans les parages, au pied des Andes. Ils ne pouvaient pas non plus avoir roulé jusqu'à la ville de Linares et son quartier militaire, bien trop lointains. Non, il ne voyait vraiment pas où ils étaient.

La fourgonnette se range, on coupe le moteur. Marcia Merino pleure toujours. « Sois sage, lui dit celui dont tout indique qu'il est le plus haut gradé à bord. Fais-moi confiance, tout va bien se passer. »

Un homme s'approche du véhicule, suivi d'un autre. Silence. Un silence déférent, comme si l'homme qui venait de s'approcher méritait tous les égards. Il s'agit de Paul Schaefer, mais Luis Peebles, à cet instant, l'ignore. Les premiers coups pleuvent d'ailleurs sur lui, et, comme à son habitude, il s'évanouit.

La suite vaut par les détails : « On m'a empoigné

avec rudesse. La pièce dans laquelle j'ai été transporté était de plain-pied, je n'ai eu à descendre ni à monter aucune marche. J'ai senti l'odeur des vaches, entendu des chiens aboyer, des oiseaux piailler. Il devait aussi y avoir une rivière à proximité. Nous étions dans une ferme plutôt que dans un casernement de l'armée. Les yeux toujours bandés, du Scotch renforçant le bandage, j'ai senti que l'on me glissait tout entier dans un sac en toile de jute, une sorte de sac à patates, avant de me jeter à terre.

Un peu plus tard, on est venu me délier les poignets et les chevilles et l'on m'a transporté dans une autre pièce qui sentait la menuiserie, le bois vert, le détergent aussi, un produit chimique dont j'avais déjà respiré l'odeur aux États-Unis. Tout semblait dans cet endroit d'une propreté inouïe. Plus de poussière, plus de bruit, si ce n'est celui d'un moteur. On m'a fait asseoir sur une chaise. Il devait être entre 20 et 21 heures et je n'avais rien bu ni mangé depuis la veille. J'ai réclamé un verre d'eau. "Interdit de parler !" a dit un des hommes. Un autre a ajouté : "Ici commencent les choses sérieuses. Tout ce que tu as le droit de faire, c'est de répondre aux questions. — D'accord, ai-je répondu, mais je veux un verre d'eau."

Celui qui semblait être le chef s'est énervé et j'ai commencé à recevoir des coups. Je suis tombé sur le sol. Ils m'ont labouré de coups de pied. Chaque fois que je reprenais connaissance, je demandais de l'eau et ils me frappaient à nouveau. J'ai finalement obtenu un verre, trois heures plus tard, au prix fort...

— Comment se comportaient vos accompagnateurs chiliens avec les maîtres des lieux ?

— Lors de notre arrivée, ils avaient échangé quelques mots. J'ai été surpris par l'accent de celui qui nous recevait. J'ai cru reconnaître l'accent portugais. J'ai pensé qu'il s'agissait de Brésiliens. J'avais été en contact au Brésil avec des guérilleros qui m'avaient raconté comment ils avaient été torturés. Ils parlaient espagnol avec ce même accent. Ce qui m'a également frappé, c'est le ton très autoritaire avec lequel ils s'adressaient à notre escorte. Celui qui jouait les grands chefs s'est mis à obtempérer aux ordres comme un exécutant. J'ai pensé : l'un de ces hommes est certainement d'un grade supérieur, peut-être est-il colonel. Par la suite, j'ai même imaginé qu'il s'agissait d'un général.

— Pourquoi ce lieu de tortures était-il si différent des autres ?

— Partout où j'étais passé, cela sentait la pourriture, la crasse, l'urine. Les bâtiments de l'armée étaient mal entretenus, grouillants de vermine. Là, en franchissant les portes, c'est comme si nous avions débarqué en Europe ou aux États-Unis. Peut-être sommes-nous tombés entre les mains de l'armée de l'air, ai-je pensé, car les aviateurs étaient les seuls à pouvoir faire montre d'une telle hygiène. »

On vient à nouveau le chercher. On l'assoit sur une chaise, face à une table sur laquelle est posée une machine à écrire.

« Quel est votre nom ? » demande une voix.

À Concepción, on le tutoyait.

« Luis Enrique Peebles. »

On le frappe dans le dos.

« Ce n'est pas ton état civil légal que nous voulons, mais ton nom de code ! »

Il répond. On le frappe à nouveau.

« Encore raté ! fait une voix d'un ton trivial. On t'a demandé ton nom légal ! »

La séance dure plusieurs heures. Les murs de la salle d'interrogatoire sont faits d'épais panneaux de bois ; les portes sont doublées de paille ; le sol est couvert de toile pour étouffer complètement les bruits.

« On va te coucher », décrète brusquement quelqu'un, tard dans la nuit.

On l'allonge sur un sommier. Un homme vient lui ôter ses vêtements. Il l'attache soigneusement au lit à l'aide de lanières de cuir. Poignets, bras, thorax, cou, front, plus rien ne bouge. Il lui retire son bandage et lui enfile une sorte de casque d'aviateur, également en cuir, appliqué de manière à lui couvrir les yeux. Une ultime courroie vient cercler sa mâchoire, probablement pour éviter qu'elle ne se déboîte sous les coups.

L'homme qui le manipule s'exprime en espagnol avec un fort accent. Il mesure au moins 1,90 mètre, taille supérieure à la moyenne nationale, note-t-il. Sa corpulence est telle qu'il doit avoisiner les 130 kilos. Il le retourne aussi facilement qu'il retournerait un gros sac, mais soigneusement, presque avec égards. Il s'agit de l'adjoint de Paul Schaefer, mais Peebles ne le sait pas encore non plus. Lui aussi le vouvoie :

« Si vous avez besoin de quelque chose, vous appelez : "¡ *Jefe* !" »

Pas un mot plus haut que l'autre. Ni insulte ni insanité. L'hygiène du vocabulaire prolonge l'hygiène de l'environnement, ce qui rompt singulièrement avec les conditions d'incarcération qui étaient jusqu'à présent les siennes. Ici on maltraite et on torture, mais proprement. Quasi scientifiquement, même, quoique Luis Peebles parvienne à entrevoir à plusieurs reprises le décor et à relever certains indices comme la marque d'un fabricant d'engrais inscrite sur les sacs de jute.

Au deuxième jour, les accompagnateurs chiliens reviennent chercher leur « client ».

« Tu as assez dormi, maintenant on va travailler ! » lance l'un d'eux.

Direction la salle de tortures.

Nom de famille, lieu et date de naissance, nom du père, nom de la mère, des frères, des sœurs, adresses, date et conditions d'adhésion au MIR, rôle exact au sein de l'organisation, noms, âges et adresses des autres responsables pour la région de Concepción, localisation des caches d'armes, marques et immatriculations des véhicules de l'organisation, noms et adresses de tous les membres du Parti socialiste et du Parti communiste rencontrés : le questionnaire dure une quarantaine de minutes. Juste le début des hostilités.

Au bruit, à l'odeur, Luis Peebles commence à distinguer entre eux les hommes qui l'entourent, en particulier les cinq Chiliens. Chacun a une manière bien particulière de se déplacer. Chacun se signale par sa propre eau de toilette. Des jours de bandage sur les yeux ont développé son ouïe et son odorat au point que la vue lui semble à présent presque inutile. Dans le paysage sonore, il y a ce moteur, une sorte de générateur qui fonctionne environ quinze heures sur vingt-quatre ; peut-être une pompe destinée à capter l'eau de la rivière ? Lorsqu'elle s'interrompt, Peebles capte d'autres sons. À deux ou trois reprises, il entend le vrombissement d'un petit avion qui décolle. Il l'entend aussi atterrir. Le bruit est semblable à celui d'un Cessna qu'il a souvent entendu gronder, à Antofagasta, autrefois : des amis utilisaient un de ces appareils pour gagner les mines. Indice supplémentaire qu'il glisse dans un coin de sa mémoire pour le cas où il en ressortirait vivant.

Luis Peebles semble chercher la sortie de son récit tout comme il cherchait, vingt-huit ans plus tôt, une issue à son cauchemar. Il paraît vouloir écourter ces séances de tortures, maintes fois détaillées à l'intention des juges, pour se prémunir de leur souvenir. Il grille les étapes pour faire retomber la tension...

« *Carabinero, un amigo en su camino* », dit à l'époque un slogan publicitaire vantant la police militaire. En français : « Carabinier, un ami sur votre chemin ». Ce matin-là, l'un de ses cinq accompagnateurs chiliens semble vouloir donner raison à cette publicité. Il entre et dit au prisonnier Peebles :

« Nous sommes le 7 février 1975 et il est 7 heures. »

Puis il ajoute, presque poli :

« Avez-vous besoin de quelque chose ?

– Oui, j'ai soif et j'ai faim. »

L'homme, qu'il identifiera plus tard comme étant le « Teniente Pablo » (le « lieutenant Pablo »), autrement dit Fernando Lauriano Maturani, sort et revient quelques minutes plus tard. Ce qu'il lui dit transporte Peebles dans un autre monde. Cornichons au vinaigre, délicieuses bouchées : ces saveurs lui rappellent son séjour aux États-Unis. Pour accompagner ces aliments venus d'ailleurs, un jus de framboise naturel dont il redemande un verre, puis un troisième.

« Nous allons partir », annonce l'homme, conférant une saveur encore plus exquise au délicat en-cas qui est venu rompre des jours de disette forcée. Trois jours sans nourriture pour commencer, jusqu'à la première gamelle, une boîte de conserve rouillée remplie d'une répugnante bouillie qu'on allait désormais lui servir une fois par jour...

Le colosse qui a pris soin de lui tout au long de son séjour vient lui rendre une dernière visite. Il lui apporte les vêtements qu'on lui a confisqués lors de son arrivée. Fait inouï, son pantalon a été lavé, plié et repassé, de même que son caleçon et ses chaussettes. Plus incroyable encore, l'homme lui tend la pièce de monnaie qu'il avait dans une de ses poches lors de son « enlèvement », à la base navale. Puis il dépose à ses pieds chaussures et lacets.

Dans les autres centres de tortures, jamais on ne s'était préoccupé de ses vêtements. On l'avait frappé sans aucun égard pour son linge de corps et ses lainages qui finissaient systématiquement en lambeaux. Pour terminer, c'étaient les autres prisonniers eux-mêmes qui le dépannaient en lui offrant de quoi se couvrir. Ces mœurs venaient elles aussi d'un autre monde. Physiquement en loques, couvert d'ecchymoses, il repartait propre sur lui, sans que personne ait eu l'idée de lui subtiliser son argent de poche. Même le bandage qu'il avait sur les yeux en arrivant avait été plié comme un mouchoir !

Pieds et poings liés, Luis Peebles retrouve le plancher de la camionnette Ford. Il sent la présence à sa gauche d'Erick Zott, qu'il n'a plus vu ni entendu depuis son arrivée sur cette planète où l'on torture sans faux plis. Marcia Alejandra Merino est là également. La pauvre fille, il l'a compris, se tenait derrière la machine à écrire lorsque lui-même était soumis à la question. Ce qu'il ignore, c'est qu'elle tapait les interrogatoires « à l'économie », si l'on ose dire, en omettant volontairement quelques noms, quelques détails qui risquaient de se révéler dangereux pour tel ou tel camarade, petits oublis qu'ignoraient également ses commanditaires.

Tous les autres sont à bord, à l'exception notable du colonel.

Les deux barrières, encore des mots de passe, les deux ponts : c'est bel et bien vivant que Luis Peebles ressort de l'enfer. Ou plutôt « survivant ».

Parvenu à la hauteur de la Panaméricaine, le véhicule se range sur le bord de la route, probablement à proximité du péage, où il reste près de sept heures sans bouger. Le « Teniente » prend soin de circonscrire les conversations : on parle météo, football et James Bond. Lorsque l'officier s'absente, certainement pour aller téléphoner, l'attention se relâche et les langues se délient.

« À quelle hauteur sommes-nous ? interroge l'un des carabiniers.

– 348 », répond machinalement son voisin.

Le kilométrage, songe le prisonnier Peebles.

« Tu as téléphoné chez toi ? demande le chauffeur.

– Non, il n'y avait pas le téléphone, là-haut ! » répond quelqu'un sur la banquette arrière.

Une caserne sans téléphone ? Impossible, note Peebles avant de se voir rappelé, à titre gratuit, à ses obligations professionnelles : l'un des carabiniers le consulte au sujet d'un mal de tête chronique ; un autre, pour une histoire d'acidité gastrique ; un troisième s'inquiète de savoir à quel moment il peut faire l'amour avec sa femme sans courir le risque qu'elle lui fasse « un enfant dans le dos ».

Profitant de ces palabres et du tambourinement de la pluie sur le toit de la voiture, Luis Peebles se glisse vers ses deux amis. Il touche la main de Marcia, sent le pied d'Erick. Eux aussi sont vivants.

De retour, le « Teniente » annonce une mauvaise nouvelle :

« Demi-tour, on retourne là-haut ! »

Comment témoignera-t-il des violences subies ? Qu'a-t-il vu de ces lieux inconnus ? Pourra-t-il les reconnaître si on vient à le lui demander ? Ce ne sont pas forcément le genre de questions qui viennent sur l'instant. Pour l'heure, le corps de Luis Peebles est en butte aux décharges électriques et aux coups. Mais il a pu enregistrer de précieux détails.

La salle de tortures était une sorte de vieux laboratoire équipé d'appareils en état de marche, mais hors d'âge. L'homme à l'accent étranger, maître incontesté des lieux, lui était apparu comme un guide pour les autres : l'un de ses objectifs était manifestement d'enseigner aux Chiliens présents le maniement des instruments de torture. Ils employaient par exemple une espèce de « poulpe » doté de nombreux tentacules électriques : on collait les extrémités en différents endroits du corps de celui qu'on voulait faire parler, et on les actionnait alternativement, au petit bonheur.

Le grand chef se mettait régulièrement en colère, en fait chaque fois que les Chiliens maniaient de travers l'instrument. Il n'hésitait pas à les rudoyer comme on le fait avec de mauvais élèves. Lorsqu'il assistait à une séance, les sévices devenaient immanquablement plus brutaux, plus sadiques.

« Parfois, se souvient Luis Peebles, il me frappait de façon terrible, estimant sans doute que je ne répondais pas assez vite aux questions. Il frappait de face, le poing fermé, en plein visage. Je ne voyais rien, mais je devinais que ces coups étaient aussi destinés à effrayer les autres. Une fois, il m'a frappé au niveau du plexus. Je le soupçonne également d'être l'auteur d'un coup de pied particulièrement bien ajusté dans les reins.

— Avez-vous vu au moins une fois le visage de celui que chacun s'accorde aujourd'hui à identifier comme étant Paul Schaefer ?

— Les décharges électriques étaient si violentes que mon corps était pris de convulsions. Même ligoté au lit, même menotté, on se tord en tous sens. À un moment donné, j'ai été tellement secoué que le lit s'est plié en deux. Ce genre d'incident ne cadrait pas avec les méthodes de Paul Schaefer. Les Chiliens ont sorti le lit de la pièce, puis ils ont essayé d'en apporter un autre, mais trop large pour passer par la porte. La scène avait un côté comique, mais Paul Schaefer était hors de lui. Il m'a assené en plein visage un coup de poing si violent qu'il en a arraché mon masque. J'ai alors vu de mes yeux un homme d'une cinquantaine d'années, de type nordique, le teint hâlé, musclé, racé, au regard dur. Il s'est lui-même emparé du masque pour le rabaisser.

— L'avez-vous vu une autre fois ?

— Oui, le dernier jour. J'avais été fourré dans une sorte de cage en bois, un instrument de torture assez rudimentaire que l'on aurait cru sorti tout droit du Moyen Âge. La cage est actionnée mécaniquement et ses dimensions rapetissent de façon à comprimer les membres. Les cinq Chiliens étaient là, de même que Paul Schaefer et son acolyte. Armés de battes, ils tapaient l'un après l'autre contre la cage. Une fraction de seconde, là encore, mon masque a glissé et j'ai pu entrevoir leurs visages. Celui de Schaefer, mais aussi celui de Pedro Espinoza[1]. Pour m'achever, ils se sont mis à jeter alternativement sur moi des seaux d'eau glacée et d'eau brûlante. Je crois que je me suis mis à hurler. Eux aussi criaient, Schaefer plus fort que les autres, car c'est lui qui donnait les ordres.

– Comment résiste-t-on à un tel déchaînement ?

– Quand ils me laissaient tranquille, je m'astreignais à des exercices physiques, gymnastique et élongations, afin de me préparer. Durant les séances, je perdais régulièrement connaissance. Dès que je reprenais conscience, ça recommençait. Au cours de cette semaine-là, j'ai cependant moins bien résisté qu'à d'autres moments. J'ai dû perdre une dizaine de kilos. Les marins m'ont d'ailleurs fait remarquer, à mon retour à la base, que je flottais dans mes vêtements.

– Peut-on encore, à ce stade, contrôler ses déclarations ?

– Je me concentrais pour ne rien révéler de ce que je voulais taire. Je me rappelle leur avoir donné une dizaine d'adresses bidon, histoire de gagner du temps et de les embrouiller. Ils me demandaient des détails, alors j'inventais. Je ne livrais que des noms dont je savais qu'ils les connaissaient déjà. Parfois ils me coinçaient en disant : "Tel jour, à telle heure, vous vous êtes rendu à tel endroit. Pourquoi ?" Quand c'était vrai, je tenais bon. Si j'avais tenu jusque-là, je pouvais tenir davantage. En même temps, j'avais l'impression qu'ils

---

1. Parmi les autres survivants de la Colonie, Adriana Bórquez, Manuel Bravo, Iván Treskow, Alfredo Gutierrez Andrande, Sergio Gonzalez, Silverio Astoga Galaz, Angel Cabrera Opazo, Ernesto Moena Aguillera, Luis Marchant Verdugo, Osvaldo Moya Gonzalez, Manuel Herrera Castro, Antonio Muñoz, Eduardo Carces et Gerardo Sanchez ont mentionné la présence de Paul Schaefer.

ne me laisseraient pas sortir vivant, qu'ils allaient me tuer, quoi que je dise. J'étais couvert de sang et de pus, jusque dans les narines. Une fois, ils ont même branché un énorme ventilateur tant mon odeur leur était insupportable. »

Un jour, ils étaient arrivés avec une énorme baignoire, comme on en rencontre parfois encore dans les campagnes. L'acolyte de Paul Schaefer la remplit d'eau, puis il apporta un savon au parfum étranger et une serviette bien repassée.

« Vous pouvez vous baigner », dit-il à Luis Peebles après lui avoir ôté ses menottes.

Mais Luis Peebles était bien incapable d'effectuer le moindre mouvement. Il ne pouvait se lever, pas même rouler sur le flanc. Le robuste Allemand empoigna ce corps raide et l'immergea dans la baignoire. Deux des Chiliens s'affairèrent ensuite à le laver. L'un d'eux dit :

« On va se retirer et te laisser seul. Tu vas enlever ton casque et te laver la tête. »

Luis Peebles put observer les lieux durant plusieurs minutes avant de s'endormir à nouveau, à bout de forces.

Lorsqu'il se réveilla, on lui passa ses habits propres. Le « Teniente » amorça alors une discussion politique assez surréaliste.

« Comment se fait-il que toi, médecin, toi qui te dis catholique, toi qui es marié, père de deux enfants... »

Ces propos moralisateurs, la cigarette et la tasse de café offertes, tout cela laissait supposer que la sortie était imminente. Et, cette fois, ce n'était pas un faux départ : une heure plus tard, la fourgonnette reprit le chemin de terre et fila vers Concepción où le

« Teniente » était pressé de mettre la main sur les caches d'armes promises par Luis Peebles...

Au fil des pages de *1984*, George Orwell use des mots de la fiction pour dire pareillement l'indicible :

« Combien de fois il avait été battu, combien de temps les coups avaient duré, il ne s'en souvenait pas. Il y avait toujours contre lui à la fois cinq ou six hommes en noir. Parfois c'étaient les poings, parfois les matraques, parfois les verges d'acier, parfois les bottes. Il lui arrivait de se rouler sur le sol, sans honte, comme un animal, en se tordant de côté et d'autre, dans un effort interminable et sans espoir pour esquiver les coups de pied. Il s'attirait simplement plus et encore plus de coups, dans les côtes, au ventre, sur les épaules, sur les tibias, à l'aine, aux testicules, sur le coccyx. La torture se prolongeait parfois si longtemps qu'il lui semblait que le fait cruel, inique, impardonnable, n'était pas que les gardes continuassent à le battre, mais qu'il ne pût se forcer à perdre connaissance. Il y avait des moments où son courage l'abandonnait à un point tel qu'il se mettait à crier grâce avant même que les coups ne commencent ; des moments où la seule vue d'un poing qui reculait pour prendre son élan suffisait à lui faire confesser un lot de crimes réels ou imaginaires [...]. Il était parfois battu au point qu'il pouvait à peine se redresser, puis il était jeté comme un sac de pommes de terre sur le sol de pierre d'une cellule. On le laissait récupérer ses forces quelques heures, puis on l'emmenait et on le battait encore... »

12 février 2003. Cet article en pages intérieures du quotidien chilien *La Tercera*. Surtitre : « Il séjournait

jusqu'à hier après-midi dans un hôtel de Colbún ».
Titre : PINOCHET A PRIS QUELQUE REPOS AUX THERMES.

Extrait : « Durant son séjour, Pinochet a dégusté un filet de poisson *a la plancha* accompagné de salades et de pommes de terre, puis des blancs de poulet au citron accompagnés de riz blanc. Le gérant de l'hôtel, Hans Heyer, fut l'un des gouverneurs de Linares sous le gouvernement militaire. Interrogé par *La Tercera*, il a reconnu qu'il avait envoyé à Pinochet une invitation, à laquelle il n'avait jamais obtenu de réponse. Il a été "surpris" par l'arrivée du général qui a été applaudi "à chacune de ses entrées dans la salle à manger de l'établissement". »

Laissé en paix par la justice pour cause de « sénilité », « Pinocchio » (un de ses surnoms) souhaitait sans doute respirer le bon air de cette région où il avait plusieurs fois séjourné chez un « hôtelier » un peu spécial : Paul Schaefer.

3.

« Made in Deutschland »

La Colonia Dignidad, elle aussi a survécu. Elle existait avant la dictature, elle s'est mise au service de la dictature et elle lui a survécu. Elle lui a survécu parce qu'elle a bien su la servir.

Ce que Luis Peebles y a subi, d'autres l'ont enduré également, nous l'avions compris par les témoignages parvenus à la justice française. L'idée était de soumettre les prisonniers politiques les plus « intéressants » à une main experte, donc une main occidentale, « made in Deutschland », gage de qualité et de sérieux. L'équipe venue de la capitale pour traiter le cas Peebles pensait certainement ne pas venir à bout de la résistance du prisonnier avec les seuls moyens du bord. Il y avait fallu l'aide de ces étrangers. Luis Peebles l'a d'ailleurs constaté : de retour à Concepción, ses accompagnateurs des services secrets chiliens se ruèrent sur toutes les adresses qu'il avait laissé échapper, volontairement ou non, durant ses interrogatoires à la Colonia. Grâce au savoir-faire des Allemands, ils allaient enfin mettre la main sur les armes des terroristes. Du moins l'espéraient-ils...

En attendant, ils sont bien obligés de confier Luis

Peebles et Erick Zott aux carabiniers. Ils optent alors pour un modeste commissariat, disposant de deux cellules et d'un fonctionnaire pour garder les deux hommes.

Tard dans la nuit, le carabinier rend visite à ses prisonniers, une lanterne à la main.

« Levez-vous, que je vous voie ! » lance-t-il.

Le pauvre bougre ne sait pas encore dans quel lamentable état on a laissé les deux hommes. Ne les entendant pas bouger, il s'approche et découvre qu'ils n'ont pas la possibilité de se mouvoir : ils sont ficelés dans de grands sacs. Le carabinier, pas forcément au fait de l'usage systématique de la torture par ses collègues de la DINA, décide de défaire leurs menottes. Visiblement choqué par leur allure, il semble disposé à leur porter secours :

« Est-ce que je peux faire quelque chose pour vous ?

– Nous voudrions manger, répondent en chœur les deux hommes.

– Avez-vous un peu d'argent ? »

Luis Peebles sort la pièce de monnaie restituée par ses hôtes allemands. Au bout de quelques minutes, le carabinier revient avec un quignon de pain, deux pommes et deux verres d'eau. Puis, faveur rare, il laisse les détenus bavarder librement durant toute la nuit.

Très engagés dans la résistance à la dictature, Peebles et Zott connaissent les emplacements de toutes les installations militaires dans le sud du Chili, leur région. Ils savent qu'il ne s'en trouve aucune dans la zone où ils ont séjourné.

Peebles évoque le bruit du générateur, s'étonne de la présence d'une femme.

« Il me semble qu'il y avait sur place des Portugais, dit-il, profitant de ce bref moment d'intimité.

– Non, c'étaient des Allemands, soutient Zott.

– Alors, nous étions à la Colonia Dignidad », tranche Peebles.

Cette propreté exceptionnelle, l'absence de poussière, c'était donc cela : une enclave de la Vieille Europe au pied des Andes. Ils connaissaient depuis plusieurs années l'existence du lieu. Bien avant le coup d'État, en 1966, un certain Wolfgang Müller s'en était échappé. Peebles avait suivi de près cette incroyable histoire. C'était la première fois, grâce à ce témoin, que les Chiliens entendaient parler de la vie à l'intérieur de la colonie allemande. Ce qui passait pour une paisible et prospère communauté agraire lui était apparu ce jour-là comme un endroit dont on pouvait avoir envie de s'échapper, même si on était allemand. Il avait même fallu accorder une protection à ce Wolfgang Müller sur lequel la justice chilienne avait fondu, prenant au pied de la lettre les accusations émanant de la Colonia. Deux éminents journalistes chiliens s'étaient mobilisés en sa faveur, Peebles s'en souvenait parfaitement. Le premier était l'un des rédacteurs en chef de *La Nación*, un quotidien influent. L'autre était une femme, Erika Wexler ; alors responsable de la rédaction d'un hebdomadaire de gauche, *Ercilla*, elle vivrait aujourd'hui en Israël.

Plus tard, au printemps 1973, année de la mort de Salvador Allende, il y avait eu cet autre épisode suivi avec attention par la gauche chilienne. Le secrétaire général du mouvement d'extrême droite Patria y Libertad, Roberto Thieme, avait prétendument disparu après que son avion se fut écrasé, alors qu'il tentait de gagner l'Argentine, de l'autre côté de la Cordillère.

Officiellement mort, une messe à sa mémoire avait même été dite. En fait, l'homme s'était probablement mis à l'abri derrière les barbelés de la Colonia Dignidad. Le secrétaire général du MIR avait même évoqué le sujet avec Allende, mais l'un comme l'autre ignoraient évidemment ce que Thieme, Allemand par sa mère, élevé au lait de l'anticommunisme, finirait par raconter à la presse en 1997 : lors d'une première visite à la Colonia, en octobre 1972, il avait noué une relation étroite avec Schaefer ; il souhaitait entrer dans la clandestinité pour monter un groupe de choc contre le régime socialiste, et l'enclave lui était apparue comme le lieu idéal, car « les Allemands, eux, savent s'y prendre... ».

Les liens étroits de cette colonie avec l'extrême droite chilienne étaient cependant déjà avérés. Ils pouvaient devenir un grave sujet de préoccupation pour un pays engagé dans la réforme agraire et les réformes sociales les plus importantes de son histoire. Le nom de Paul Schaefer revenait régulièrement dans les conversations des femmes et des hommes engagés depuis le 4 septembre 1970 dans cette « révolution » sortie des urnes. Certaines rumeurs faisaient aussi état des penchants pédophiles du fondateur de la colonie ; on disait qu'il s'était enfui d'Allemagne avec un mandat d'arrêt sur le dos pour des agressions sexuelles sur mineurs. Mais, à l'époque, les cadres du jeune gouvernement socialiste avaient d'autres soucis en tête, probablement plus cruciaux pour l'avenir du pays. Les 15 000 hectares de la Colonia Dignidad – une simple parcelle à l'échelle du pays – pouvaient bien attendre.

Plus secrètement – mais aucune trace écrite n'en subsiste –, le gouvernement d'Unité populaire aurait passé à l'époque une sorte de pacte avec la Démocratie chrétienne. Un pacte aux termes duquel les amis d'Allende s'engageaient à ne pas toucher à *El Mercurio*, le principal quotidien du pays, indéfectible supporter de la droite, à limiter considérablement le nombre des entreprises nationalisées (une soixantaine au lieu des 600 prévues)... et à épargner la Colonia Dignidad.

Au reste, tout le monde n'était pas d'accord sur le sort qu'il convenait de réserver à ces étrangers. Dans la région de Parral où Paul Schaefer avait posé ses valises la population n'était pas forcément hostile à la présence des Allemands. Il semblait même que ce fût le contraire : la colonie créait des emplois et redistribuait quelques grosses miettes de ses richesses. Assez pour se faire de nombreux amis.

Et puis, l'époque ne se prêtait pas à ce genre de coups de force. On était en pleine guerre froide, un temps où tout ce qui entretenait un lien avec le communisme et la révolution devait trépasser. Un temps où l'on s'appuyait volontiers sur les « bruns » pour contenir les « rouges », surtout les États-Unis qui prenaient peur pour leur pré carré latino-américain. Cuba et Fidel Castro n'allaient-ils pas faire des émules ? Et tout le continent se dresser contre Washington, avec Che Guevara en guise de héros ? Dans un tel contexte, on ne laisserait sûrement pas le gouvernement Allende s'en prendre à d'éventuels alliés. Sous d'autres cieux, notamment en Italie, la collusion avec les fascistes et la mafia avait permis de contrer le communisme. En Amérique latine, on s'appuierait le cas échéant sur des hommes dont on se doutait bien qu'ils avaient mis leur camp retranché à la disposition de nazis en fuite, au mieux par solidarité patriotique, au pire par affinités idéologiques.

De tout cela Peebles et son compagnon de cellule

avaient alors vaguement conscience, sans bénéficier encore du recul de l'Histoire. Plus anecdotiquement, Peebles avait également entendu dire qu'une femme allemande pratiquait professionnellement la torture à la Colonia. Mais, durant son séjour, s'il avait senti une présence féminine, il n'avait en revanche jamais entendu la voix d'aucune femme. Plus tard, il saurait. Plus tard, il aurait l'occasion de s'entretenir avec une Chilienne longtemps employée comme cuisinière par les Allemands. Voilà ce qu'elle lui dirait alors : elle conservait les déchets pour les « porcs » dont il avait fait partie. Elle l'avait nourri comme un cochon. « *Un chancho.* » « *Ein Schwein.* » Et l'écho de cette horreur parviendrait jusqu'à la justice française.

Durant tout son séjour à la Colonia Dignidad, Luis Peebles n'avait pas entendu le son de la voix de son camarade. Il se pouvait même que la DINA eût ignoré jusqu'au bout qu'il l'avait identifié durant leur transfert.

Erick Zott, en revanche, avait eu droit à la diffusion par haut-parleur des aveux de Luis Peebles. Ils lui avaient demandé d'amender ou de ratifier ses propos. Les deux hommes avaient ainsi collaboré sans le savoir. En additionnant les renseignements ainsi extorqués, les tortionnaires espéraient bien arriver à quelque chose de sérieux.

La torture psychologique était plus insupportable en cet endroit que dans tous ceux où ils étaient passés auparavant : les deux hommes en conviennent lorsqu'ils peuvent enfin se parler dans ce commissariat miteux de Concepción. La cruauté et le sadisme y atteignaient des sommets inégalés. Tous deux avaient craint à plusieurs reprises, tant ils avaient le corps en loques, de ne pas en sortir entiers. Luis Peebles n'avait eu de cesse de trouver des réponses susceptibles de satisfaire ses tortionnaires tout en protégeant l'essentiel. Les autres exigeaient du concret et frappaient jusqu'à l'obtenir. Puis Paul Schaefer débarquait et en réclamait davantage.

Marcia Alejandra Merino avait dû être terrifiée en écoutant les cassettes. Elle avait encore ses cris à l'oreille lorsque Luis Peebles lui rendit visite après son retour d'exil, en 1992. À l'époque, soit dix-sept ans après les faits, lui et quelques autres contestèrent la condamnation à mort dont cette femme faisait l'objet de la part du MIR. Ils l'approchèrent et elle leur fit confiance. Elle les suivit. Grâce à eux, elle put ainsi échapper à la fois aux foudres de l'extrême gauche et à l'emprise des militaires.

La jeune femme n'a eu de cesse, depuis lors, de réparer ses erreurs passées. La rencontrer aujourd'hui ? Après avoir essayé d'exorciser le souvenir de cette descente aux enfers par l'écriture, Marcia Alejandra s'est repliée le plus loin possible, sur l'île de Pâques, ce morceau de terre chilienne perdu dans le Pacifique, où les hommes ont des têtes de pierre.

À l'aube, Luis Peebles demande à son geôlier l'autorisation de téléphoner à sa mère. Au lieu de cela, le carabinier prend langue avec le chef local des forces armées pour lui expliquer qu'il a deux individus en piteux état sur les bras. Son interlocuteur décide de barrer la route aux services spéciaux. Il expédie quelques hommes qui prennent position autour du commissariat, bien décidés à ne pas accueillir à bras ouverts les membres de la DINA, voire à leur résister carrément.

Une curieuse confrontation s'ensuit. Où l'on voit des militaires chiliens confisquer deux prisonniers politiques à la police politique du pays.

« Que voulez-vous ? demande un militaire lorsque les gens de la DINA rappliquent.

– Nous venons chercher deux prisonniers.

– Il n'y a pas de prisonniers ici ! »

Le ton a tôt fait de monter. Les armes des uns et des autres sont chargées, mais nul ne se résout à en faire usage.

C'est ainsi que Luis Peebles échoue entre les mains d'un médecin de la base navale de Concepción. Il réitère sa requête : faire savoir à sa mère qu'il est encore en vie. Le médecin refuse, mais le soigne. Le ramène à la vie, pourrait-on dire. Car, pour lors, Peebles était porté disparu. Les traces de son passage à Concepción avaient été soigneusement effacées les unes après les autres. Si bien que personne n'aurait jamais pu reconstituer ses derniers jours. Ni évidemment savoir entre quelles mains il était passé.

L'épouse de Luis Peebles n'est cependant pas restée inactive. Elle a donné l'alerte. Elle a mobilisé l'Église catholique, la seule institution à oser alors s'immiscer dans les arcanes les plus secrètes de la dictature, la seule à comptabiliser les disparus comme l'épicier sa monnaie, en tâchant de n'en oublier aucun.

L'amiral commandant la base de Concepción vient en personne rendre visite au convalescent sur son lit d'hôpital.

« Vous allez être expulsé du pays », lui annonce-t-il.

Comme pour des milliers d'autres avant lui, la porte

de sortie prend pour Luis Peebles la forme du bannissement : il aura le droit de vivre, mais hors de son pays natal.

Pendant ce temps, à Concepción, le « Teniente » Lauriani tire profit des renseignements extorqués chez les Allemands. Il supervise la mise à sac de tous les lieux dont le prisonnier a fourni les adresses. La DINA ne s'embarrasse pas de sentiments. Elle ratisse large, sans vérifier. Et souvent se trompe, comme ce jour où elle fait irruption, armes au poing, dans la maison d'un gardien de prison. Luis Peebles avait indiqué le nom de la rue, mais ne se souvenait plus du numéro. Ils avaient donc tapé au hasard, surprenant le fonctionnaire dans son sommeil, avant de piller sa demeure sans faire cas de ses protestations.

On lui a promis qu'il mettrait la main sur des missiles, des sous-marins, des armes nucléaires ! Au nom de Pinochet, du généralissime général, son maître vénéré, Lauriani les trouvera ! En dépossédera définitivement l'ennemi socialo-communiste !

À la suite d'un accord tacite passé par l'équipe de la DINA avec les responsables de la marine, Peebles, pas encore expulsé, est régulièrement extrait de la base navale pour assister aux perquisitions. Il les voit arrêter une vingtaine de personnes qui ne comprennent pas pourquoi la police politique leur tombe dessus et qui seront rapidement relâchées, faute de preuves, mais qui surtout ne correspondent en rien au profil recherché : il avait donné leurs adresses au hasard...

Puis, ces terribles obligations remplies, il doit encore répondre à l'abondant courrier adressé à son nom. Députés français, parlementaires japonais : il arrive des lettres du monde entier. Amnesty International a mobilisé ses réseaux. Un ami médecin, croisé sur les bancs de l'université de Santiago, réfugié politique à Bruxelles, obtient bientôt pour lui un visa. Il dispose aussi d'un visa pour l'Allemagne, mais il n'est pas très chaud... Ce sera donc la Belgique.

À Bruxelles, les confirmations s'accumulent. C'est un avocat, père de son ami médecin, qui, ayant écouté le récit de Luis Peebles, lui dit :

« Effectivement, tu étais bien à la Colonia Dignidad. »

Car il ne lui suffisait pas d'avoir été torturé pendant plusieurs jours et d'en être ressorti vivant, presque par miracle. Il lui fallait désormais prouver – suprême humiliation ou revanche sur la vie ? – que tout cela était vrai. Qu'il existait bien un lieu, au Chili, échappant au contrôle de toutes les armées, de toutes les polices, et où l'on s'était fait une spécialité de prêter main-forte à la dictature dans ce qu'elle avait de plus abject. Il fallait le démontrer si l'on voulait un jour obtenir justice. Pas réparation, inutile d'y songer : simplement justice. Il fallait prouver et, brusquement, ces bruits entendus, ces odeurs respirées prenaient une importance énorme : faute d'avoir vu, ces souvenirs-là pouvaient devenir des preuves à charge si l'on venait un jour à demander des comptes aux responsables de la Colonia Dignidad, la bien nommée Sociedad Dignidad benefactora y educacional, selon son appellation d'origine (Société Dignité de bienfaisance et d'éducation).

Confirmation encore : Paul Schaefer avait bien fui l'Allemagne sous le coup de poursuites pour abus sexuels. Des abus perpétrés, selon l'accusation, contre des enfants de sa propre communauté. De sa propre secte, devrait-on plutôt dire, tant cette colonie présentait tous les aspects d'un groupe replié sur lui-même, soudé derrière un gourou ultra-autoritaire, baignant dans une ambiance pseudo-religieuse.

Confirmation toujours : Schaefer avait largement profité du chaos où avait plongé l'Allemagne après la capitulation du régime nazi. La famine qui avait sévi avant le lancement du fameux plan Marshall, destiné à financer la reconstruction, avait poussé quelques dizaines de jeunes enfants vers cette secte pseudo-agraire. Jusqu'à ce que, pour des raisons passablement obscures, le consul du Chili à Bonn propose d'aider le groupe à s'installer dans son pays...

Quel avait été le degré de compromission de Paul Schaefer avec le nazisme ? C'était peut-être là une des clefs de la personnalité de cet homme si sûr de lui. L'imaginer en cadre supérieur du national-socialisme triomphant était assez tentant, mais probablement trop facile. En fait, cette brillante carrière lui était passée sous le nez. Il avait dû se contenter d'un rôle subalterne en raison de son infirmité (son œil de verre). Il avait porté la tunique blanche des brancardiers de la Wehrmacht. Il avait ramassé et transporté les hommes blessés ou morts au combat. Pas forcément un rôle très héroïque, mais l'emploi correspondait plutôt bien à son profil. Né en 1921, Paul Schaefer n'était pas assez expérimenté ni assez mûr pour gravir d'autres échelons avant la disparition d'Adolf Hitler. En avait-il conçu de l'amertume ? Vraisemblablement. Plusieurs principes chers au régime nazi avaient d'ailleurs servi d'armature idéologique à la Colonia Dignidad : glorification du travail, eugénisme, soumission des êtres et des âmes, suprématie de l'homme sur la femme, système de répression militarisé ; ce petit foyer européen transplanté dans les Andes s'employait à ne pas démériter du fascisme.

Le bras droit de Paul Schaefer, un certain Hermann Schmidt, avait pour sa part été employé comme pilote dans la Luftwaffe, ce qui avait automatiquement fait de lui un membre du parti hitlérien. Les deux hommes partageaient cet anticommunisme furieux qui avait dressé la Wehrmacht contre les troupes bolcheviques.

En tant que victime, Luis Peebles était avide de découvrir le vrai visage de ses bourreaux. Comme psychiatre, il avait exploré d'autres pistes. Par exemple, il ne pouvait s'empêcher d'établir un lien entre l'emploi de Paul Schaefer comme brancardier, son côté professeur de tortures, et ses penchants pédophiles. Un manuel officiel de psychiatrie, disait ceci : « Les individus qui souffrent de ces troubles [sexuels] peuvent opter pour une profession ou choisir un hobby qui leur permet de déclencher les stimulations désirées, par exemple vendre des chaussures (fétichisme), travailler au contact des enfants (pédophilie) ou conduire une ambulance (sadisme sexuel)[1]. »

Ambulancier : n'était-ce pas le rôle qu'avait tenu Schaefer chez les SS ?

Le même manuel, à la rubrique « masochisme sexuel », jetait rétrospectivement une autre lumière sur les séances de torture qu'on lui avait infligées : « Les actes masochistes supposent restrictions de mouvement, soumission physique, bandages sur les yeux, soumission sensorielle, bastonnades, raclées, coups de fouet, décharges électriques, blessures, piqûres, perforations et humiliations[2]. »

---

1. *Manuel de psychiatrie*, Masson, 1996, p. 635.
2. *Ibid.*, p. 641.

Le psychiatre repose le gros traité scientifique sur son bureau, lève vers nous son regard lumineux et dit : « C'est exactement ce que j'ai vécu là-bas ! »

La justice ? Phagocytée par la dictature, celle du Chili était sourde et aveugle. Le salut, sur ce plan-là, ne pouvait venir que de l'étranger. C'est donc en Europe que les deux exilés, Luis Peebles et Erick Zott (qui l'y a rejoint un an et demi plus tard), se démènent à l'époque pour prendre l'opinion à témoin.

On les voit à Genève, Paris, Madrid et Bonn où, devant des oreilles incrédules, ils évoquent une drôle de ferme allemande dirigée par un sadique hors pair. Amnesty International les soutient au point qu'une chaîne de télévision allemande évoque leur cas. Le célèbre magazine allemand *Stern* publie plusieurs photos, accompagnées de récits rapportés par les survivants. Mais là, au nom du principe bien connu qui veut que l'attaque soit la meilleure défense, la Colonia Dignidad passe à l'offensive. C'est elle qui va utiliser les armes de la justice contre ceux qui prétendaient les employer contre elle. Ces armes sont coûteuses, et la bataille ruinera ses adversaires avant même qu'ils aient eu le temps de souffler. Feu sur les soi-disant torturés ! Feu sur cet hebdomadaire allemand qui leur a accordé son crédit ! Feu sur tous ceux qui présentent la colonie bienfaitrice comme l'incarnation du mal sur terre ! Ils accusent ? Eh bien, qu'ils prouvent maintenant !

La Colonia Dignidad ne mégote pas quand il s'agit de défendre son image. Au Chili comme en Allemagne, elle engage une ribambelle d'avocats, les meilleurs si possible, dans cette bataille d'opinion. Le ministère de la Propagande est en marche et en bon état de marche, eût-on dit sous d'autres cieux. Avec des résultats, puisque la télévision allemande recule et lâche prise. Mais pas le représentant d'Amnesty International en Allemagne, un certain Helmut Frentz, évêque luthérien de son état. Qui, en connaissance de cause, ayant lui-même séjourné au Chili, défend bec et ongles les ex-prisonniers politiques. Il le paiera d'ailleurs au prix fort : des inconnus se présentent un jour à son bureau, y pénètrent de force et effectuent un tri sélectif parmi ses papiers et documents. Un ménage façon « bar-bouzes » au terme duquel le bureau de l'évêque est renversé et les fils du téléphone coupés. Par quel flibustier ces sbires ont-ils été dépêchés ? Nul ne le saura, mais ceux qui ont bien voulu s'en donner la peine ont deviné d'où venait la campagne destinée à salir la réputation de cet homme qui avait eu le tort de croire à la cause qu'il défendait.

Un jour de 1978, de passage en Allemagne, Luis Peebles se retrouve face à un Chilien qui se dit mili-taire.

« J'ai séjourné à la Colonia Dignidad en même temps que Pinochet », affirme-t-il.

Sur ses gardes, Peebles feinte :

« J'ai moi-même vécu au Chili », dit-il timidement, craignant le piège.

— Moi, j'ai appartenu à la DINA », insiste le visiteur qui va devenir l'un des principaux témoins dans le procès opposant le magazine *Stern* à la Colonia Dignidad.

L'homme, Samuel Fuenzalida, demande de l'aide. L'un de ses frères est toujours militaire au Chili, explique-t-il. Ce témoignage pourrait lui attirer les pires mesures de rétorsion. Il réclame les moyens de le faire sortir du pays. Demande satisfaite.

Deux précautions valant mieux qu'une, on se borne pour l'heure à donner au juge allemand une fausse identité et une fausse adresse du témoin surprise. Mais c'est méconnaître la puissance de la Colonia Dignidad dont les espions mettent à peine 24 heures à retrouver sa trace. Probablement à cause de l'imprudence d'une militante d'Amnesty qui a raconté l'épisode à son mari, lequel comptait un Chilien parmi ses propres employés...

On avertit l'ex-membre des services secrets chiliens de l'imminence du danger. On s'engage à lui trouver un nouvel emploi où il sera protégé de l'ennemi invisible. Trop tard : deux inconnus viennent s'enquérir de son sort sur son lieu de travail. Puis débarquent à son domicile où ils surprennent son frère. Des menaces sont proférées, signe que le fait de sévir sur le territoire européen ne fait pas peur aux amis de la Colonia Dignidad, que leur réseau est solide et bien implanté. Il faut désormais trouver aux deux hommes une planque digne de ce nom en attendant le procès...

Dix-sept ans plus tard, ce procès reste le seul à avoir été mené jusqu'à son terme ; il s'est soldé par une absence de condamnation pour le magazine *Stern*, équivalant à une défaite pour les plaignants.

Dix-sept ans plus tard, nous retrouvons à Santiago la trace de Samuel Fuenzalida, dont nous avons lu le précieux témoignage à Paris. Comme par réflexe, il se recroqueville sur lui-même. D'un commun accord, pour ne pas le heurter, nous décidons pour le moment d'en rester là, le temps de mériter sa confiance.

4.

Une petite ville droite et orgueilleuse

Parral, février 2003

La ville la plus proche de la Colonia Dignidad est un gros bourg comptant officiellement dans les 40 000 habitants, que l'on gagne en quittant la Panaméricaine Sud au kilomètre 348, quand on vient de Santiago.

On traverse rapidement les faubourgs pour se retrouver sur la place principale. D'un côté l'église, de style contemporain ; de l'autre, la mairie, guère plus aguichante, devant laquelle un élu de la région a tenu à inaugurer un petit mémorial en souvenir du plus grand poète chilien, Pablo Neruda, né dans cette ville aux allures de Far West. Jusque-là, rien ne rattachait le poète de manière visible à la ville. Neruda le communiste lui faisait honte plus qu'il ne la rendait fière. Oubli réparé discrètement, mais réparé quand même.

Les maisons sont basses, les rues tracées au cordeau, les vitrines concentrées dans l'unique artère commerçante, sous un soleil d'été propre à assoiffer tous les chevaux des environs. Et Dieu sait que les chevaux comptent en ce pays de *huasos* (de cavaliers) où les bottes de cuir à talons biseautés sont plus courantes que les chaussures de ville.

Pour le reste, pas de vague : rien, ici, ne sort du cadre imparti. Tout respire au contraire l'angle droit et la poussière, même les lauriers en fleurs.

À l'ouest, invisible, l'océan Pacifique et ses courants d'eau glacée. À l'est, la longue chaîne de la Cordillère, fermant l'horizon avec ses pentes enneigées toute l'année. Entre les deux, Parral, redoutablement calme malgré l'afflux de paysans venus pour le marché hebdomadaire, parfois avec chevaux et charrettes.

Un vrai hiver, avec des températures dignes de Düsseldorf, et beaucoup d'eau ; un printemps fleuri et arrosé ; un été qui ensoleille les vignes ; un automne frais et humide : les quatre saisons sont ici bien marquées, comme en Europe.

C'est à quelques lieues de la place principale de Parral que les Allemands se sont implantés. Au pied des montagnes, sur une terre sèche et rugueuse dont on dit en ville qu'ils l'ont transformée en éden. Un pays dans le pays, vert et prospère. Un petit coin de paradis qui fait l'orgueil des habitants de la région, même si, pour quelques-uns, le charme s'est quelque peu dissipé, ces dernières années. Un orgueil mêlé de crainte et de respect.

« Vous verrez, c'est une véritable forteresse », nous dit une femme de Parral, 45 ans environ, un brin envieuse.

« Dès que vous passez les barrages, vous êtes en Europe », nous explique une autre habitante de la ville comme si elle évoquait un parc d'attractions. « Le paysage change aussitôt », insiste-t-elle. Puis, baissant la voix : « On raconte qu'ils ont mis au point la recette de la longévité. Ils transfusent aux adultes du sang prélevé sur des enfants. Avec ça, on peut vivre plus de cent ans ! »

« Ils vous voient venir de loin, ils ont des observateurs partout le long du chemin, croit savoir un commerçant d'une cinquantaine d'années. Dès que vous franchissez le pont, ils savent que vous approchez. »

« La Colonia est truffée de souterrains, affirme ce passant, un paysan des environs. Un jour, on a jeté une pierre dans un trou apparu en plein milieu du chemin. Eh bien, figurez-vous qu'on ne l'a jamais entendu toucher le fond. »

« Ils sèment 8 000 hectares de céréales là où il n'y avait autrefois que de la caillasse, dit avec admiration un paysan venu en ville vendre ses légumes frais. Ils nourrissent jusqu'à 20 000 poules dans un poulailler dont le sol est glissant, tellement il est ciré. En plus, ils ont un moulin, une pâtisserie, un hôpital, une école, et construisent des meubles avec un bois qui ne s'use pas. »

« Dedans, on ne sait pas comment c'est », dit simplement une jeune femme comme si elle évoquait une mystérieuse contrée dans laquelle sévirait une sorcière mangeuse d'hommes et d'enfants, une contrée où mieux vaut ne pas s'aventurer lorsqu'on est un étranger.

Les occupants n'ont pourtant pas ménagé leurs efforts pour amadouer la population locale, allant jusqu'à interrompre une tyrolienne pour diffuser une chanson de Violeta Parra, la star chilienne, poussant même l'amabilité jusqu'à dresser un perroquet à clamer sans cesse : « ¡ Viva Chile ! ¡ Viva Chile ! » Sans oublier d'apprendre à la fameuse chorale, si chère au

Docteur Schaefer, les hymnes patriotiques du pays d'accueil.

On les appelle les « colons ». Ou tout simplement les « Allemands ». Avant, ils ne sortaient jamais, hormis les grands chefs. Depuis deux ou trois ans, on commence à en voir dans les rues de Parral. On les reconnaît forcément parce qu'ils se déplacent en petits groupes, à bord de minibus, au minimum deux par deux. Mais aussi à cause de leur accoutrement : des fripes d'une autre époque, à cent lieues des canons de la mode. Aux pieds, des sandales rudimentaires. Pour les femmes, des robes sans forme descendant jusqu'aux chevilles. Les véhicules tout-terrain et les téléphones portables (pour les chefs) mis à part, on les croirait surgis d'une autre planète.

Chacun, en ville, conserve une anecdote, un menu souvenir au sujet de l'encombrant voisin allemand. Le plus souvent, ce souvenir est plutôt plaisant et l'anecdote élogieuse. La plupart ont apprécié le geste consistant à faire participer la chorale de la Colonia à la messe de Noël. Certes, les petits chanteurs ne se sont pas attardés, il se peut même qu'on leur ait conseillé de n'adresser la parole à personne. Mais cela, peu l'ont remarqué. Ce qu'ont retenu les assistants, ç'a été l'exceptionnelle qualité de la chorale. Qu'ils se soient éclipsés sitôt la messe dite n'a choqué personne. Les « Allemands » n'ont jamais été très liants. Ni vraiment tournés vers l'extérieur. D'ailleurs, bien peu parlent l'espagnol, malgré des années de présence dans le pays. Ce détail aurait pu éveiller l'attention, mais on s'est fait une opinion : ces gens devaient avoir leurs raisons de vivre et de se reproduire entre eux, de ne point trop vouloir se mêler au reste de la population.

Les « Allemands » se sont cependant immiscés dans

la vie politique intérieure chilienne à plusieurs reprises – et encore lors de la dernière campagne pour l'élection présidentielle. Deux camionnettes remplies de colons sont venues en ville le jour de la visite du candidat de la droite libérale, Ricardo Lavín. Des partisans de la gauche socialiste, présents dans les parages, les ont abreuvés de quelques timides insultes, histoire de montrer qu'ils n'étaient pas dupes : après avoir ouvertement soutenu la dictature, les responsables de la Colonia faisaient ce qui était en leur pouvoir pour conserver à Parral une majorité de droite. En aidant à la préparation logistique des meetings, côté boissons et nourritures, voire plus, si nécessaire, ils montraient qu'ils avaient choisi leur camp. Tant pis s'ils ne comprenaient pas un traître mot des insultes proférées à leur adresse : l'important était de montrer sa désapprobation.

La puissance prêtée aux colons a longtemps limité les questions indiscrètes. On ne va pas asticoter une communauté protégée par les carabiniers, ex-fidèles alliés de la dictature. On ne dérange pas des étrangers dont on sait qu'ils entretiennent des relations avec les notables de la région, magistrats, policiers, hommes politiques et dignitaires religieux confondus. On se tient à distance respectueuse, surtout lorsque l'on sait que cette communauté compte parmi ses « amis » des hommes du rang d'Augusto Pinochet (dont le premier voyage à la Colonia remonte au 20 août 1974) ou de Manuel Contreras, l'ex-stratège de la police politique. Et l'on se tait. Surtout en présence d'inconnus.

Paul Schaefer s'est longtemps promené dans les rues pavées de Parral. On ne sait plus très bien quand on l'a croisé pour la dernière fois, mais sa silhouette fait encore partie du paysage. Certains sont convaincus de l'avoir vu récemment passer à cheval, à pied ou en voiture. Des paysans affirment l'avoir aperçu dans la campagne, mais nul n'est en mesure de fournir une date. Chacun a en revanche pu voir une poignée de colons contribuer publiquement à la dernière cagnotte du « Téléthon », geste certainement planifié par le chargé des relations publiques de la Colonia Dignidad. Chacun sait également que les Allemands ont rarement raté une occasion d'envoyer des jeunes défiler en uniforme pour les fêtes de la Patrie, le 18 septembre. Des enfants chiliens, formés aux frais de l'État dans leur petite école[1]. De quoi entretenir un blason pas toujours propre sans avoir besoin d'investir dans la propagande. Car, comme le dit si bien cette jeune femme, marchande de journaux à Parral : « *Aquí es un pueblito* » (« Ici, c'est un petit bled »).

C'est même pour cela que chacun sait qu'un Allemand, changeant régulièrement de véhicule, roulant alternativement en Mercedes, en Hyunday ou en Nissan, vient sur le coup de 13 heures acheter quotidiennement la presse au kiosque près de la gare routière. Pour cela aussi qu'il s'est toujours trouvé quelqu'un pour voir les dignitaires de la Colonia Dignidad entrer ou sortir de l'étude notariale, ou pénétrer dans le hall de la succursale de Banco del Estado. Depuis peu, avec l'autorisation de leurs chefs, de simples colons poussent même jusqu'au magasin Bata, en quête de chaussures plus conformes à leur époque.

---

1. En 1989, selon le bulletin promotionnel édité à l'époque par la Colonia, 123 élèves sont scolarisés dans les écoles de la Colonia, dont 72 pensionnaires à temps plein.

À première vue, les « colons » n'ont à Parral que des amis, contraints ou sincères.

Ils ont cependant au moins un ennemi attitré : Jaime Naranjo. Né voici cinquante-deux ans dans un village proche des collines élues par les Allemands, il a été douze années durant député de Linares, ville située non loin de là. Socialiste, spécialiste de la question paysanne grâce à une formation d'agronome, longtemps en charge d'une commission nationale sur les droits de l'homme, il vient de devenir sénateur. En remontant la rue principale de Parral, sur la droite, un balcon porte une large banderole à son nom : impossible de rater sa permanence.

Malheureusement, Jaime Naranjo est en voyage d'affaires en Europe. La jeune femme qui l'assiste nous ouvre la porte avec une rare disponibilité. Prénommée Roxana, elle en sait autant, si ce n'est plus, que l'homme politique lui-même sur les dessous obscurs et malsains de la Colonia Dignidad. Auprès de Naranjo, elle a été de toutes les batailles, petites et grandes, menées depuis des années pour sensibiliser une opinion locale aussi revêche qu'incrédule, même lorsque les Allemands ont sévèrement éconduit un groupe de bonnes sœurs installées dans une petite chapelle élevée sur leur territoire.

Comme tous ceux qui ont manifesté leurs réticences face à la Colonia, Roxana est fichée. Et ce, depuis le premier jour où elle a exprimé publiquement ses critiques. Du moins le croit-elle, comme elle est certaine d'avoir été prise en filature à plusieurs reprises. Vrai ou faux, l'important est qu'elle l'ait cru. Que tous, ici, à Parral, croient les Allemands capables de surveiller qui ils veulent, quand ils le veulent. Que tous sont bien convaincus que l'on n'échappe pas à leur vigilance, qu'ils disposent d'un véritable réseau d'espionnage, d'oreilles amies tendues un peu partout : au marché, dans les cafés, les églises, dans les salles où se tiennent les réunions politiques. Et que tout propos malveillant à leur endroit leur sera immédiatement rapporté. L'essentiel est que règne cette peur diffuse censée refroidir leurs ennemis potentiels.

D'ailleurs, personne ne nous encourage à aller sur place. Ce serait même plutôt le contraire. Comme si l'on pouvait encore disparaître en 2003 en approchant de cette zone aussi protégée qu'une zone militaire. Comme si l'écho des cris des torturés résonnait encore à toutes les oreilles. Et que la dictature, quelque part au pied de ces montagnes, survivait encore. Au moins dans les têtes, si ce n'est dans les faits. N'est-ce pas le propre des bonnes dictatures que de se perpétuer dans les têtes des années après leur disparition officielle ? D'inspirer une peur telle qu'elle en vient à s'alimenter toute seule ?

Malgré les coups portés par la justice au cours de ces dernières années, Parral est encore sous la coupe des « Allemands » : c'est une évidence qui s'impose à nous dès les premiers jours.

« Le côté "Cité interdite" est pour beaucoup dans cette terreur diffuse », explique Roxana. La Colonia Dignidad est un lieu hermétiquement clos qui veille jalousement sur ses « frontières » et ses mystères. Un lieu réservé, aussi, d'où sont *a priori* exclus les gens de Parral. Si réservé que les pires rumeurs à son sujet prennent régulièrement corps.

Dernière en date : certains ont évoqué l'hypothèse d'un suicide collectif si, d'aventure, Paul Schaefer avait de graves ennuis avec la justice. Une rumeur née de l'absence de communication entre deux mondes séparés par une barrière culturelle plus haute que les Andes. Une rumeur qui n'est que le résultat de la propagande développée à longueur de temps par la Colonia elle-même, à coups de projections de diapositives, de chants, d'anathèmes lancés contre les rares colons qui ont choisi de fuir ce paradis.

Nous sommes dans une maison d'apparence très modeste où un fils a disparu pendant la dictature. La mère est assise dans la pénombre, sous un poster de Salvador Allende et un autre de Victor Jara, homme politique et chanteur – tous deux fauchés en pleine gloire par les militaires, ils sont les deux hautes figures qui éclairent sa survie, mais pas seulement la sienne : l'un et l'autre sont l'Orient et l'Occident de tous ceux qui ont su résister à la dictature.

Mère de disparu : un sacerdoce. Non seulement elle a pleuré son fils, mais ses larmes n'ont jamais tari : elles se sont simplement transformées en armes invisibles. Cette femme semble ne vivre que pour et par ce fils emporté, comme d'ailleurs sa sœur, comme, en fait, toute la maisonnée éclairée çà et là par un portrait de l'autre figure phare de ces années noires : Che Guevara.

Officiellement, 48 personnes ont été portées disparues dans la région de Parral. Si l'on compare aux villes voisines et qu'on le rapporte au nombre d'habitants, ce chiffre est énorme. Il témoigne à tout le moins d'une répression plus forte qu'ailleurs. Tous n'ont évidemment pas disparu dans le périmètre de la Colonia Dignidad, mais le fait que plusieurs survivants aient affirmé reconnaître les lieux, malgré leurs yeux bandés, renforce les présomptions. La justice n'a cependant jamais trop insisté. L'une des difficultés consiste précisément à déterminer les frontières de la Colonia.

« Cet endroit, dit une amie de la mère du disparu, on ne sait pas où il commence, où il finit. Il peut y avoir un terrain situé à des kilomètres, pas forcément rattaché au reste. Il peut y avoir des tunnels jamais découverts. À la télé, on a vu un reportage montrant un lieu où se dressait un arbre ; le lendemain, l'arbre n'y était plus. On a rigolé, mais ça n'est pas drôle. Il y a quelque chose d'ensorcelé dans cet endroit, à moins que nous ne soyons tous devenus idiots... »

Sentiment d'impuissance amplifié par quelques anecdotes largement enjolivées, mélange de témoignages, d'images captées dans les séries de science-fiction américaines, de détails forgés par des cerveaux effrayés. Comme l'histoire de ce pré qui s'ouvrirait pour laisser sortir un avion. Nous ne sommes pas chez George Orwell, mais jamais très loin, car il existe bel et bien une piste plus ou moins escamotée, à la Colonia, et le petit avion n'est certainement pas parqué à la vue de tous.

L'essentiel, cependant, pour cette mère, reste la certitude bien ancrée qu'un jour elle *saura*, à défaut de revoir le corps de son fils. Et cela, malgré une confiance toute relative en la justice de son pays, plus souvent moquée que respectée. Car on est ici convaincu que les Allemands ont leurs entrées au sein de l'appareil judiciaire qui leur permettent de surclasser sans mal les « petites gens », ces plaignants peu instruits et désargentés. Est-ce encore vrai aujourd'hui ? La justice chilienne s'est peu à peu émancipée du joug de la dictature, mais ce vent de liberté, de transparence et d'équité ne souffle pas forcément encore, treize années plus tard, dans tous les petits tribunaux de province.

Les responsables de la Colonia Dignidad entretiennent des « taupes » amies dans la plupart des juridictions de la région, croit-on savoir. Et de brandir aussitôt une preuve de ces allégations : presque chaque fois que les carabiniers sont arrivés sur place, ils étaient attendus. Une seule fois, ils auraient réussi à débarquer par surprise, parce qu'ils seraient arrivés directement de la capitale, sans passer par la « case » Talca, le tribunal le plus proche après celui de Parral.

Commentaire d'un ami de la famille : « La Colonia Dignidad est un État en soi où la justice chilienne ne passe pas. Chaque fois qu'un juge s'en est approché de trop près, on l'a aussitôt muté. »

Pourquoi cette impunité ? C'est l'énigme que l'on s'évertue chaque jour à résoudre dans cette maison. Une énigme assez désespérante.

Le visiteur, simple citoyen de Parral, poursuit sobrement : « Ils devraient être soumis aux mêmes lois que les Chiliens. Si l'on commet un délit, la justice vient nous attraper jusque chez nous, alors qu'eux... »

C'est entendu : à Parral, les Allemands sont les rois, et les Chiliens qui osent leur tenir tête sont le plus souvent perdants.

Il se trouve toujours quelqu'un pour en rajouter. Plus les histoires sont échevelées et imprégnées de violence, plus elles alimentent l'imagination d'une personne qui vient systématiquement à votre rencontre lorsqu'elle apprend que vous vous penchez sur « son » affaire. En l'occurrence, il s'agit d'un homme chez qui nous nous retrouvons à la tombée du jour. Un ancien facteur recyclé dans la réparation de téléviseurs, dont le récit se terminera tard dans la nuit, nous laissant partagés entre incrédulité et épouvante.

Facteur, il l'est devenu à l'âge de 18 ans ; on lui a rapidement confié le service des lettres recommandées : « Celles que l'on ne peut pas perdre. » Celles qui ont un rapport avec la justice ou les carabiniers, qui émanent des notaires ou qui ont trait à l'argent. Dans la région de Parral, les Allemands de la Colonia sont évidemment les plus gros consommateurs de ce genre de courrier, considéré comme une forme de privilège – les autres ont appris à attendre leur correspondance. C'est ainsi qu'il a connu tous ceux qui comptaient au sein de la Colonia, ceux qui avaient assez de poids pour recevoir des lettres recommandées.

« Les Allemands passaient tous les jours à la poste pour récupérer des lettres venues d'Allemagne, de Belgique ou d'Australie, raconte-t-il. Ils avaient une façon toute militaire de prendre le courrier, sans un mot, sans prendre le temps d'échanger quelques nouvelles, comme le faisaient les clients ordinaires, parfois sans même dire bonjour. "Moi pas parler", répondaient-ils lorsque je tentais de les solliciter. Alors que certains d'entre eux s'exprimaient parfaitement en espagnol ! »

Le facteur devient ainsi l'un des premiers à connaître les véritables patronymes des chefs de la communauté allemande. Le personnage le plus important lui semble être Hermann Schmidt, l'ex-aviateur. Plusieurs membres de son escadrille l'ont suivi au Chili, glisse-t-il avant d'assurer que plusieurs nazis recherchés par Israël sont passés par Parral.

« Regardez derrière vous, sur l'étagère, dit brusquement notre interlocuteur enfoncé dans un énorme fauteuil au cuir élimé. Cette poupée russe que vous voyez là m'a été offerte en 1985 par Boris Weisfeiler. »

Ce nom-là ne nous est évidemment pas inconnu. C'est celui d'un homme, Juif russe émigré aux États-Unis, qui a disparu cette année-là dans les environs de la Colonia Dignidad (notre présence à Parral lui doit beaucoup, nous y reviendrons). Une information judiciaire est toujours en cours pour tenter de déterminer les circonstances dans lesquelles il serait tombé entre les mains des Allemands qui n'en auraient – si l'on ose dire – fait qu'une bouchée. Les preuves, jusqu'à présent, font cruellement défaut... mais écoutons notre ancien facteur, dont l'attitude nous trouble de plus en plus.

« Certains croient que je suis l'ami de la Colonia Dignidad parce que j'ai vécu sur place, dit-il. En fait, personne ne m'a jamais pris au sérieux, car les choses que je rapporte sont par trop énormes ! En 1968, j'ai voulu témoigner par écrit de ce que je savais, notamment raconter comment ils avaient installé un laboratoire de transformation de la morphine et creusé des kilomètres de galeries souterraines, mais aussi dans quelles conditions ils fabriquaient des armes. Dès cette époque, j'étais aussi au courant des abus sexuels dont étaient victimes certains mineurs de la communauté. Lorsque j'ai commencé à m'exprimer là-dessus, on m'a aussitôt fait passer pour un dangereux mythomane. Je me suis retrouvé seul face à l'ignorance de tous. »

Cet homme dit-il la vérité ? Il est toujours désagréable de douter de l'authenticité du témoignage d'une victime, mais la désinformation n'est-elle pas l'une des branches majeures de la propagande ? Le suivre lorsqu'il nous parle d'armes et de drogue, et maintenant de trafic de devises et de trafic d'organes à l'hôpital de

Parral, puis d'insémination artificielle et de disparition d'enfants, nous ne pouvons le faire s'il n'étaie pas un tant soit peu son propos. L'ancien facteur est néanmoins crédible lorsqu'il nous raconte quel sort ont réservé les Allemands à la cinquantaine de familles qui étaient encore installées, à leur arrivée, au milieu des parcelles qu'ils ont acquises :

« Les fermiers qui étaient à l'ouest, côté Chili, se sont vu offrir un tas de choses, notamment du lait concentré et des médicaments. Ceux qui étaient à l'est, côté Argentine, ils se sont débrouillés pour les mettre dehors. Ils voulaient un accès direct à l'Argentine, sans avoir à traverser les terres de paysans. Ils voulaient également qu'aucun Chilien n'ait à pénétrer sur leurs terres pour se rendre sur les siennes, afin d'éviter les intrusions non contrôlées et les regards des curieux. Un jour, un futur marié s'est ainsi retrouvé prisonnier des barbelés, et ses invités n'ont jamais pu se rendre à la fête. »

Plus intrigantes sont les relations que cet homme aurait nouées avec la Colonia Dignidad. Au lendemain d'un article signé de son nom dans la *Prensa*, voilà une trentaine d'années, des Allemands seraient venus le voir et l'auraient couvert de présents : déodorants, liqueurs d'origine allemande, eaux de Cologne. Puis ils l'auraient invité à visiter la communauté, comme ils l'ont fait avec bien des journalistes, en jouant notamment sur les réseaux, très vivaces dans le pays, du Rotary et du Lion's Club.

« À l'époque, raconte-t-il, je pensais trouver un lieu rustique. Conduit sur place à bord d'une Mercedes Benz, je suis tombé au contraire sur des constructions qui m'ont paru très modernes pour l'époque, avec des maisons en dur et des rues pavées, l'air conditionné et des serveuses en uniforme. J'ai vu une grande salle de spectacle dont les sièges sortaient du sol lorsqu'on appuyait sur un bouton, et, dans les toilettes, on déclenchait l'eau chaude en appuyant sur une pédale avec le pied. Je suis même tombé sur une porte en aluminium, matériau dont nous ignorions jusqu'à l'existence. Tout était d'une propreté inouïe. Le paysage était si merveilleux qu'un Chilien n'y aurait pas reconnu sa Cordillère. Et eux qui me répétaient : "Tout ce que nous faisons, c'est pour le Chili." Tout cela m'a beaucoup impressionné. J'ai été tenté un moment de rester sur place, comme ils me le suggéraient, mais je suis reparti. Ils ont cependant essayé de me soutirer des renseignements, d'abord sur ma propre famille, sur mes engagements politiques, puis sur tous les notables qui comptaient en ville. »

Nous étions en 1968. Trente ans plus tard, au cours de perquisitions effectuées sur place dans le cadre d'investigations sur les disparus, la police judiciaire est tombée sur des cartons de biographies. Le plupart des notables y avait leur fiche. Un outil indispensable pour une tentative d'approche.

Cet homme les intéressait probablement parce qu'il avait été l'un des dirigeants locaux de la Jeunesse démocrate-chrétienne. Il affirme que le jour du coup d'État, les Allemands, « qui commandaient tout dans la zone », lui envoyèrent les carabiniers pour le « punir » d'avoir finalement publié un petit opuscule dénonçant les travers de la Colonia Dignidad. Et de ne pas avoir su convaincre les responsables de la Démocratie chrétienne de répondre favorablement aux invitations qu'ils lui avaient remises à leur intention. Mais l'homme voyait clair dans le jeu de ses interlocuteurs. Sous prétexte de venir en aide aux orphelins, cette colonie visait avant tout, à ses yeux, à perpétuer les idéaux perdus du national-socialisme.

Aujourd'hui, le réparateur de téléviseurs est âgé de 56 ans. Pas plus qu'hier son témoignage n'est pris très au sérieux, à cause d'une paranoïa mal maîtrisée qui le conduit à affirmer, sans qu'on puisse le vérifier, que l'on a plusieurs fois tenté d'incendier sa maison, ou qu'il a dû se cacher durant plusieurs années. Cependant, divers juges ont cru utile de le convoquer. Y compris pour l'entendre répéter qu'à l'époque où il était *persona grata* à la Colonia, on lui fit boire à plusieurs reprises une boisson spéciale, une sorte de jus de fruit naturel qui « contenait une substance hallucinogène produisant des effets secondaires sur le cerveau... ».

La colonie allemande est un trou noir dans lequel tourbillonne un demi-siècle d'histoire du Chili. Ceux qui savent se taisent ; ceux qui ignorent brodent. L'enquête journalistique réclame que nous nous rendions sur place. Aucun panneau ne peut nous y conduire. Il nous faut nous reposer sur ce chauffeur qui nous propose aimablement ses services.

Nous sortons de Parral en direction de la Cordillère. Quelques kilomètres vers le sud par la Panaméricaine, et nous bifurquons à nouveau vers l'est. Sous les pneus, le goudron laisse place à la terre, la même qui résonnait il y a quelques années aux oreilles des prisonniers aux yeux bandés.

Nous croisons un groupe de paysans à cheval revenant des champs, six hommes dont le plus jeune doit avoir 20 ans et le plus ancien la soixantaine. Les grappes de raisins mûrs alourdissent l'ombre des venelles devant les fermes, ni riches ni misérables. La campagne somnole sous le soleil ; même les eucalyptus ont cessé de frémir.

San Pablo. San Francisco. San Gregorio. Catillo et ses fameux thermes. Nous laissons derrière nous quelques villages aux pierres blanchies. Un pont de bois claque sous les roues : le río Perquilauqén. Un deuxième : le río El Lavadero. Impossible de ne pas songer au récit de Luis Peebles.

Halte dans une ferme où nous accueille un vieil homme au couvre-chef élimé. Quand les premiers Allemands sont arrivés en éclaireurs, en 1961, ils sont passés par chez lui, recommandés par les autorités locales. Il les a vus s'installer, acquérir leurs premiers 3 000 hectares, et leur a même vendu leur premier mouton. Il les a vus creuser des puits pour faire venir l'eau, et racheter les terrains lot après lot. L'un de ses propres champs de patates s'est retrouvé coincé au beau milieu de la Colonia. Il est devenu leur ami. Soigné comme tel, il allait moudre son blé chez eux, gratuitement ; ils lui réparaient aussi ses outils agricoles. Jusqu'au jour – ce devait être en 1965 – où le ton a brusquement changé.

« Ils ont pensé que j'étais un espion, raconte le vieux. Et Don Pablo a décidé de me mettre sur la touche. »

« Don Pablo », c'est le petit nom que l'on donne alentour à Paul Schaefer, « Pablito » pour les intimes. Un sobriquet à la fois déférent et affectueux.

« Un jour, ils ont donné Don Pablo pour mort, poursuit le paysan, mais c'était faux. Depuis, la discrétion est de rigueur, plus personne ne donne des nouvelles du chef. »

Les lendemains du coup d'État, le vieux paysan s'en

souvient comme si c'était hier : « Les Allemands ont énormément aidé les militaires. Grâce à eux, ils ne manquaient jamais de viande ni de vin. Pedro Espinoza s'est même installé sur place au moins une année avec ses enfants[1]. C'est à ce moment qu'ils ont commencé à construire l'hôpital, pour eux et "pour les Chiliens", disaient-ils. J'ai été soigné deux fois là-bas, gratuitement. Un vrai palace, cet hôpital ! Ils vous obligent avant d'entrer à retirer vos chaussures et à enfiler des pantoufles. Pas une seule mouche ne vole à l'intérieur. Nous, à côté de ces gens délicats, on est bordéliques ! »

Le dimanche, les Allemands se montrent parfois pour assister aux rodéos organisés dans les villages. À l'en croire, près d'une centaine de Chiliens travaillent plus ou moins régulièrement sur place, mais « ils ne vous parleront pas », tient-il à préciser.

Comme nous lui faisons part de notre intention de nous y rendre, le vieux nous met en garde, tandis que deux grosses abeilles dansent la sarabande autour de son chapeau mou à large bord :

« Les barbelés sont faits maison, aucune intrusion n'est possible. En plus, ils ont installé sur toutes les clôtures des détecteurs de mouvements. C'est comme un autre pays sous surveillance électronique. Un tunnel relie même le poste de garde au village. Ce sont eux qui l'ont aménagé. Ils ont les meilleurs outils de terrassement du Chili. Ils abattent en une nuit ce que je mettrais une année à faire.

– Vous est-il arrivé de voir des enfants dans l'enclave ?

– Quand ils sortent, c'est toujours accompagnés d'un chef, en groupes, filles et garçons séparés. Les filles

---

1. Pedro Espinoza, responsable de la DINA, cité par les prisonniers.

sont vêtues de blanc, les garçons portent des vêtements clairs. Don Pablo est un peu leur grand-père à tous. C'est lui qui punit, lui qui enferme. Les enfants chiliens sont particulièrement surveillés pour éviter qu'ils ne farfouillent. Moi aussi, d'ailleurs, je crois qu'ils me surveillent. Ils surveillent tout le monde... »

Après l'avoir remercié d'avoir bien voulu jouer les guides bénévoles, nous reprenons la route. Deux énormes camions remontent le chemin en sens inverse, soulevant derrière eux un épais nuage de **pous**sière. L'un est chargé de bois, le second transporte quelques dizaines de travailleurs chiliens, debout dans la benne.

« Nous approchons, dit le chauffeur. Ces hommes viennent de là-bas, le bois aussi. »

C'est que la Colonia Dignidad n'est pas seulement un ancien centre de torture, ni une paisible communauté de femmes et d'hommes animés par un honorable projet de vie. C'est une ruche. Un consortium économique. Un pôle d'activités employant des centaines d'individus à la ronde. Une puissance financière capable de rivaliser avec les plus grandes entreprises du pays, traitant d'égal à égal avec les banques de Miami et les sociétés panaméennes. Produits agricoles en tout genre, exploitation forestière, charcuterie, élevage, pêche en haute mer, travaux publics, exploitation minière : l'enclave s'est fait un nom dans tous ces domaines.

« C'est un autre monde, poursuit le chauffeur qui a déjà conduit plusieurs personnes à l'hôpital. Les champs ont été nettoyés de leurs pierres, et si les rues ne sont pas goudronnées, elles ont été arrangées de manière à ne pas dégager de poussière. Les femmes travaillent. On les voit coudre des sacs ou moudre le blé, on les croise à l'hôpital ou à la boulangerie alors que, dans la journée, je n'ai jamais compris pourquoi, on ne voit pas les hommes... Certains disent que le lieu a servi de camp de prisonniers après le coup d'État, mais, franchement, ça ne se voit pas.

– À quoi reconnaît-on un ami de la Colonia Dignidad ?

– C'est celui qui peut pénétrer à l'intérieur. Il y a des comités d'amis, ce sont eux qui parrainent les nouveaux. Les gens de la campagne continuent à leur faire confiance, ils se refusent à croire ce que dit la télé. Ils leur confient même encore leurs enfants... »

Mais nous approchons ; le premier mirador et les hauts barbelés sont là pour le dire. Régulièrement plantés de part et d'autre du chemin, les poteaux sont en béton armé ; par souci d'efficacité, ils ont leur extrémité inclinée vers l'extérieur. Brusquement, au détour d'un virage, le royaume fertile s'étale sous nos yeux à perte de vue, traversé de part en part par une rivière qui a dû longtemps faire les délices de Paul Schaefer. Sur la gauche, perchée sur une colline, la petite chapelle d'où furent sèchement expulsées une poignée de bonnes sœurs en 1985. Un peu plus loin, un élevage de cerfs, plusieurs dizaines de bêtes. Sur la droite, la fameuse école. Puis cette grande pierre blanche sur laquelle on peut lire : « Villa Baviera » – le nom des lieux depuis un tour de passe-passe accompli en 1991, pied de nez aux autorités et clin d'œil à cette riante région d'Allemagne d'où étaient partis pour toujours les fidèles du Docteur Schaefer, sans savoir ce qui les guettait par-delà l'Atlantique et le canal de Panama. La justice les poursuivait : la colonie Dignité est devenue la Villa Bavière, histoire de mettre ses biens à l'abri.

Bientôt, une barrière. L'entrée officielle du territoire, signalée par un nouveau panneau : « Villa Baviera. Freistaadt Bayern. » « État libre » : le mot sonne ici curieusement. La référence à la Bavière, le plus riche, le plus indépendant et le plus conservateur de tous les Länder allemands, est soulignée en gras pour le cas où on aurait raté la première indication. La Bavière dont l'histoire politique contemporaine se confond avec celle d'un parti conservateur de masse, l'Union chrétienne sociale (CSU), réputée pour son hostilité viscérale aux « rouges ».

Le chauffeur connaît les coutumes. On se gare, on coupe le moteur et on attend le « garde-frontière ». Une femme sort de la bicoque en bois sur laquelle a été peinte une croix rouge comme pour signaler une infirmerie. Cheveux blonds noués en chignon, elle porte un habit blanc semblable à celui des aides-soignantes. Avec son allure de cheftaine d'âge mûr, elle s'exprime dans un espagnol fortement germanisé.

Nous savons qu'un jour par semaine, la Colonia accueille les visiteurs. Une journée « portes entrouvertes » destinée à entretenir des relations de bon voisinage. Le public peut parcourir un petit kilomètre à l'intérieur de l'enceinte, jusqu'à un lieu connu sous le nom de *el molino* (le moulin). Là, on peut acheter en pesos chiliens quelques produits locaux : miel, charcuterie et évidemment pâtisseries, comme à Munich ou Francfort. Les gâteaux sont réputés au-delà de Parral, depuis que les colons les commercialisent à Santiago et à Bulnes, leur succursale, un « comptoir » situé un peu plus au sud, dans la huitième région.

S'ils nous refusent l'entrée comme journalistes, nous pourrons toujours nous rabattre sur le moulin. Mais, auparavant, il faut présenter son passeport à l'« aide-soignante ». C'est la règle. Passé la barrière, on est en territoire privé. Et, depuis toujours, les Allemands se réservent le droit d'accorder ou de refuser l'entrée et le séjour sur place. Une fois à l'intérieur, le contrôle ne se relâche pas pour autant : gare au travailleur chilien qui sortira de l'itinéraire prescrit !

Nos passeports entre leurs mains, nous avons le loisir d'observer les quelques photos qui décorent la bicoque. Images de sommets enneigés, de pics dressés vers le ciel, de pâturages alpestres, avec chalets en bois et cascades abondantes. Cordillère ou Alpes bavaroises, la légende ne le dit pas. Les roses qui poussent alentour, elles, sont bien chiliennes. Comme les plaques chargées de remerciements offertes par des congrégations rurales amies et le Rotary Club.

La femme revient, un sempiternel sourire aux lèvres. Pour éviter tout malentendu, nous lui expliquons que la visite du « moulin » est pour nous secondaire. Nous menons une enquête journalistique sur la Colonia Dignidad. Nous voudrions nous entretenir avec un responsable des lieux pour recueillir son point de vue et lui exposer nos questions.

« Mais ils sont en vacances ! » s'exclame-t-elle, invoquant l'argument fatal.

Nous lui expliquons avoir joint sur son téléphone portable l'homme que l'on nous a présenté comme le porte-parole, Hernán Escobar. Fuyant, il a prétendu qu'il ne l'était plus, dit qu'il ne pouvait rien pour nous, et nous a suggéré de voir sur place. Ce que nous faisons présentement.

Au moins ils ne nous diront pas, notre enquête publiée, qu'ils nous auraient reçus à bras ouverts si nous le leur avions demandé ! Nous insistons. La femme en blanc s'absente un instant pour de probables conciliabules, sans oublier de consigner soigneusement les éléments figurant sur nos passeports. Dix minutes plus tard, la voici de nouveau.

« Vous pouvez vous rendre jusqu'au moulin, dit-elle, mais ce sera tout. »

Une incursion, même brève, dans l'enceinte de la Colonia Dignidad ne se refuse pas. L'allée est bordée d'arbres plantés aussi régulièrement que les poteaux en béton. Le lieu est propre, rustique, en même temps un peu désuet. Ledit « moulin », alias *el molino*, n'est pas envahi par les visiteurs. Juste un véhicule garé sur une placette bordée par un immense hangar. Les habitations des colons ? La piste d'atterrissage ? Le célèbre hôpital ? L'œil bute sur ce hangar abritant quelques engins agricoles, notamment une belle moissonneuse-batteuse, visiblement importée d'Europe. Les vêtements de seconde main en vente à l'entrée de l'épicerie, posés en vrac comme à la brocante, viennent eux aussi d'Europe. Ils sont arrivés ici sur le dos ou aux pieds des colons, ou dans leurs bagages, comme les vieux appareils ménagers en vente pour quelques sous. Les Allemands font dans la fripe rétro, tendance années 60, fort élimée, à moins qu'il ne s'agisse là d'une sorte de vente de charité.

On dirait un kibboutz version néo-nazie !

Derrière le comptoir de l'épicerie, prêtes à nous servir une part de tarte munichoise recouverte de chantilly et un verre de jus de fruit « naturel », trois femmes blondes et vêtues comme la garde-frontière. Sans âge, souriantes plus que vraiment avenantes. Un rien rétro, elles aussi, comme le vieux combiné téléphonique avec lequel l'une d'elles est en train de communiquer avec ce que l'on imagine être le quartier général. Furieusement rétro, même, sauf que lors de leur installation, ces objets devaient paraître incroyablement modernes aux habitants de cette zone rurale.

« Êtes-vous jamais retournées en Allemagne ? »

L'occasion de nouer le dialogue est trop tentante. Dans leur langue, pour ne pas les effrayer. L'Allemagne ? En quelques mots, on croit comprendre qu'elles l'imaginent comme elles l'ont laissée : à peine remise de la guerre, en ruine. Savent-elles que Français et Allemands ont fait, depuis, du chemin, qu'ils se sont réconciliés au point de constituer ensemble le moteur d'une Europe unie ? Visiblement pas. Depuis quelques mois, les colons auraient accès aux informations télévisées, mais on ne comble pas si facilement une coupure de plusieurs décennies avec le reste du monde. Ces femmes paraissent assez déphasées, avec leurs mines de circonstance parfaitement interchangeables. Comme hors du temps.

« Ma patrie est ici », laisse tomber l'une d'elles, arrivée sur place à l'âge de trois ans.

Difficile de s'éterniser, délicat de pousser plus loin la discussion sans éveiller le soupçon de celle qui semble jouer le rôle de garde-chiourme.

Sur le chemin du retour, nous nous arrêtons le temps de quelques photographies. Un véhicule 4×4 ne tarde pas à faire irruption. Derrière les verres de ses lunettes fumées, un téléphone portable à l'oreille, le chauffeur cache un regard qui nous intime muettement l'ordre de quitter les lieux au plus vite. Message reçu.

« Encore aujourd'hui, la Colonia Dignidad bénéficie des plus hautes protections », nous avait-on prévenus.

À voir la façon dont on laisse ses occupants assurer leur propre police, c'est probablement vrai.

Se faire des amis, voilà apparemment l'une des priorités de la Colonia Dignidad. Quitte parfois à forcer la main de ceux qui se tenaient à distance, en particulier parmi les riverains. Le voisin chilien des Allemands devenait leur ami ou bien quittait les lieux : tel était à peu près le choix que l'on laissait aux paysans comme aux autorités locales.

Pour les plus démunis, ce qui était le cas de la plupart, l'affaire était vite entendue. Les miettes distribuées suffisaient amplement à s'attirer le respect, à défaut d'une véritable amitié.

Les autres, juges, notaires, médecins, prélats protestants et catholiques, propriétaires terriens, ont pour la plupart succombé aux délices plus ou moins discrets de la cohabitation avec les Allemands. À coups de dons, de repas généreux, de petites enveloppes, de soins médicaux prodigués sans compter à une vieille mère malade, de gracieusetés diverses allant jusqu'au pur-sang et à la BMW, la Colonia a su s'attirer les bonnes grâces de tous ceux qui détenaient une parcelle de pouvoir. Une campagne de corruption généralisée qui n'a pas trop lourdement pénalisé les finances de l'« entreprise » : un pot de miel, un litre de bonne huile, une eau de toilette et quelques cookies comme à Berlin suffisaient le plus souvent à attendrir son monde.

Dans les premières années, c'est de cette façon que les dirigeants de la Colonia sont parvenus à se rapprocher de l'ambassade d'Allemagne à Santiago. Il leur a suffi d'expédier quelques bouteilles d'une bière fabriquée selon les procédés artisanaux en vigueur au pays pour séduire le gosier du personnel diplomatique. Le miel et les gâteaux ont achevé de tisser des liens affectifs et bientôt commerciaux entre l'ambassade et la Colonia, devenue pour certains produits le fournisseur privilégié de la petite communauté allemande vivant dans la capitale. Un nouveau diplomate arrivait ? C'est bien connu : un estomac dépaysé aime à retrouver les saveurs de chez lui. Et le piège invisible se refermait, faisant de ce petit monde autant d'obligés, à défaut de protecteurs.

Nous voici justement chez l'un des plus fidèles amis de la Colonia, dans l'une des maisons bourgeoises qui forment le cœur de Parral. Le propriétaire de la demeure, Juan Sepúlveda, a longtemps été conseiller général de la petite ville, dont il est l'un des fils, avant de « laisser la place aux jeunes ». Mobilier colonial, vieux instruments de précision décorant la commode, chapeaux de paille et feutres de la première moitié du siècle dernier accrochés aux murs, portraits en noir et blanc des aïeux : l'intérieur fleure bon une bourgeoisie provinciale issue de la terre. Couleur politique de notre interlocuteur : UDI (Union démocratique indépendante), le parti de la droite éternelle, catholique, conservatrice et libérale.

« La Colonia Dignidad, dit-il en servant les rafraîchissements, c'est comme le *golpe*[1] : il y a ceux qui la défendent et ceux qui la débinent. »

Le ton est donné.

Comment a-t-il connu les Allemands ? Lorsqu'il était agriculteur et passait près de leurs terres, dans les montagnes. « Ils avaient transformé nos collines en un verger printanier. » C'est en connaissance de cause qu'il est devenu leur ami et l'est resté, malgré l'« abominable campagne internationale » qui les a « souillés ». Il s'est offusqué le jour où on leur a demandé de modifier leur

---

1. Coup d'État militaire.

statut juridique. « C'était comme leur demander de se départir de leur identité.

– Pourquoi, selon vous, les autorités s'en sont-elles prises à eux ?

– Il faut remonter à 1966. À l'époque, le gouverneur a eu de graves soucis avec la Colonia Dignidad, parce qu'il refusait aux Allemands le droit de contrôler les personnes qui empruntaient les chemins passant sur leurs terres. Or ce gouverneur était de la même couleur politique que Patricio Aylwyn. Lorsque ce dernier, député socialiste, a accédé au pouvoir après le départ de Pinochet, nous nous attendions tous à ce qu'il fasse fermer la Colonia Dignidad, par vengeance. C'est à ce moment que cette campagne s'est développée. Nous avons craint qu'ils n'expulsent tout le monde !

– Quelles conséquences ce changement de statut juridique a-t-il eues pour les Allemands ?

– Cela les a obligés à constituer des sociétés : une pour le bois, une pour l'agriculture, une pour la restauration, une pour l'extraction de la pierre qu'ils exportent jusqu'à Concepción. En fait, ils ont été bien conseillés et se sont mis à grossir. Ils ont acquis des centaines de camions. Ils ont diversifié leur production. Ils ont monté le magasin de Bulnes en sus de celui de Parral, où ils vendent des produits de première qualité. Puis un autre à Santiago, dans le quartier résidentiel de Las Condes. Ce sont des gens très organisés, vous savez.

– Avez-vous eu des relations économiques avec eux ?

– Jusqu'à aujourd'hui, je leur ai régulièrement acheté des graines, surtout du blé et de l'avoine. Ils en ont d'excellentes.

– Quand avez-vous vu Paul Schaefer pour la dernière fois ?

– En 1992, lorsque je lui ai expliqué qu'il valait mieux que nous rompions nos relations pour éviter toute exploitation politique. C'était mieux pour lui comme pour moi et mon parti.

– Quel regard portez-vous sur cet homme ?

– Paul Schaefer reste pour moi un homme plein de projets, qui nous parlait sans cesse de ses incroyables plans de développement. Entouré d'une équipe d'architectes et d'ingénieurs allemands, il avait une vision pour la Colonia.

– Pour vous, Paul Schaefer est-il encore en vie aujourd'hui ?

– S'il était mort, on le saurait, mais il se fait vieux. Il doit bien avoir dans les quatre-vingts ans.

– Des juges le soupçonnent d'avoir abusé sexuellement de mineurs. Qu'en pensez-vous ?

– Les informations répandues sur son compte sont difficiles à croire. Quand le juge est venu pour ces histoires de sodomie, il aurait dû se défendre. Il a peut-être craint qu'on ne l'expulse du pays.

– Et les accusations de torture ?

– Je n'ai rien vu de la sorte ! Ce n'est pas possible, car ce sont des gens corrects. Et puis, ils avaient un orchestre si sympathique et une chorale tellement formidable ! Un homme qui cultive les arts musicaux ne peut en venir à torturer quelqu'un ! L'imagination des gens n'a pas de limites. Et puis, c'est très facile de salir l'image de son prochain !

– Avez-vous évoqué ces accusations avec eux ?

– J'en ai parlé avec Don Hermann Schmidt en prenant la *once*[1]. Don Hermann était un homme élégant et cultivé, qui avait été aviateur durant la Seconde

---

1. Le goûter.

Guerre mondiale. Lorsque je lui ai parlé de tortures, il a rigolé et s'est mis à plaisanter. Le malheureux est décédé depuis, un juge a même cru utile d'exhumer son cadavre, il y a environ cinq ans, pour vérifier si c'était bien lui.

– À votre avis, Augusto Pinochet est-il passé par la Colonia Dignidad ?

– Peut-être, mais je n'y mettrais pas ma main au feu, même si je sais que Pinochet est venu jusqu'à Parral. »

Juan Sepúlveda s'exprime avec calme, comme si nous devisions du nouveau règlement d'un club du troisième âge.

« Pourquoi soutenez-vous la colonie allemande avec autant de zèle ?

– Ce sont des bienfaiteurs qui aident régulièrement leurs voisins les plus pauvres. Depuis leur arrivée, je n'ai jamais ressenti la Colonia Dignidad comme une enclave fermée. En tant qu'Allemands, ils aiment évidemment la hiérarchie et ont besoin d'un chef. Tous obéissent aux décisions du "comité central", c'est dans leurs traditions. S'ils ont paru repliés sur eux-mêmes, c'est parce qu'ils ne parlaient pas l'espagnol. Quand on ne parle pas une langue, mieux vaut se taire, non ? À leur place, si on m'avait attaqué de cette façon, je me serais moi aussi enfermé ! »

Avec des amis aussi solides aux commandes à Parral, les chefs de la Colonia Dignidad et leurs quelque 350 colons pouvaient dormir tranquilles : ce n'est pas ici qu'on leur chercherait querelle.

El hospital : voilà la clef de voûte des relations tissées par la Colonia avec son voisinage. C'est lui qui a donné tout son sens à la société de bienfaisance des origines. L'ancien conseiller général n'a pas tari d'éloges sur cet établissement. « Quelle aide apportée à la santé publique ! » nous disait-il avant de décliner les raisons de son admiration : un pavillon pour les enfants, un autre pour les femmes, une maternité, un bloc opératoire « impeccable sur le plan hygiénique ». « Les chirurgiens venaient de loin pour y opérer ! » avait-il ajouté.

Les gens des environs pouvaient se rendre en consultation à l'hôpital deux jours par semaine, le mardi et le vendredi. Gratuitement, cela va de soi. Du cancer à la grippe, les médecins allemands avaient la réputation de tout traiter. Et cela, dans des conditions dignes de celles des cliniques privées de la capitale, inaccessibles à presque toutes les bourses. Rien à voir avec le médiocre et vétuste hôpital de Parral, qui ne soutenait pas la comparaison.

Soins gratuits, donc, mais pas pour tout le monde... Comme les barons colombiens de la cocaïne savent soigner le petit peuple qui les entoure, la Colonia choisissait elle aussi ses malades. Les épouses, tantes, oncles et enfants des carabiniers y étaient certainement les bienvenus, eux qui étaient, presque par essence, les indéfectibles soutiens de la Colonia Dignidad. Le bilan publié par la colonie elle-même à l'occasion de son trentième anniversaire – comptage arrêté le 31 décembre 1989 – était éloquent (et hallucinant de précision) :

Consultations : 394 156.
Hospitalisations : 26 858.
Interventions chirurgicales : 5 816.
Naissances : 2 000.
Analyses de laboratoire : 526 111.

Radiographies : 23 070.
Échographies : 849.
Transports de malades en ambulance : 18 978 (656 029 km parcourus).
Transports par avion-ambulance : 115 (55 935 km de vol).
Repas servis aux patients et à leurs proches : 228 943.
Biberons pour l'allaitement : 34 311.

De quoi consolider sans cesse, à coups de soins prodigués et de médicaments distribués, le réseau de protection par lequel passait la survie d'une communauté pas vraiment au-dessus de tout soupçon. Et donner corps à cette profession de foi clamée dans le bulletin anniversaire :

« Dignité est un lieu où le droit de l'homme le plus fondamental, celui de vivre, sans lequel aucun autre droit ne peut être exercé, a toujours joui d'une protection adéquate. Pour les Allemands de Dignité, servir et aider son prochain est une vocation [...]. Personne n'a le monopole de la charité [...]. Celui qui offre rejette l'égoïsme [...]. Le paysan chilien, qui parfois ne connaissait ni le savon, ni la brosse à dents, ou son épouse qui ne savait pas comment veiller sur un nouveau-né, nous ont montré récemment, à l'occasion d'un rassemblement aussi sobre que massif[1] que nos efforts n'ont pas été vains... »

Pour être admis à l'hôpital fort de 72 lits, il ne suffisait cependant pas d'être considéré comme un ami. Les femmes devaient être vêtues de façon « décente » : ni jambes ni épaules dénudées. Comme si une certaine morale religieuse était la chose la mieux défendue au

---

1. 4 000 personnes.

sein de cette communauté d'un autre âge (à l'appui du bilan chiffré, le commentaire célébrait « la main généreuse de médecins et d'infirmières prêts à servir de pont entre le Créateur et la mère... »). C'est d'ailleurs au nom de la religion que le rédacteur en chef de « Radio Pablo Neruda », la station de Parral, liée à l'Église évangélique, prend la défense de la colonie allemande et, par la même occasion, de cette région où une forte tradition protestante « a forcément limité les horreurs durant la dictature » (dit-il).

Là où nous avons lamentablement échoué, Esteban Leal, lui, entretient depuis sept ans des relations cordiales avec les responsables de la Colonia Dignidad. Celui qui nous disait ne plus officier comme porte-parole, Hernán Escobar, appelle régulièrement sa station pour apporter une précision ou rectifier une information. Quand ce n'est pas lui, c'est le Docteur Hopp, vitrine légale de la colonie depuis l'effacement forcé de Paul Schaefer – « un homme respectable, dit le journaliste. Un *caballero*, très croyant, intelligent, dont je doute qu'il puisse être impliqué dans une quelconque affaire d'abus sexuels ». Parfois se manifeste également un certain Ricardo Alvear, tandis que Wolfgang Müller (homonyme du premier colon à avoir fui en 1966) se contente de faire passer des messages indirects.

Esteban Leal a évidemment été invité sur place. Lui aussi a eu droit à une visite guidée : la fabrication du pain à droite, la culture des légumes à gauche.

« J'ai eu le sentiment qu'ils souhaitaient s'ouvrir sur le monde extérieur et laisser le passé derrière eux ; qu'ils voulaient tourner la page Schaefer, celle des déviances sexuelles et des liens étroits avec la dictature, et redorer leur blason. Par exemple, ils envoient quelques enfants étudier dans les écoles chiliennes, ce qui n'était pas imaginable auparavant. »

De là à les voir s'intégrer dans le paysage, Esteban reste sceptique : « L'ouverture est pour eux difficile, admet-il. Après leur récital à la paroisse de San Francisco, l'autre jour, les femmes se sont retirées sitôt les applaudissements retombés, pour éviter tout contact avec le public. Ces gens-là ont grandi dans un système clos, je vois mal ce qu'ils feraient à l'extérieur. Comment réagiraient-ils, confrontés à la vie au-dehors ? Ils donnent l'impression de vivre comme au régiment, avec une discipline de fer. Ils sont complètement "accros" au travail et portent sur leur visage une morosité qui me rappelle celle des Chiliens sous la dictature. Et Dieu sait que les gens sont tristes dans cette région !

– Diriez-vous que la Colonia Dignidad est une secte ?

– Une secte religieuse, oui. Ils sont visiblement de formation protestante. Leurs cantiques, leur attitude, tout vient de là, jusqu'à cette solidarité envers leurs voisins. Mais, dans le même temps, ils ont une attitude sectaire, comme s'ils faisaient une lecture intégriste de la Bible.

– Imaginez-vous ces colons impliqués dans des atrocités ?

– Pas collectivement. Quelques individualités, oui, mais, à mon sens, elles sont aujourd'hui sur la touche. Je crois sincèrement qu'ils veulent marginaliser Paul Schaefer, même s'il reste leur gourou. »

C'est à lui que la *comunidad* (la « communauté »), comme elle s'appelle, expédie ses communiqués dans lesquels elle dément pied à pied les assertions de la presse, non sans agacement parfois, ainsi qu'en témoignent ces lignes :

« Nous voyons une fois de plus comme les professionnels de la communication abusent de leur tribune publique pour porter des jugements sur des faits, des personnes et des situations qu'ils ne connaissent pas. Dans le reportage télévisé, il est dit que les investigations judiciaires concernant la Colonia Dignidad n'ont débouché sur aucun résultat positif, laissant entendre que la justice est incapable d'en finir avec Dignidad. Ce qu'ignore apparemment le journaliste, c'est que la communauté a fait appel de la plupart de ces procédures, car c'est la seule façon qu'elle a de se défendre face aux abus et violations des autorités et des organes de l'État. » Tout cela, poursuit le communiqué – analogue à des dizaines d'autres –, ne serait que le reflet d'une « haine » et de « rancœurs personnelles » accumulées, « sans jamais offrir à l'accusé la possibilité de se défendre, ce qui constitue manifestement une violation des droits de l'homme ».

Imperturbable face à ce verbiage cousu main, l'homme de radio a récemment piloté sur place deux véhicules chargés de missionnaires portoricains désireux de connaître la région. Après avoir franchi victorieusement le poste frontière, ils ont été accueillis par un plateau de *dulces*, comme on appelle ici les douceurs, autrement dit les pâtisseries. Immanquablement, ils ont visité en cortège le moulin. Puis se sont rendus en délégation à l'hôpital, « le plus moderne que j'aie jamais vu », dit le journaliste, regrettant que Parral soit peut-être en passe de le perdre. Car officiellement la Colonia n'a plus le droit de soigner les malades. Ce qui n'empêche pas ses responsables de continuer à former une équipe d'infirmiers, convaincus qu'ils sont qu'un jour ils pourront rouvrir, forts des signatures recueillies auprès de tous les « amis ». Et dans l'espoir à peine dissimulé de voir bientôt leur chef vénéré lavé des soupçons, à leurs yeux évidemment « infondés », qui pèsent sur lui.

Pour mieux assurer la réputation de son hôpital, nœud de sa propagande, Paul Schaefer aimait à se faire appeler « Docteur » par les étrangers et ses invités. Ou est-il allé chercher ce titre ? Au milieu des années 70, il aurait exprimé le vœu de le monnayer pour s'en affubler officiellement. Nul ne sait si on lui a fait un bon prix. On comprend en revanche pourquoi il y tenait tant, lorsque l'on voit l'énorme quantité de psychotropes que consommait la Colonia : auprès des fournisseurs censés tenir strictement à jour leurs registres portant livraisons de ces médicaments très contrôlés, mieux valait passer pour un homme de l'art, formé à bonne école en Europe, que pour un novice.

5.

La démocratie se rebiffe « gentiment »

Parral (suite)

Le Docteur Paul Schaefer, alias « Don Pablo », régnait à la tête d'une organisation sectaire, mais le plus grand nombre feignait de l'ignorer. Ses colons, loin de couler des jours heureux dans un vert paradis, étaient quasiment réduits à l'état d'esclaves, privés de salaires comme de tous droits, et même d'une sexualité libre, à en croire les bribes d'informations échappées de l'intérieur. Mais personne ne se préoccupait de leur sort.

Victimes d'un système de répression néo-fasciste digne des sectes les plus autoritaires, condamnés à vivre entre les frontières de ce territoire exigu, ils comptaient parmi eux des Chiliens incorporés en bas âge qui, depuis lors, avaient perdu jusqu'à l'usage de leur langue. Les autorités locales ne s'en offusquaient pas. Au contraire même, elles avaient soutenu l'expérience, obnubilées sur le modèle distillé par les propagandistes de la Colonia Dignidad : celui d'un noble projet visant à aider les enfants orphelins et misérables, ainsi qu'ils l'avaient fait ostensiblement avec les victimes du terrible tremblement de terre survenu dans le sud du pays en mai 1960 (10 000 morts) ; et comme ils le faisaient encore au quotidien, dans les environs, puisque, tous les vendredis, on voyait passer à destination de la colonie un bus chargé d'enfants que l'on ne rendait à leurs parents que le dimanche, après un week-end pastoral d'où ils ne revenaient jamais le ventre vide.

Telle était la Colonia Dignidad au temps de sa splendeur : un territoire de non-droit échappant à presque tous les contrôles. « Presque », car d'aucuns s'en sont très tôt inquiétés, à l'instar de cet ancien avocat devenu député (sous l'étiquette du « Parti pour la démocratie », centre-gauche) que nous rencontrons à la veille de quitter Parral : Guillermo Ceroni. C'est depuis son cabinet qu'a été menée l'offensive de 1987, lorsque la Colonia Dignidad a décidé de poursuivre en justice le magazine allemand *Stern* qui affirmait, après Amnesty International et avec Zott et Peebles en guise de témoins, que le lieu avait servi de camp de prisonniers pendant la dictature militaire.

Saisie de la plainte, la justice allemande s'était alors tournée vers son homologue chilienne pour lui demander de mener des investigations dans la région de Parral. « L'objectif, explique l'avocat, était de vérifier si ce que disaient les anciens prisonniers politiques était vrai. La principale difficulté tenait évidemment au fait qu'ils n'avaient rien vu. L'un d'eux insistait par exemple sur le bruit métallique d'un pont. Or, lorsque nous avons reconstitué leur trajet, le bruit ne s'est pas reproduit. Nous avons alors découvert qu'on avait transformé ce pont. On en avait retiré la plaque métallique à l'origine de ce bruit caractéristique, et on l'avait remplacée par un morceau de bois.

– S'agissait-il à votre avis d'empêcher sciemment toute reconstitution des faits ?

– À l'époque, des gens bien placés au sein de l'appareil d'État protégeaient la Colonia Dignidad. Du haut en bas de la hiérarchie administrative, dans l'appareil judiciaire comme aux Ponts et Chaussées, les Allemands disposaient de relais sûrs. Des ordres avaient apparemment été donnés au sujet de ce pont. Nous avons alors tenté de travailler sur la voie sud qu'avait notamment empruntée Luis Enrique Peebles. Au passage du péage devait sonner une petite alarme. Le jour où nous y sommes allés, elle n'a pas sonné. Mais l'employé présent a reconnu qu'il y avait bien eu auparavant une alarme qui sonnait lorsqu'un véhicule passait sans payer, ce qui avait dû être le cas de la fourgonnette militaire. Nous étions sûrs de la véracité de ce que disaient les prisonniers, mais tout avait été fait pour brouiller les pistes... »

En 1987, toujours dans le cadre de la commission rogatoire venue d'Allemagne, la justice a fait pour la première fois irruption en service commandé dans l'enceinte de la Colonia Dignidad, escortée de carabiniers et d'enquêteurs de la police judiciaire. Aucune installation souterraine n'a été découverte, mais s'est-on réellement donné les moyens d'en trouver ? On a cru en revanche reconnaître le hangar décrit par les prisonniers. Ils entendaient le bruit d'un cours d'eau, et ce cours d'eau était bien là. Le caquètement des poules était également audible. Mais cela ne suffisait pas. Le juge et les avocats présents ont exigé que l'on fasse décoller le petit avion utilisé par les Allemands. Ordre aussitôt mis à exécution. Sauf que personne n'a entendu le grondement décrit par les ex-prisonniers.

« Nous sommes alors sortis du hangar, raconte

l'avocat. Et nous nous sommes retrouvés face au pilote allemand qui, sans même s'en rendre compte, a dévoilé le scénario mis en place pour se jouer de nous : "Désolé, a-t-il dit, visiblement perturbé par la présence d'autant d'hommes de loi. J'ai violé les règles de vol élémentaires en survolant l'hôpital et les habitations. Normalement, nous ne le faisons jamais. Nous décollons en direction de la rivière." Le pilote n'avait visiblement pas été mis au courant de nos objectifs. On lui avait simplement donné l'ordre de modifier le sens habituel du décollage, et il s'en excusait.

« À un moment donné des investigations, un policier a découvert une caméra cachée dans un tronc d'arbre, tendant à accréditer l'idée de la présence d'un système de contrôle. Il s'est éloigné pour aller chercher le juge, mais, lorsqu'il est revenu avec lui, la caméra avait disparu. »

La justice fut-elle ce jour-là de bonne volonté ? Les moyens mis en œuvre étaient encore modestes. On préféra laisser la justice allemande juger l'affaire en son âme et conscience.

La plainte suivante, déposée dans la foulée, émanait du gouvernement allemand lui-même. Des parents de colons entendaient attaquer la Colonia Dignidad pour entrave à la liberté. Un nouveau juge fut nommé. Il parvint à établir que les colons ne disposaient pas de toute leur liberté. Ils lui apparurent comme des individus « psychologiquement soumis », répondant aux questions de façon assez mécanique, « comme s'ils récitaient un texte appris par cœur ». L'ennui, sur le plan juridique, c'est qu'aucun de ceux qu'il entendit ne se plaignait de son état, vidant ainsi l'action en justice de son sens.

La Colonia Dignidad a plutôt bien résisté à ces

premiers assauts. Seule son image a été écornée. Un carabinier présent lors des perquisitions a ainsi révélé publiquement les mœurs étranges en vigueur dans la communauté. Il a dit que, dès l'enfance, on séparait les sexes. Un peu comme on agit dans les fermes avec les animaux, on y faisait en sorte que l'espèce ne se reproduise pas naturellement. On contrôlait les naissances. Pour être sûr du résultat, on séparait les couples mariés.

Mais personne n'a vraiment voulu entendre ces révélations hallucinantes. Pour l'heure, la colonie allemande était encore intouchable.

« Ni les politiques, ni l'autorité judiciaire, ni les policiers ne voulaient vraiment causer du tort à la Colonia Dignidad », déclare l'avocat Guillermo Ceroni.

Il est vrai que les Allemands ne pouvaient céder d'un pouce sous peine de voir enfoncer leur irréductible place forte, probablement le dernier lieu au monde où Paul Schaefer pouvait échapper à la justice.

À Parral, quelques rares personnes se mobilisent cependant pour dénoncer les méfaits de « Don Pablo » et de ses colons. Traitées de « communistes » – la pire insulte sous la dictature – lorsqu'elles osent s'exprimer publiquement, fichées par les Allemands, elles ont ouvert les yeux là où presque tous s'appliquaient bien sagement à les fermer. Elles ont vu l'épouse d'Augusto Pinochet se promener dans la région, escortée par des gardes du corps de la Colonia Dignidad. Elles savent que de nombreux membres de la junte militaire ont été soignés dans l'hôpital des Allemands, et jusqu'à la mère d'un des ministres de la Justice de Pinochet. Elles ont compris que la population de la Colonia s'était régénérée au fil des ans en incorporant des enfants issus des communes voisines. En « avalant » des enfants, nous dit un Parralien, enseignant dans une école de la ville. C'est-à-dire en les confisquant à leur mère, dès la naissance, éventuellement en annonçant leur décès à la suite d'une maladie fulgurante. Ou en proposant à une mère dans la misère de prendre en charge son nouveau-né, lequel, coupé de son environnement, ne parlait bientôt plus que la langue de Goethe...

S'il est un homme qui ne s'est pas laissé impressionner, c'est l'évêque de Linares, ville située à une demi-heure de route de Parral. Nommé à son poste en 1976, Carlos Camus Larenas n'ignore pas que les Allemands se sont installés avec le concours de l'Église catholique, devant laquelle ils avaient tenu le discours d'une communauté ayant pour vocation de venir en aide aux orphelins. Les nombreux émigrés allemands partis conquérir les terres désertiques du sud du Chili au siècle précédent avaient convaincu à force d'abnégation et d'efforts ; ceux-ci promettaient d'être de la même trempe. « Et puis, ils représentaient la civilisation », note le prélat, en particulier face aux quelques Indiens Mapuche que la colonisation espagnole avait laissés en vie, considérés par beaucoup comme des sous-citoyens.

« Ils paraissaient si bons et si innocents que le gouvernement de Jorge Alessandri les a lui aussi aidés, raconte Mgr Camus. Mais, bien vite, certains ont estimé que l'endroit était par trop fermé. Le gouverneur de la région, Héctor Taricco Salazar, un démocrate-chrétien, a insisté pour qu'ils ouvrent leurs chemins aux paysans, mais ils lui ont tenu tête. Nous nous sommes alors aperçu que les colons étaient traités comme de vrais esclaves, en particulier les femmes. Les hiérarques détournaient par exemple les pensions de retraite versées par l'État allemand, qu'ils oubliaient de distribuer à leurs destinataires. Ce n'était pas tout : l'édifice tout entier reposait sur une idéologie aux forts relents de nazisme. Aucune de ces dérives ne les a cependant empêchés de s'imposer comme les patrons de la zone, ni de tisser des liens étroits avec le milieu militaire et politique en multipliant réceptions et présents. Ils menaçaient les uns, offraient leurs bons produits aux autres, obtenaient la mutation de ceux qui les dérangeaient, le tout assaisonné d'une habile propagande.

— Quels étaient leurs rapports avec l'Église ?

— Paul Schaefer se disait pasteur baptiste, mais je crois qu'il était surtout pédophile. Ce qu'il voulait, c'était avoir des enfants auprès de lui. C'était pour lui assez facile, car il jouissait du prestige attaché à l'Allemagne. En fait, passé les premières années, il a fermé ses portes à l'Église.

— Ont-ils, selon vos informations, caché d'anciens nazis ?

— C'était le lieu idéal, sachant que l'on ne pouvait accéder à la Colonia Dignidad qu'en Jeep ou en avion. Je n'en sais pas davantage.

— Que savez-vous de leur rôle après le coup d'État ?

— Ils ont aussitôt proposé leur collaboration. Ils ont notamment enseigné aux militaires certaines techniques de tortures importées du Brésil, en échange de quoi ils ont obtenu d'importantes subventions pour leur hôpital et de larges facilités douanières, notamment pour les transferts de capitaux. Le lieu a aussi servi de centre de détention.

— Vous avez comparé la situation des colons à celle des Juifs dans les camps de concentration...

– À compter du jour où j'ai fait publiquement ce rapprochement, ils n'ont eu de cesse de me faire passer pour communiste ! »

Interdit de séjour à la Colonia Dignidad, même au sein de l'hôpital, l'évêque est bientôt confronté à une véritable crise diplomatique. Les Allemands avaient acheté à l'Église un terrain de sept hectares sur lequel était bâtie une chapelle occupée depuis près de trente ans par la Fraternité des sœurs contemplatives de Notre-Dame-de-la-Paix. Le cédant avait simplement demandé que les religieuses fussent respectées et ce lieu de culte rénové aux frais de l'Église. En fait de respect, la demeure des sœurs est incendiée en 1985, sous prétexte qu'elles « espionnaient » la Colonia Dignidad... Qu'avait-on de si important à cacher ?

Malgré les protestations, la pression s'est accentuée. Route coupée un jour, balles tirées en l'air le lendemain, volailles trucidées la semaine suivante. Après plusieurs années de harcèlement, les religieuses ont fini par plier bagage sans que l'Église puisse vraiment s'y opposer, puisque le terrain ne lui appartenait plus...

L'évêque est convaincu que les Allemands ont filmé les sœurs à leur insu, à l'aide de caméras à infrarouges. Ils auraient ainsi réalisé des montages destinés à leur nuire, mixant des images de prière avec des scènes plus ou moins pornographiques. « Des méthodes typiques des nazis », lâche le vieil évêque sur un ton indigné.

À l'époque, un religieux haut placé de Santiago, connu pour son anticommunisme viscéral, soutient haut et fort la Colonia Dignidad. Commentateur religieux sur la chaîne Canal 13, le père Raúl Hasbun plaide régulièrement la cause de Schaefer, se sentant peut-être certaines affinités intellectuelles avec lui. Il le fait encore en 1998 alors que la police est en train de perquisitionner la Colonia : « Les citoyens contemplent avec stupeur et incrédulité l'imposant déploiement de forces juridico-policier. On prétend que Schaefer se trouve dans cette propriété, mais l'État chilien ne sait même pas avec certitude s'il a vraiment commis le moindre délit. »

Sous-entendu : pourquoi harceler ainsi un pauvre innocent... ?

Les réticences de l'évêque, elles, ne cessent de croître. Or la position officielle de l'Église, du moins sur le plan local, c'est lui qui la définit. Il sent bien qu'il rame à contre-courant, notamment face aux commerçants de Linares pour qui la Colonia Dignidad reste avant tout un excellent débouché. Mais il persiste et n'a toujours pas renoncé, aujourd'hui, alors qu'il va doucement vers son 77e anniversaire.

Santiago, mars 2003

Pourquoi, loin de ramasser la balle allemande au bond, loin aussi de relayer ces indignations isolées, la justice chilienne s'est-elle « hâtée » si lentement ? Quelques éléments de réponse nous attendent à notre retour à Santiago où nous reçoit un jeune avocat impliqué dans la défense des droits de l'homme. Pour lui, les choses sont claires : la Colonia Dignidad bénéficie directement de la mansuétude accordée aux militaires après le retour à la démocratie. Un choix politique qui a complètement bridé l'appareil judiciaire...

Sorti de la Faculté de Droit en 1988 à la veille du plébiscite imposé par l'administration américaine à

Pinochet, proche du Parti communiste chilien, Hugo Gutierrez Galvez n'a pas de mots assez durs pour décrire ce qu'il appelle une « capitulation ». Dès le début, raconte-t-il, le pouvoir judicaire est passé à l'arrière-plan. La Commission nationale de réconciliation a accouché d'un compromis ouvrant clairement la voie de l'impunité : l'État chilien étant formellement reconnu coupable d'avoir violé les droits de l'homme, on recommandait une indemnisation des victimes, point final.

« Les bourreaux l'avaient emporté », soupire le jeune avocat, mais les familles de disparus n'ont pas renoncé, malgré une période de « transition » qui ne cessait de s'allonger : elles ont fait le siège du ministère de la Justice. « Les tribunaux ont rapidement considéré qu'ils ne pouvaient rien faire tant que l'on ne trouvait pas les corps, poursuit Hugo Gutierrez. Le temps passant, on courait tout droit à une amnistie qui ne disait pas son nom. Nous avons alors eu l'idée de faire ouvrir des informations judiciaires pour "séquestration" ou "détention illégale", délits qui ont l'avantage de ne pas être amnistiables... tant que les corps des disparus n'avaient pas été retrouvés. Cette brèche a redonné espoir aux familles. »

La spectaculaire arrestation de Pinochet en Angleterre, en 1998, modifie la donne. En sus de ceux des disparus, elle permet notamment de rouvrir les dossiers des exécutés, dont les cas ont été prescrits précisément parce que l'on avait retrouvé les cadavres. « Nous avons plaidé le fait que ces morts étaient survenues en violation de la Convention internationale des droits de l'homme, qui interdit d'exécuter un détenu », dit l'avocat.

Une longue histoire dans laquelle plusieurs juristes ont laissé des plumes. Un combat de chaque jour contre un « monstre » d'une résistance inouïe, mené avec les moyens du bord, pour un bilan qui pourrait sembler maigrelet. Sauf que la solution judiciaire n'a jamais complètement sombré...

Après les disparus, après les exécutés, la justice a été invitée à se pencher sur un troisième cercle : celui des torturés dont elle a commencé à recueillir les plaintes. « Torture » ? Le mot ne figurait pas dans le Code pénal chilien. Aussi bien, nulle réparation n'avait jamais été envisagée dans leur cas, comme si ces victimes-là ne méritaient pas d'attention particulière. Un contexte éminemment favorable aux militaires, comme à la Colonia Dignidad de Paul Schaefer qui, durant ces dernières années, n'a jamais tremblé pour de bon, narguant les victimes du haut de son impunité, intouchable pour avoir servi Pinochet et à l'abri du besoin derrière une batterie d'entreprises de plus en plus rentables.

« C'est le legs de la dictature », lâche Hugo Gutierrez, qui sait avec quelle vigueur le pinochétisme survit à son fondateur, grâce à une classe politique encore en proie aux réflexes acquis lorsque régnait la terreur.

Il ne faut cependant pas désespérer de l'appareil d'État chilien : çà et là, malgré le chantage des militaires, quelques individualités ont pris au sérieux la fin de la dictature. Souvent seules, à l'instar de Me Patricio Cavada, dont la fougue et la passion ne faiblissent pas à l'approche de la retraite, elles se sont lancées dans la bataille du droit.

Issu du sérail démocrate-chrétien, Cavada se bat depuis plusieurs années avec les armes de la loi, les seules qu'il connaisse, pour mettre au jour les vérités cachées de la Colonia Dignidad. Si l'État chilien peut se targuer d'avoir fait un minimum pour tenter de contrôler cette poche de résistance, c'est un peu grâce à lui. Si ce même État peut dresser la liste de tout ce qu'il aurait pu faire pour éviter que Paul Schaefer ne se croie hors d'atteinte, c'est encore grâce à son travail. Si aucun député ni aucun sénateur chilien ne peut dire : « Désolé, je ne savais pas », c'est toujours grâce à ses rapports circonstanciés.

Son entrée en scène en 1991, nous raconte-t-il dans son petit bureau au centre de la capitale, doit beaucoup à un homme : Patricio Aylwyn, qui vient de s'installer à la Moneda, le palais présidentiel. Fils d'un ancien président de la Cour suprême, connu pour sa droiture et son humilité, Aylwyn est un intellectuel et un juriste. Déjà sénateur en 1968 lorsque fut rédigé un premier rapport parlementaire sur la Colonia Dignidad (plutôt à décharge), il a surtout défendu le gouverneur de Linares, Héctor Taricco Salazar, mis à mal par Schaefer et les siens. Cela fait de lui un des dirigeants chiliens les mieux informés sur le sujet.

Porté au sommet de l'État en ces lendemains de dictature, Aylwyn a l'intention de dompter l'hydre Colonia Dignidad, et pour mener à bien les investigations, nomme discrètement deux avocats, dont Patricio Cavada, spécialiste des sociétés de droit privé. La logique aurait voulu qu'il installe les deux « enquêteurs » au ministère de la Justice, mais ils emménagent dans un bureau du ministère de l'Intérieur : le dossier est politiquement trop « sensible ».

Leur première tâche consiste à rassembler toutes les pièces administratives disponibles se rapportant à la colonie, depuis ses statuts officiels jusqu'aux documents concernant les terrains et les sociétés commerciales. Et ce qu'ils découvrent les effare : les administrations publiques censées contrôler la colonie n'ont pratiquement aucune archive digne de ce nom. Un grand vide que les deux avocats ne tardent pas à comprendre : les militaires ont ordonné la destruction de la plupart des pièces.

Les mairies des communes avoisinantes sont incapables de fournir la moindre indication sur les constructions immobilières de la Colonia. Si des plans ont un jour été déposés, ils restent introuvables, tout comme les éventuels permis de construire. Les armes n'ont pas été enregistrées par les autorités militaires. Les douanes n'ont rien à dire malgré le flux constant des importations en provenance d'Allemagne. Pas davantage d'informations du côté du fisc, la Colonia étant depuis les origines exemptée d'impôts locaux. Même la direction de l'Aviation civile ne sait rien des avionnettes de la colonie qui dispose pourtant d'un aérodrome et d'une piste de 1 700 mètres de long.

Ce qui impressionne d'emblée Patricio Cavada lorsqu'il se rend pour la première fois sur place, ce sont les barbelés. Ou plus précisément les petits appareils dissimulés dans les poteaux, reliés au sol par des fils et destinés à dispenser air et lumière aux galeries souterraines. Le tout contrôlé depuis un poste central d'où l'on pouvait détecter le moindre mouvement, ainsi que nous l'expliqua le vieux paysan de Parral.

Ce jour-là, l'un des hommes qui accompagne l'avocat a apporté avec lui un topographe, appareil destiné à relever la configuration des lieux. À peine l'a-t-il extrait de son sac qu'un type se rue vers lui, l'insulte, lui arrache l'appareil des mains, le brise, puis livre le « coupable » aux carabiniers présents – pour la petite histoire, le fonctionnaire ne parviendra pas à se faire rembourser son coûteux outil de travail.

Tenace, l'avocat ne désarme pas. Il entend savoir comment fonctionne la chaîne de commandement dans l'enceinte de la Colonia. Qui sont les vrais actionnaires des sociétés. Il veut découvrir le bunker que se serait fait construire Paul Schaefer, à plusieurs mètres sous terre, pour échapper à toute arrestation, un logement que l'on dit semblable à ceux imaginés par certains auteurs de science-fiction. Et comprendre comment cet homme a si longtemps réussi à persuader ses « disciples » qu'au-delà des barbelés commençait l'enfer...

Un jour se tient une réunion dans le bureau du sous-secrétaire d'État à l'Intérieur, Belisario Velasco, qui supervise la mission Cavada. Deux avocats de Paul Schaefer sont présents, ainsi qu'un haut responsable des carabiniers. On plonge la pièce dans le noir, le temps de projeter un petit film vidéo tourné en Allemagne : le témoignage d'un ancien colon en fuite.

Question de l'opérateur qui filme : « Quand avez-vous vu Paul Schaefer pour la dernière fois ? »

Réponse : « Le jour où les policiers ont fait irruption pour la première fois à la Colonia. Un capitaine des carabiniers a appelé dix minutes avant la perquisition pour le prévenir. »

Silence gêné dans la salle.

Au bout d'un an d'un vrai travail d'investigation, semé d'embûches, Cavada et son adjoint parviennent à rédiger un premier rapport qu'ils remettent en mains propres au président de la République. Où l'on découvre que la Colonia travaille en fait main dans la main avec l'État chilien.

L'école située à l'entrée de son territoire, par exemple, qui compte dans les bonnes années jusqu'à soixante-dix enfants, est subventionnée. Son directeur, son sous-directeur et plusieurs de ses professeurs sont chiliens. Elle reçoit même sa dotation en lait distribué chaque matin aux enfants dans toutes les écoles du pays. Seul le transport scolaire est à la charge de la colonie. Avec, à la clef, un fameux bénéfice, en termes d'image auprès de la population locale, persuadée de tout devoir à la générosité des colons...

Ces conclusions débouchent sur un petit séisme : le changement de personnalité juridique de la Colonia Dignidad. Un coup de semonce qui signe la fin de la « Société de bienfaisance Dignidad » et de son confortable statut. Priés de rentrer dans la norme, de se soumettre aux lois qui encadrent le commerce, Paul Schaefer et les siens doivent officiellement renoncer aux délices de leur no man's land.

Victoire sans lendemain ? On découvre au passage la vitalité des réseaux de soutien à la colonie lorsqu'un sénateur de droite endosse temporairement la représentation sociale d'une partie des entreprises créées par les Allemands, ou lorsque qu'une Église méthodiste propose à son tour ses services. Un détail, en fait, car, l'intègre Patricio Cavada ne tarde pas à le comprendre, c'est une large porportion de la hiérarchie judiciaire qui concourt à la protection de la Colonia, dressant un mur à peu près impénétrable autour de ses multiples entorses à la loi. Ne voit-on pas un magistrat, Guillermo Navas, dispenser carrément ses conseils à la colonie pour préserver son avenir économique ? Alors que c'était lui qui avait chapeauté les toutes premières investigations...

Patricio Cavada le reconnaît lui-même : le changement de statut juridique de la colonie ne produit pas les effets escomptés. C'est même plutôt le contraire : la création d'entreprises dûment enregistrées donnera une impulsion considérable à l'essor économique de la communauté. Contrairement à la version servie aux Chiliens, seule une minuscule partie des biens a été confiée à l'Église méthodiste : l'équivalent de 3 millions de pesos[1]. Le reste a été transféré à des sociétés anonymes. En particulier les actes de propriété du terrain sur lequel est installée la secte. Ses responsables avaient même largement anticipé la fin de la dictature : la première société anonyme (Abratec) fut créée en 1988, trois autres (Agripalma, Bardana et Cinoglosa) suivirent en 1989. Puis un groupe de vingt-neuf colons a mis sur pied, l'année suivante, la Sociedad Colectiva Cerro Florido, grâce à une succession de tours de passe-passe destinés à assurer la protection du patrimoine immobilier – le magazine allemand *Stern* l'évalue alors à quelque 100 millions de dollars...

Blé, petits pois, pommes, pain, charcuterie, produits laitiers, miel, le pactole fructifie grâce à des moyens techniques occidentaux qui permettent à la Colonia d'imposer ses marques dans tout le pays. Drôle de sanction ! Mais Patricio Cavada ne regrette rien. Il sait qu'il s'attaquait à gros, que quelques juristes, même appuyés par les plus hautes autorités gouvernementales, ne pouvaient peser réellement sur le cours de l'Histoire et faire rentrer dans le rang cet ami choyé depuis si longtemps par l'État chilien. La plupart des intervenants ne jouaient-ils pas en sens inverse ?

Patricio Aylwyn parvenu au terme de son mandat,

----

1. Autour de 4 000 euros.

la pression s'est relâchée sous le regard impuissant de Cavada. Ses rapports sont carrément passés sous la pile avec le départ du sous-secrétaire d'État Belisario Velasco, dont le successeur se révèle nettement moins passionné par l'affaire. On continue bien sûr à la suivre, mais avec une certaine distance. La police judiciaire réclame-t-elle des hommes et un hélicoptère pour redonner du tonus à ses investigations ? C'est non. Les responsables de la Colonia sont-ils à l'occasion rappelés à l'ordre, priés de s'acquitter comme tout le monde de leurs impôts ? Ils passent outre, sans en subir les conséquences, sauvés sur le fil par une nouvelle élection et un nouveau changement de majorité présidentielle.

D'autres préoccupations prenant le pas sur elle, la Colonia est reléguée au second plan, et le scandale n'éclate jamais vraiment. Le Chili n'est d'ailleurs pas un pays où les scandales éclatent : c'est plutôt un pays où ils meurent étouffés. Un jour, c'est le ministre de l'Intérieur en personne qui réclame la saisie de toutes les armes détenues au sein de la colonie. Demande restée sans suite. Pas forcément faute d'avoir cherché, mais plutôt d'avoir fouillé avec conviction, car les armes y foisonnent, en particulier les armes de poing dont les colons affectionnent particulièrement deux modèles : le revolver 38 mm de marque Rossi et le pistolet Browning 7.65[1]. Laxisme ? C'est ainsi. Depuis ce jour lointain où les Allemands ont fait sortir des fleurs de la pierre, à la sueur du front de leurs colons : l'autorité n'a jamais vraiment montré les dents.

---

1. Privilège du chef, Paul Schaefer dispose d'un pistolet sans marque, calibre 7, et d'un pistolet Walther, calibre 7.65. Ses deux acolytes, Hermann Schmidt et Albert Schreiber, sont pour leur part équipés d'escopettes de calibre 16.

Plusieurs gouvernements manifestent bien le désir d'imposer à la Colonia Dignidad des règles plus conformes à ses activités réelles. Échec sur toute la ligne face à un adversaire décidément doué pour la communication, comptant au moins deux chaînes de télévision parmi ses supporters inconditionnels.

« Nous avons fait tout ce qui était en notre pouvoir sur le plan administratif, dit aujourd'hui Patricio Cavada, mais la Colonia Dignidad bénéficiait de l'appui de juristes disséminés dans toutes les formations politiques. »

Une manière de rejeter la faute sur le pouvoir judiciaire, mais pas seulement. Le gouvernement allemand, maintes fois sollicité, n'aurait jamais pleinement collaboré. Plus précisément, la diplomatie allemande s'est volontiers mobilisée, mais, dans les faits, rien de concret n'a jamais suivi.

Un seul exemple : on avait un jour demandé au responsable de la sécurité de la colonie d'où était sorti l'argent investi dans l'achat du terrain de Bulnes, destiné à abriter un magasin et un restaurant.

« C'est un cadeau de ma grand-mère de Berlin », répondit-il sans sourciller.

Une affirmation qu'il fut impossible de corroborer...

« Plus tard, lorsqu'on a entendu parler de séquestration de mineurs et d'abus sexuels, certains des meilleurs amis de la Colonia Dignidad ont choisi de se tenir en retrait », observe Patricio Cavada. Trafic d'uranium avec l'Allemagne après la guerre, manipulations génétiques, on avait tout imaginé sur ces 15 000 hectares, mais pas encore des viols d'enfants...

Peut-être que cette fois la justice allait sévir ?

La presse de la capitale se fait l'écho des deux sujets qui agitent en cette rentrée scolaire (début mars) la classe politique du pays. D'un côté, les démêlés avec la justice d'un député socialiste, Juan Pablo Letelier, emprisonné pour une histoire de pots-de-vin. De l'autre, le principal parti de droite, l'UDI, vient de tirer un missile propre à anéantir le récurrent débat sur les droits de l'homme. Dangereux télescopage qui met la gauche dans une posture délicate au plus mauvais moment.

L'idée de l'UDI, qui fut l'un des principaux alliés de la dictature, peut se résumer ainsi : on indemnise toutes les victimes répertoriées des années Pinochet et on n'en parle plus. Une proposition qui ne fait que reprendre celle qui avait été émise dans les premières années de la démocratie. Non sans malice, ses inspirateurs tablent sur la misère dans laquelle vivent nombre de familles de disparus : celles-là ne devraient pas trop faire grise mise devant des enveloppes remplies de billets, même si on leur demande en échange de renoncer définitivement à toute poursuite contre les tortionnaires.

Par un malencontreux hasard de l'Histoire, le député mis en cause dans l'affaire de corruption n'est autre que le fils d'un homme politique assassiné aux États-Unis pendant la dictature, Orlando Letelier. Un fils qui a pour sa part le privilège d'avoir été généreusement indemnisé par l'État pour les dommages subis...

Dans ce pays, quelques femmes, quelques hommes s'emploient coûte que coûte à sauver l'honneur. Voire plus, si possible. Pedro Alejandro Matta occupe parmi eux une place de choix entre Patricio Cavada, l'avocat-député de Parral, et l'archevêque de Linares.

Responsable de la Jeunesse socialiste à la Faculté de Droit, il était l'un des leaders du mouvement étudiant lorsque la junte militaire a pris le pouvoir. Sans nouvelle de plusieurs de ses camarades, il s'est lancé à leur recherche dans la nuit de la dictature. Puis est venu son tour, le 17 mai 1975. La chance a voulu qu'il soit encore en vie lorsque les États-Unis, après avoir placé les militaires aux commandes, ont décidé de sauver quelques détenus chiliens. C'est ainsi que Pedro Alejandro Matta s'est retrouvé réfugié politique à New York, puis à San Francisco...

D'abord ouvrier, Matta devient traducteur, puis avocat. Un jour, il se présente pour un entretien d'embauche chez Klout & Schneider, l'une des sociétés d'investigations privées les plus réputées de la côte Ouest. Il endosse alors cet habit de détective qui va lui coller à la peau durant des années. En effet, le jeune homme, dont le bilinguisme est ici apprécié, excelle et se distingue dans le métier au point de décrocher sa licence et de s'établir à son propre compte... Jusqu'au soir où le Chili le rattrape, sous la forme d'un cas à élucider : l'affaire concerne un garçon qu'il a fréquenté dans sa tendre enfance, « Alfonso » Chanfreau, l'un des cinq Français disparus dans le fracas militaro-policier. C'est pour enquêter sur le sort de ce vieil ami, à la demande de sa famille, que le détective quitte son business florissant pour revenir au pays.

Nous sommes en 1991 et le Chili vient officiellement de rompre avec la dictature. En professionnel, Pedro Alejandro Matta rassemble les faits qui vont servir de socle à l'enquête la plus personnelle qu'il ait jamais conduite.

Il puise d'abord dans sa propre mémoire. Détenu lui-même au centre de « Tres Alamos », vingt-six ans plus tôt, il avait eu une conversation avec un certain Menanteaux. Victime de tortures particulièrement brutales, le jeune homme avait visiblement été retourné par la police politique. Avant de se retrouver nez à nez avec lui dans une cellule, les yeux libérés du bandeau qui normalement lui barrait la vue, il avait eu l'occasion d'apercevoir son visage sur quelques photographies. Ce jour-là, Pedro peine à marcher, le corps meurtri par les « techniciens » de la DINA.

« Je vais t'aider », dit Menanteaux en s'approchant de lui et en le prenant par l'épaule.

Les deux hommes se mettent à arpenter la cellule, puis se postent quelques instants à la hauteur de la fenêtre. Menanteaux sort alors un paquet de cigarettes de sa poche. Le signe ne trompe pas : dans ces murs, ne sont autorisés à fumer que les collaborateurs de la police politique. Sur ses gardes, Matta répond avec parcimonie aux questions de son interlocuteur.

« Moi, dit brusquement l'homme aux cigarettes, on m'a torturé plus encore que toi, et j'ai décidé de parler. C'est un conseil que je te donne : parle, ça vaut mieux. »

Silence de Matta, qui laisse l'autre poursuivre son monologue où il décrit par le menu les tortures qu'il a subies.

« Mais je t'ai vu, il y a quelques jours, à la télévision, finit par lâcher Matta. Tu étais à l'écran avec un autre, et vous expliquiez que vous n'aviez pas été torturés...

– On nous avait obligés à dire ça, reconnaît Menanteaux.

– Je vais te poser une question, même si je sais

qu'elle peut me renvoyer à la Villa Grimaldi[1]. Dans la liste des noms que vous avez cités devant la caméra, il y avait celui de "Pancho", dont vous avez expliqué qu'il était en exil. Que sais-tu exactement de "Pancho" ?

– Je connaissais "Pancho". Je pense que tu ne retrouveras pas ton ami. Je crois qu'il est mort. Et, s'il ne l'est pas, c'est comme s'il l'était. Il est allé à la Colonia Dignidad. Je n'y suis jamais passé, mais je sais qu'ils ont aménagé là-bas des cellules plongées dans le noir où les bruits sont étouffés et où le détenu perd la notion du temps. C'est là qu'ils ont mis "Pancho". Je te le répète : tu ne le reverras pas. »

La Colonia Dignidad, le jeune étudiant en a déjà entendu parler, mais c'est la première fois qu'il établit un lien entre le camp allemand et la DINA. Chanfreau et « Pancho » ne font donc qu'un, et Pedro aura le réflexe de transmettre ces précieuses informations à l'ambassade de France lors de son départ pour les États-Unis. C'est même pour cette raison que la famille du disparu français est revenue vers lui, des années après.

Mais ces souvenirs, si précis soient-ils, ne suffiront pas. Pedro Alejandro Matta investit tout son savoir-faire de détective dans ses recherches. Imbattable dans le recoupement et l'analyse de renseignements, il se lance à plein temps dans la bataille des droits de l'homme. Il remplit minutieusement de grands cahiers d'une écriture minuscule. Noms des disparus en rouge, dates d'entrée au centre de tortures, informations sur les conditions de détention, relations politiques. Il multiplie les sources, qu'il est souvent l'un des seuls à

_____

1. Haut lieu de la torture à Santiago.

solliciter à cette époque où le silence est (encore) d'or. Retrouve les « petites mains », les « seconds couteaux », recoupe ses renseignements avec ceux qu'a recueillis jour après jour le plus grand collecteur d'informations de Santiago, y compris au temps le plus sombre : le Vicariat de la Solidarité où ont été scrupuleusement consignés les noms des disparus ainsi que les dates de leur disparition. Compulse quatre années durant des kilos de documents dont aucun ne provient de la DINA, la seule administration chilienne, malgré la présence en son sein de près de 3 500 agents, épaulés par une dizaine de milliers d'informateurs, à ne jamais avoir pris aucune note ! Et se retrouve finalement avec une liste de près de 1 500 noms : probablement la recension la plus fouillée à avoir jamais été réalisée dans toute l'Amérique latine.

« L'information était là, explique modestement Pedro Alejandro Matta, devenu à 54 ans professeur dans une grande université nord-américaine, spécialité "Droits de l'Homme". Il suffisait de l'ordonnancer. »

À l'époque, le détective prend des risques, mais aussi des précautions : il fonctionne sans carte de crédit, avec des espèces, pour limiter les traces, et sa carte d'identité ne mentionne pas son vrai domicile. A-t-on cherché à l'intimider, à le décourager ? « Seules trois personnes savaient où me contacter », dit-il. Vivant et travaillant en puisant dans ses économies personnelles, il échappe à toutes les pressions. Mieux : il parvient à s'adjoindre l'aide d'un membre du Parti socialiste devenu lui aussi, par la force des choses, collaborateur de la DINA, un homme qui a donc l'avantage d'avoir connu l'appareil répressif de l'intérieur.

Ce ne sont pas les techniques de torture qui l'intéressent : il sait qu'elles ont été enseignées aux Chiliens par des Américains formés au Vietnam, des Français passés par l'Algérie, et des Allemands ayant déjà servi les militaires brésiliens. Ce qu'il cherche, ce sont des noms, mais aussi la trace de plusieurs amis rayés de la surface de la terre. Comme Juan Soto Cerda, ex-étudiant en droit, assassiné, le 10 novembre 1981 par la police politique, rebaptisée (elle aussi) en 1977[1], histoire de faire oublier ses méfaits passés et de faire un geste en direction du nouvel homme fort des États-Unis, le démocrate Jimmy Carter, qui avait marqué sa volonté de rompre avec le précédent occupant de la Maison-Blanche.

Ce que le détective n'a pas prévu, c'est que la justice s'en mêlerait. L'apparition des juges sur le terrain des droits de l'homme confère brusquement un tout autre sens à sa collecte. Voilà Matta invité à exposer son travail, notamment aux États-Unis où il donne deux conférences mémorables, la première en novembre 2000 devant un parterre d'officiers américains à qui il présente une maquette fidèle de la sinistre Villa Grimaldi. Le voilà surtout dans le bureau d'un magistrat espagnol, puis dans celui d'un juge italien, enfin à Paris devant le juge Roger Le Loire.

Au juge français Matta explique la place particulière occupée par la Colonia Dignidad à laquelle il n'a malheureusement pas eu le temps de consacrer l'énergie qu'il a investie pour percer les secrets des centres de tortures de la capitale.

« C'est dans ce centre tenu par les Allemands qu'a

---

1. La DINA est alors devenue la CNI (Centrale nationale de renseignement).

eu lieu la répression la plus grave, dit-il. C'est à la Colonia Dignidad que furent conduits les plus hauts responsables politiques, ceux qui étaient condamnés à mort par la DINA. Ils y étaient amenés pour subir les dernières tortures, endurer les ultimes questions, la police politique chilienne ne disposant pas du matériel et des techniques employées par les Allemands. C'est là-bas que l'on est allé le plus loin dans les sévices, ce qui me permet d'émettre l'hypothèse que nombre de personnes ont pu y disparaître. »

Pedro Alejandro Matta, devenu l'un des meilleurs connaisseurs de la DINA, confirme qu'il s'était tissé « un lien structurel » entre la police politique de Pinochet et la Colonia Dignidad ». À l'époque, les principaux responsables de la police politique défilaient à la Colonia, de Manuel Contreras (accueillis pour l'occasion par la marche triomphale de l'opéra *Aïda*, interprétée par l'orchestre local) à Raúl Eduardo Iturriaga Neumann, en passant par Rolf Wenderoth, Michael Townley, Max Ferrer ou Guy Neckelman. Plusieurs témoins ont également vu des techniciens allemands – venus de Parral – à l'œuvre dans les locaux de la Villa Grimaldi, base opérationnelle de la DINA. Comme l'a raconté l'ancien agent Samuel Fuenzalida, ils seraient venus y installer une antenne capable de relayer des communications dans la plupart des pays latino-américains. Un relais crucial alors que se mettait en place à grande échelle le sinistre « plan Condor » : une opération de « nettoyage » nécessitant des moyens de transmission assez efficaces pour qu'aucun opposant n'en réchappe.

Protégé par son statut de personnage public, travaillant pour les universités américaines, partageant désormais sa vie avec une femme française, Pedro

Matta est presque hors d'atteinte de ses invisibles adversaires. « Ma disparition leur causerait plus de soucis que ma propre existence », dit le seul enquêteur qui puisse se targuer d'avoir fait trembler les sbires impunis d'une dictature militaire au lieu de s'endormir sur ses lauriers nord-américains.

Si la Colonia Dignidad avait trouvé plus tôt un Pedro Matta en travers de son chemin, on n'en serait certainement pas là aujourd'hui.

Depuis qu'il est revenu au Chili, Samuel Fuenzalida se fait discret. L'ex-membre de la DINA se réserve pour les juges. Il sait que sa sécurité est en jeu, car très peu de ses ex-collègues ont franchi le pas et osé parler. Sa vision est celle d'un exécutant. Elle n'a évidemment pas le poids de celle d'un gradé, mais elle est rare, donc précieuse.

Samuel Fuenzalida a vu et entendu beaucoup de choses, il a aussi accompli certaines missions, comme celle dont nous avons eu connaissance à Paris avant notre départ : escorter un prisonnier jusqu'à la Colonia, sous les ordres du commandant Fernando Gómez Segovia, alors chef de la DINA à Parral. Ce prisonnier, il affirmait l'avoir remis aux mains de Paul Schaefer : détail évidemment essentiel.

Si l'immense majorité des militaires estime avoir accompli une mission « indispensable » au pays, Fuenzalida ne voit pas exactement les choses sous cet angle. C'est pourquoi il a finalement accepté de nous rencontrer dans un de ces « bars-à-jambes » qui pimentent la vie des quartiers de bureaux de Santiago : les jeunes filles qui vous servent le café, serré ou *cortado* (coupé avec du lait), portent minijupes très rases et décolletés pigeonnants.

Dans son costume sombre, Fuenzalida ressemble aux hommes d'affaires qui arpentent ces rues d'un pas pressé. La dernière fois qu'il a rencontré un journaliste français, c'était il y a vingt-cinq ans. Une information qu'il livre à titre d'excuse pour que l'on sache bien qu'il aspire aujourd'hui à la tranquillité. Depuis son retour d'exil, il essaie de faire son modeste trou dans la jungle de l'économie libérale chilienne en vendant des stores, mais, comme souvent, son histoire commence en 1973 :

« Le coup d'État venait de se produire lorsque j'ai été convoqué à la *comandancia*. "Vous méritez des vacances pour les services que vous avez rendus", m'ont dit mes supérieurs. Ils ont évoqué des plages, puis m'ont fait signer un papier couvert d'abréviations qui m'étaient inconnues. J'ai alors été transféré dans une nouvelle caserne où j'ai été reçu, parmi d'autres militaires, par le colonel Manuel Contreras. Le patron de la DINA, que je ne connaissais pas, est resté vague sur notre affectation réelle. Il nous a simplement expliqué que nous allions rejoindre la station balnéaire de Rocas de Santo Domingo... »

Cours d'action psychologique, lutte antiguérilla, techniques du corps à corps, apprentissage de la « conscientisation » des masses : le jeune appelé est formaté trois mois durant pour intégrer une unité d'élite qu'il n'a pas spécialement choisie. « Vous êtes là pour défendre la sécurité de l'État », lui dit-on la veille de la cérémonie du serment. C'est ainsi qu'il se retrouve, à deux reprises au moins, dans cette Colonia Dignidad qu'il connaît depuis l'époque où, adolescent, il accompagnait son père acheter des pommes de terre dans la région de Parral.

« À la DINA, quand on parlait de cet endroit, on ne le

nommait pas. On disait "les Allemands". Ça brouillait les pistes, car il y a beaucoup d'Allemands au Chili. »

Lorsqu'il prend livraison de « Loro Matías », chef de la direction politique du MIR, de son vrai nom Alvaro Modesto Vallejos Villagrán, fils d'un sous-officier de l'armée, il sait que le détenu n'a nul besoin de ses affaires personnelles. Il a en effet accès au fichier du service et sur la fiche de Loro Matías figure la mention « Puerto Montt[1] », ce qui signifie non seulement qu'il ne survivra pas, mais qu'il sera éliminé à terre – la mention « Moneda » signifie une élimination en mer.

S'il est inutile de revenir sur les conditions de ce voyage, consignées en détail dans le dossier judiciaire français, une chose est sûre : lorsque Fuenzalida a regagné son poste à la Villa Grimaldi, il a pu constater de ses propres yeux que la fiche « Alvaro Modesto Vallejos Villagrán » avait disparu. Un aveu !

Un jour de l'automne 1975, l'armée a remercié l'agent Fuenzalida : le service militaire durant normalement un an, il avait largement fait son temps. Il a alors choisi de quitter le pays pour l'Argentine, avant de filer en douce vers l'Europe.

La démocratie revenue, les indications de l'ancien appelé ont permis d'élucider un certain nombre de disparitions. Ses amis lui en ont été évidemment reconnaissants ; lui, en conçoit une fierté toujours mêlée de crainte.

« Je n'ai pas accepté de servir la DINA ; c'était un ordre de mes supérieurs », insiste-t-il.

La démocratie chilienne, elle, aurait sans doute été moins timorée si elle avait disposé de plusieurs Pedro Matta et de dizaines de Fuenzalida.

---

1. Ville portuaire située au sud du Chili.

6.

Le *Tío permanente*,
l'« Oncle perpétuel »

Parral, avril 2003

Échoppes alignées dans le silence humide de l'hiver qui approche, le marché paysan de Parral bat son plein. Le vent est frais, pas encore glacé. La ville est toujours aussi déserte que l'été dernier, mais dans la chambre n° 3 de l'unique hôtel du bourg, un homme habillé de noir s'affaire à ses dossiers. Il rédige les conclusions qu'il doit remettre sous quarante-huit heures au juge de Talca chargé d'instruire l'enquête sur les viols de mineurs à la Colonia Dignidad. Son nom nous est déjà familier, tant on nous a vanté ses mérites : Hernán Fernández Rojas est l'avocat par lequel le scandale finit par arriver.

Passé dimanche à minuit, il sera trop tard pour qu'il rende sa copie. Or, depuis six ans qu'il suit ce dossier, Fernández n'a jamais raté un rendez-vous. L'affaire et lui ne font qu'un. Sans la passion démesurée de cet avocat, Paul Schaefer serait certain de profiter de sa retraite jusqu'à son dernier souffle.

Nous faisons brièvement connaissance : l'« Oiseau noir » (son surnom dû à la fois à la couleur de sa robe et à son côté migrateur) est un homme pressé. Pressé de faire éclater une vérité qui se dérobe. Pressé d'apporter un tant soit peu réparation aux familles qu'il assiste, qui toutes ont eu à souffrir des déviances sexuelles du maître de la Colonia Dignidad.

Comment ont émergé les premières accusations, au bout de toutes ces années de silence ? Pour le savoir, nous laissons l'avocat à ses papiers et reprenons la route en direction des villages qui jouxtent le territoire des Allemands. Quelques kilomètres sur l'autoroute en direction du sud, et nous retrouvons le chemin de terre. La Cordillère, en cette saison, ne se montre pas : ses pentes ont fondu sous la brume. Dans les champs, le maïs a grillé sur pied ; la vigne grimpante a jauni le long des murs blancs des maisons ; les cactus géants semblent avoir encore pris quelques centimètres.

Nous nous arrêtons devant une petite épicerie de campagne : la bicoque d'un pasteur de 45 ans, Adrián Bravo, qui fut longtemps le « supplétif » des Allemands, avant de se retourner contre eux. On voit tout de suite que l'homme a des ennemis dans la région, en raison du système de vidéosurveillance qu'il a installé devant sa boutique, comme s'il risquait d'être attaqué à tout instant.

Lui aussi a été attiré à la Colonia par l'hôpital. Son père avait des ennuis avec son nerf sciatique, aussi s'est-il tourné vers ces médecins occidentaux installés à une vingtaine de kilomètres de chez lui. L'appât a parfaitement fonctionné puisqu'il y est retourné avec son épouse, avant de proposer son aide bénévole aux « bienfaiteurs ». Le pasteur présente l'avantage de disposer d'une petite fourgonnette : le voilà bientôt chargé, deux jours par semaine, de ramasser les malades et de les conduire jusqu'à l'hôpital.

Lorsque la Colonia Dignidad connaît ses premiers soucis avec la justice, à la fin des années 80, le pasteur se retrouve à l'avant-garde de la riposte. Les Allemands suscitent la création d'un comité de défense des patients du secteur, lequel se change bientôt en comité de soutien tout court. Le religieux y occupe des responsabilités. Il voit Paul Schaefer à de nombreuses reprises, « quelqu'un de très intelligent, dit-il, un homme attentif au sort des enfants malades et soucieux de celui des plus pauvres ». Bref, un type bien, qui sait se défendre des premières accusations de pédophilie venues d'Allemagne. « Ce sont des mensonges, explique-t-il aux paysans, on cherche à me détruire. » Et nul n'ose évidemment le contredire, surtout pas le pasteur, bientôt à la tête d'un comité de soutien de quelque 2 000 membres.

« Je me suis laissé avoir par cet homme dont j'étais persuadé qu'il était bon », dit aujourd'hui d'une voix amère Adrián Bravo, rongé par le remords. Car si près d'un millier d'enfants passaient leurs week-ends à la Colonia, voire parfois le double, c'était aussi grâce à lui. « C'était un lieu très attractif, se défend-il, et je ne me rendais absolument pas compte que nous étions en train de lui offir des enfants sur un plateau... »

En 1987, le pasteur est l'un des premiers à entendre deux ou trois mères se plaindre du *Tío permanente*[1] : « Elles disaient que le *Tío permanente* douchait les enfants et en profitait pour tripoter leurs parties génitales. » Rumeurs encore très isolées dont Paul Schaefer

---

1. L'oncle perpétuel. Dans la colonie elle-même, les enfants appellent leurs propres parents *tío* ou *tía* (« tonton » ou « tata »), comme pour mieux vénérer Paul Schaefer qui, à une certaine époque, aima se faire appeler « Saint-Père ».

ne fait pas grand cas, expliquant à qui veut l'entendre qu'il a une formation d'infirmier et qu'il est de son devoir d'examiner les enfants afin de détecter d'éventuelles malformations. Des explications que le pasteur est prié de répercuter auprès des familles. Ce qu'il fait volontiers, ne se sentant pas le courage d'interroger Schaefer plus avant sur les bruits venus d'Allemagne.

« J'ai compris bien plus tard qu'il s'agissait d'une forme de présélection. Les enfants qui n'avaient pas protesté après la douche étaient retenus pour entrer dans ce qu'ils appelaient l'*internado intensivo*[1]. Les parents ne résistaient pas, trop contents de voir leur fils désigné pour poursuivre sa scolarité dans de bonnes conditions, un peu comme si on l'avait extrait de son trou pour l'envoyer étudier en Europe. »

Sauf qu'à partir de ce moment, l'enfant ne voyait plus ses parents qu'en présence d'un membre de la Colonia. Et qu'il s'agissait clairement de constituer un petit cheptel dans lequel Paul Schaefer pourrait puiser au gré de ses pulsions.

C'est au mois de juin 1996 qu'une fissure apparaît dans le mur de silence qui entoure et protège la Colonia Dignidad, sous la forme d'une lettre griffonnée par un garçon de 12 ans, Cristóbal, à qui des dizaines d'enfants doivent sans doute beaucoup. À cause de lui, Paul Schaefer a dû sûrement se demander s'il n'aurait pas mieux fait de se contenter de la chair fraîche que lui offraient sur place les mères allemandes, au lieu de céder à une telle boulimie. À cause de lui, mais aussi de sa maman qui, au lieu de rabrouer son fils et de l'exhorter à ne plus jamais mettre ainsi en cause ses bienfaiteurs, s'est précipitée sur place dès qu'elle a su.

---

1. Internat intensif.

Auparavant, elle a cependant tenu à informer ce pasteur qui lui avait tant vanté la maudite Colonia.

« Je lui ai suggéré de retirer aussitôt son enfant et de le conduire chez un médecin, de préférence loin d'ici, pour ne pas risquer de tomber sur un ami de la Colonia, raconte aujourd'hui Adrián Bravo. Je lui ai également conseillé de ne pas repartir sans l'enfant, même si on lui répondait qu'il n'était pas là. »

Ce qui s'est évidemment produit. On lui a dit de revenir, mais elle a insisté : elle devait absolument présenter l'enfant le lendemain à son père biologique, à la capitale. Et elle est repartie avec lui pour ne plus jamais revenir.

Cette femme d'un courage étonnant s'appelle Jacqueline Pacheco. Peu après avoir récupéré son fils, elle a de nouveau appelé le pasteur, lequel s'est rendu auprès d'elle plutôt que de prendre le risque d'une conversation téléphonique. Où trouver de l'aide ? Auprès de qui dénoncer les faits dont son gosse avait apparemment été la victime ? Comment contacter un avocat quand on dispose tout juste de quoi manger jusqu'à la fin du mois ?

C'est à Santiago qu'elle s'est retrouvée face à l'avocat Hernán Fernández, alors conseiller d'une association de défense des mineurs en danger. Le début d'une très longue collaboration qui a bientôt mobilisé les limiers du fameux « Departamento Quinto » (Cinquième département), fleuron de la Policia de Investigaciones de Chile (police judiciaire chilienne). Des enquêteurs que la Colonia ne connaît pas et ne voit donc pas venir, bientôt chargés de vérifier si le cas de Cristóbal est un cas isolé ou non.

« Le certificat médical a confirmé le viol, rapporte Adrián Bravo. Je ne pouvais cependant pas me retirer trop brusquement du comité de soutien, car je ne voulais pas éveiller leurs soupçons. J'ai attendu plus de deux mois pour laisser aux policiers le temps d'étayer les accusations de Cristóbal. Jusqu'au jour où une voisine qui nous avait aidés a décidé de nous dénoncer, voyant qu'elle risquait de perdre le droit d'accès à l'hôpital... »

Ambiance de roman d'espionnage au pied de la Cordillère ! La peur au ventre pour les quelques Chiliens qui osent s'attaquer au grand protecteur allemand. Le Docteur Hopp, grand manitou de l'hôpital, convoque le pasteur et lui inflige un interrogatoire de deux heures. Le pasteur parvient à conserver l'attitude de celui qui ne sait rien et garde son sang-froid, lui dont le père a été opéré dans le fameux hôpital et dont deux enfants y ont vu le jour.

Les Allemands sentent que quelque chose se trame contre eux. Ils songent à acculer à la démission toutes les têtes des comités de soutien, puis se ravisent. Ils cherchent un traître, et c'est un Docteur Hopp de plus en plus nerveux qui convoque derechef le pasteur. Il évoque à mots à peine couverts l'enquête du fameux « Departamento Quinto ».

« Je n'ai aucune information sur le sujet, maintient Adrián Bravo.

– Nous savons que vous êtes derrière ces accusations », insiste le médecin.

Le pasteur comprend qu'il est entré pour la toute dernière fois dans l'enceinte de la Colonia Dignidad. Qu'il vaut mieux pour lui se tenir désormais à distance et cesser de conduire son bus comme si de rien n'était. Que son amitié avec Mücke et les autres appartient désormais au passé, malgré toute l'énergie qu'il a déployée pour plaider leur cause auprès des sénateurs, des députés et de tous les paysans du coin...

À la différence de beaucoup, cependant, Adrián Bravo peut estimer qu'il ne leur doit pas grand-chose. Là où certains ont accepté, voire réclamé des cadeaux, lui les a toujours refusés. Il se souvient de Paul Schaefer lui demandant s'il s'entendait bien avec son épouse, et surtout s'il était à l'aise sur le plan matériel. « Je ne suis ni bien ni mal, je suis simplement content de ce que j'ai », avait-il répondu sans vraiment comprendre qu'il était en train d'empêcher son interlocuteur de le compromettre.

En attendant que l'affaire prenne vraiment forme, voilà le pasteur contraint de multiplier les précautions. Il équipe ses filles, son « bien le plus cher », de moyens de transmission radio, puis les installe chez une aïeule. Il craint qu'on ne s'attaque à elles, comme l'ont suggéré quelques membres des comités de soutien, prompts à défendre les Allemands bec et ongles.

« J'ai aussi demandé une protection policière, raconte Adrián Bravo, car je m'attendais sinon à de véritables persécutions, au moins à des représailles. » Ça n'était pas du cinéma : il avait pu observer que les Allemands écoutaient régulièrement les fréquences radio qu'il avait choisies pour communiquer avec ses proches.

Des policiers prennent position près de sa maison. Ils assurent une présence dissuasive, cependant que les Allemands utilisent abondamment les ondes de la radio locale pour salir leur ancien supporter, expliquant que l'enfant parti se réfugier à Santiago, Cristóbal, était en fait son fils caché. Les premiers tracts en couleurs jamais vus par la population de San Carlos font leur apparition. La Colonia y dénonce les « persécutions » dont elle-même s'estime être la cible. Tout est fait pour intimider l'homme qui a osé la braver. D'autant que d'autres mères commencent à réclamer leurs fils dans l'intention inavouée de les faire examiner par un médecin.

« Paul Schaefer savait choisir ses victimes, dit le pasteur. Il jetait son dévolu sur des garçons dont les familles ne pourraient jamais se payer un avocat ni se lancer dans de longues batailles judiciaires. Des familles habitant tout près de la Colonia Dignidad, et sur lesquelles il exerçait une prise directe. »

En tant qu'homme d'Église, considère-t-il qu'il avait affaire à une forme de secte ? « *Díos en el cielo, yo en la tierra*[1] : voilà à quoi se résumait la pensée de Paul Schaefer. Il se prenait pour le Très-Haut et le commun des mortels devait se soumettre. Dans les réunions de colons, il décrétait qui avait fait le bien, qui avait fait le mal. C'était le grand confesseur, celui qu'on consulte avant d'agir. Les premiers temps, il avait voulu donner le sentiment d'agir conformément aux Écritures, mais ça n'était qu'une couverture. Un jour, j'ai même vu un colon planquer une bible de peur qu'on ne la découvre... »

Pour Adrián Bravo, Schaefer continuait à régenter son monde et à miser sur l'effet persuasif de ces phrases placées en exergue dans un bulletin de propagande de la Colonia :

« Les enfants et les adolescents de Dignidad bénéficient d'une vie heureuse et authentiquement saine au

---

1. « Dieu au ciel, moi sur terre. »

contact permanent de la nature [...]. Merci à Dignidad d'avoir su déposer la semence de l'amour sur notre terre ! »

Il est 18 h 15 et la nuit est déjà tombée lorsque nous parvenons devant la bicoque isolée où vivent Verónica Del Pilar Fuentes, ses enfants et son compagnon. Murs de ciment nu, éclairage réduit au minimum, une croix fixée sur la porte d'entrée. Eux, quand ils étaient malades, allaient tous se faire soigner « là-bas », « un hôpital excellent où les soins étaient gratuits ». Pas de maquillage, pas de décolleté, pas de pantalon serré : Verónica connaissait les règles par cœur, elle qui avait accouché trois fois sur place. Les comités de soutien et le pasteur n'avaient pas eu à dépenser beaucoup d'énergie pour l'inciter à envoyer ses enfants profiter du « camp de vacances » de la Colonia Dignidad, à quelques kilomètres de chez elle. Son plus petit, Hernán, avait 4 ans ; l'aîné, Angel Rodrigo Salvo, à peine 10 ans ; le puîné, lui, n'avait pas résisté aux vicissitudes de la vie.

Très vite, Verónica entend parler d'un « internat » où son aîné pourra recevoir un bon enseignement, digne de ce qu'elle pourrait trouver en ville si elle avait les moyens d'acquitter le prix très élevé des études, sans compter le transport. Il restera la semaine sur place, mais pourra rentrer à la maison pour le week-end et les vacances. C'est du moins ce qu'on lui dit.

L'enfant a 12 ans lorsqu'il devient pensionnaire chez Paul Schaefer, en 1995. À l'époque, la famille vit sous un toit moins solide que celui qui l'abrite aujourd'hui. Là-bas, au moins, Angel Rodrigo est à l'abri. Le mari, lui, est parti depuis belle lurette pour la capitale, sans laisser d'adresse. Aussi Verónica s'accroche-t-elle à la Colonia comme à un rêve. À l'instar de sa sœur, qui a elle aussi un enfant à l'intérieur. C'est aussi le cas de sa meilleure amie. Une année durant, elle ne revoit pas son fils, interdit de sortie au nom, pense-t-elle, de ses études. Lorsqu'elle a enfin l'occasion de le croiser, il n'est pas seul, mais sous la surveillance de quelques *tíos* allemands. Elle l'interroge ; il ne répond pas. L'année suivante, elle le voit deux fois et tente de mettre à profit la célébration du nouvel an pour en savoir davantage : on l'a invitée sur place à confectionner quelques *empanadas* pour le repas. Elle questionne un Chilien qui vit à l'intérieur, sans trop de succès, mais, pour ce jour de fête, on condescend à réunir enfants et parents, bien sûr en présence d'un *tío*.

Les enfants sont peu loquaces, sages comme des images, comme pétrifiés, et Verónica ne peut s'empêcher d'avoir un terrible pressentiment.

Le doute enfle lorsque la mère ne voit pas son fils revenir pour la fin de l'année scolaire, ni pour son anniversaire qu'elle a pourtant demandé à fêter avec lui. À bout de patience, elle se rend à nouveau sur place pour s'entendre dire que son fils a été récupéré par son père. La jeune femme tombe des nues, elle qui n'a pas revu son ex-mari depuis des mois. Elle ne veut pas y croire. Savent-ils au moins où elle peut les joindre ? Dans le Sud, probablement du côté de Bulnes où la Colonia a ouvert une succursale en 1984, lui dit-on.

Persuadée qu'on lui ment, effrayée à l'idée que son ex-mari puisse être complice de la Colonia, Verónica rassemble ses forces et se rend à Chillán où elle dépose une plainte conjointement avec sa sœur et son amie.

Les recherches durent plus de deux ans durant lesquels le père et l'enfant, sous la protection et avec l'assistance de la Colonia, changent régulièrement d'adresse. Une fuite qui ne dit pas son nom, le père adoptant une attitude incompréhensible aux yeux de son ex-épouse. Officiellement convaincu que les abus sexuels dont l'enfant aurait été victime sont pures affabulations, il semble être le jouet des avocats de la Colonia. Cherche-t-on à freiner tout développement judiciaire ? Verónica décrypte mal les enjeux, mais ne lâche pas son fils.

« Lorsque je me suis retrouvée face à lui, au tribunal de Parral, en 1998, mon enfant ne disait mot. C'était comme s'il avait perdu l'usage de la parole. Il semblait comme drogué. »

Son état est tel que la justice le place pour une année dans un orphelinat de Santiago, entre les mains de psychologues et hors de portée des Allemands. Puis il vit quelque temps chez une tante, toujours dans la capitale, tandis que son père doit répondre de poursuites pour séquestration.

Cinq ans plus tard, si l'enfant vit désormais auprès d'elle, Verónica contient mal sa colère. Elle en veut d'ailleurs plus aux Chiliens qui l'ont mise entre les mains de la Colonia qu'aux Allemands eux-mêmes. Des voisins pour lesquels elle montre beaucoup de mépris. « Eux vivent dans un beau chalet, tout ce qu'il y a d'élégant ! » dit-elle, persuadée que ce toit est le fruit du soutien inconditionnel qu'ils ont accordé aux Allemands. Ne continuent-ils pas à clamer que ce que l'on entend sur les abus subis par les enfants n'est qu'un tissu de mensonges ?

Son fils, lui, n'a jamais vraiment souhaité lui raconter le calvaire qu'il avait subi. A-t-elle d'ailleurs vraiment voulu savoir ? Elle sait seulement que ces événements l'ont plongée dans une profonde déprime que n'ont pas arrangée les insoutenables lenteurs de la justice.

L'enfant qu'elle retrouva parlait sa langue maternelle avec un accent qu'elle ne lui connaissait pas, « comme si on lui avait fourré quelque chose au fond de la gorge ». Il était « plus dur, plus froid ». On l'avait surtout dressé contre sa mère, ancrant en lui l'idée qu'elle l'avait tout bonnement abandonné, de même que sa grand-mère. Une idée si bien ancrée qu'elle avait annihilé chez lui toute idée de fuite. Pourquoi rentrer à la maison si on ne voulait pas de lui ?

Les juges qui l'interrogent ont éprouvé les plus grandes peines à le faire parler. Hier encore, il était convoqué chez le juge Hernán González, à Talca, en même temps que dix autres victimes présumées de Paul Schaefer. Et, cette fois encore, il a à peine desserré les dents, comme s'il s'interdisait toute verbalisation, comme si la peur ne l'avait pas quitté, comme s'il craignait qu'on ne le croie pas, quatre ans après sa « libération ».

La peur se lit encore sur les traits de la mère lorsqu'elle affirme qu'elle et ses enfants ont plusieurs fois échappé à d'improbables embardées de véhicules sur la route. « Ils ont essayé de nous écraser », dit-elle. Encore aujourd'hui, un policier vient régulièrement frapper à la porte de la maison. Le plus dur reste cependant ce combat pour la vérité. Résister à tous ceux qui parlent de mensonge, rester fermement adossée aux attestations fournies par les médecins, s'appuyer sur cet avocat, Hernán Fernández, qui les soutient sans faillir, tenir bon quand, jusque dans sa propre famille, plusieurs personnes continuent d'aller en douce se faire soigner par les infirmières et les médecins de la Colonia, puis s'en repartent leur cabas chargé de fromages... Ne pas s'effondrer quand, de toute évidence, les Allemands conservent la maîtrise des événements. S'accrocher aux quelques pesos que lui envoie mensuellement d'Allemagne Wolfgang Müller, le premier évadé de la Colonia Dignidad, qui n'a visiblement de cesse, depuis lors, de réparer les dégâts commis par ses compatriotes, palliant ainsi les carences de l'État chilien...

Comme les autres, Rodrigo, le fils de Verónica, est tombé en admiration devant le système allemand, ce monde ordonné où tout était immuablement à sa place, d'où la misère avait été bannie. Comme les autres, il a accepté les abus sexuels tête baissée. Comme les autres, il n'a pas offert la moindre résistance, succombant au confort dispensé par le *Tío permanente* qui prenait davantage soin de « ses » enfants que de ses propres colons. Bien sûr, Schaefer punissait sévèrement ceux qui ne se soumettaient pas. Mais il savait doser son pouvoir. Par intervalles, il emmenait ses petites victimes à la chasse, officiellement pour leur faire plaisir, plus insidieusement pour qu'ils se mettent bien dans la tête qu'il possédait des armes et savait les utiliser...

L'homme qui nous reçoit à Parral, dans la foulée de notre visite chez Verónica, a eu le privilège d'accéder au dossier judiciaire (à sa demande, nous acceptons de taire son nom comme sa fonction). « Les psychologues qui ont traité les victimes ont tous été frappés par leur silence », dit-il. Comme si le *tío* continuait à distance à peser sur eux. Un silence imputé à la violence des sévices subis, si cruels qu'ils ne souhaitaient pas s'en souvenir.

Tous ont évoqué la prise régulière de « médicaments » durant leurs années d'« internat ». Ils ont même cité le nom du produit le plus fréquemment administré, utilisé notamment dans le traitement de l'épilepsie et des symptômes dépressifs. Probablement un moyen de neutraliser chez eux tout sentiment de révolte.

Ces pressions et ce conditionnement quasi scientifique ont failli faire capoter à jamais les enquêtes policières. Pas assez de précisions, des enfants incapables d'identifier leurs bourreaux, effrayés à l'idée de les voir resurgir...

Les juges ont un temps jeté l'éponge, mais l'avocat des familles, Hernán Fernández, s'est accroché, lui que ses confrères avaient dissuadé de prendre ce dossier en main parce qu'il n'était pas bien vu d'être l'ennemi de la Colonia... Avec lui, par bribes, les enquêteurs sont parvenus à reconstituer le rituel de ces viols à répétition, privilège du *Tío permanente* aux yeux de qui l'être violé devenait un homme soumis à jamais : esclave mental après avoir été physiquement abusé, à l'instar de ceux qui conduisaient la nuit jusqu'à sa « chaumière » l'enfant qui assouvirait sa pulsion du moment. Victimes complices de sévices perpétrés sur d'autres : le schéma est bien connu.

Paul Schaefer misait sur un contrôle total. Les relations interpersonnelles limitant son pouvoir, il s'était mis en tête de dissocier les couples, comme de séparer les enfants de leurs parents dès la naissance. La forme la plus aboutie de cette mainmise passait par le viol.

Quand les enfants allemands n'ont plus suffi, Paul Schaefer a eu l'idée de se tourner vers les petits autochtones, issus de familles au bord de la misère et ayant si possible la peau claire. Certains n'ont pas dépassé le stade de l'internat, d'autres ont été patiemment confisqués à leurs parents sous des prétextes divers, et lorsque venait l'âge de la majorité légale, ils proclamaient leur désir de rester sur place, dans cet univers qui les avait façonnés et pliés. D'autres enfin, officiellement au nombre de dix-sept, ont été adoptés dans les formes. Un harem d'enfants vanté en ces termes par la Colonia dans un livret de propagande :

« Combien d'enfants orphelins avons-nous accueillis avec amour, un amour qui leur a donné espoir et raison de vivre... Aujourd'hui, ils ont un foyer ! »

Par un regrettable effet boomerang, le changement de statut juridique de la Colonia, en 1991, a décuplé les contacts entre colons et Chiliens. C'était peut-être le commencement de la fin, mais Paul Schaefer a inventé à cette occasion ce qu'il a appelé la *Vigilia permanente*, une sorte de club de soutien destiné aux amis de la colonie. Ces comités ont eux-mêmes engendré la *Juventud permanente*, un mouvement destiné à enrôler la jeunesse avec, à la clef, de merveilleux et bucoliques week-ends à la Colonia, durant lesquels le « maître » ferait tranquillement son choix.

Verónica, la mère de Rodrigo, n'était pas spécialement enthousiaste à l'idée d'envoyer son fils en internat. Mais Paul Schaefer lui avait personnellement promis une aide financière pour rebâtir en dur sa masure de guingois. Elle avait dit oui, et son fils s'était chaque semaine davantage familiarisé avec la tenue kaki du *Tío permanente* ; avec son œil de verre qui laissait régulièrement déborder une larme qu'il épongeait machinalement ; avec cette chambre luxueuse dans laquelle on le conduisait quand son tour venait, une pièce dans laquelle l'avait d'abord impressionné un téléviseur aux dimensions inédites, puis les deux cuvettes des toilettes installées côte à côte dans la salle de bains.

Tard ce soir-là, nous retrouvons l'« homme en noir », l'avocat Hernán Fernández, toujours plongé dans ses dossiers.

Difficile, quand on mène comme lui ce combat en solitaire, d'avaler sans un pincement au cœur la tribune publiée trois ans plus tôt dans les colonnes du principal journal conservateur du pays, *El Mercurio*, dans laquelle l'un des animateurs du mouvement d'extrême droite Patria y Libertad, qui fut au cœur du coup d'État de 1973, prenait fait et cause pour la Colonia. Difficile de laisser ce député centriste défendre l'honneur de la Colonia quand on sait que Paul Schaefer conservait en lieu sûr les preuves de versements occultes effectués à son intention. Même le changement de statut juridique imposé après la chute de la dictature ne trouvait pas grâce à ses yeux : trop tardif, trop timide, ce coup de semonce aurait laissé aux cadres allemands le temps de réorganiser leurs affaires tout en se peaufinant une image de victimes.

« On a cru les stopper, mais on les a renforcés », assène l'avocat dont on comprend l'entêtement : il est l'un des rares à savoir ce qui se passait réellement derrière les barbelés de la Colonia. Par exemple, que Paul Schaefer faisait venir à lui les enfants comme s'ils étaient conduits jusqu'au Messie. Ou qu'il se livrait régulièrement à des scènes de confession collective. Ou encore que l'on procédait à une lessive collective des vêtements de travail, tous identiques, comme si l'on avait voulu effacer par là l'identité propre des colons, interchangeables comme leurs salopettes.

Fernández le solitaire, nettement plus soucieux de son indépendance que de son confort, faisant passer son doctorat après son « devoir éthique », avait également pu voir cette photo terrible où l'on apercevait le Chef installé sur une sorte de trône, entouré d'enfants. Il avait assisté, impuissant, aux manœuvres de propagande consistant à faire venir un journaliste sur place et à lui montrer un modèle de famille unie, pour contrer l'affirmation selon laquelle on dissociait les couples. Il avait entendu le jeune Cristóbal lui conter comment on l'avait empêché de porter une montre, comme pour interdire par avance tout témoignage circonstancié : dans le bureau du juge, il lui faudrait se livrer à maints calculs pour retrouver le jour et l'heure exacts des sévices.

L'avocat considérait la Colonia Dignidad comme une organisation criminelle fondée sur un système totalitaire et bénéficiant de la complicité de la DINA, et non pas comme une charmante colonie partageant sa réussite économique avec le voisinage. Il songeait qu'au-delà des onze familles qui s'étaient résolues à porter plainte pour abus sexuels, des centaines d'enfants passés par la Colonia risquaient d'être concernés, victimes à jamais anonymes parce que leurs parents remplissaient encore leurs assiettes grâce aux modestes émoluments gagnés par eux au service des Allemands.

Que l'école privée locale reçût encore à ce jour des subventions publiques le mettait hors de lui. Au point qu'il n'était pas loin de désespérer de la justice de son pays, en particulier de la Cour suprême qu'avait récemment intégrée un ancien magistrat du coin, Guillermo Navas, celui-là même que d'aucuns soupçonnaient d'avoir joué les conseillers occultes pour le compte de la Colonia (le Docteur Hopp l'avait publiquement affirmé, comme s'il avait voulu adresser par là un message codé à tous les protecteurs de l'enclave).

« La Colonia Dignidad bénéficie en fait d'un statut auquel aucun citoyen de ce pays n'a droit ! » clame ce soir l'avocat, lui qui a parfois eu le plus grand mal à faire face aux dépenses occasionnées par cette enquête à rallonge – il lui était arrivé de rester quarante jours d'affilée à l'hôtel de Parral, qu'il n'avait pas quitté avant d'avoir trouvé les moyens de régler sa note. Les Allemands seraient notamment informés en temps réel de toutes les décisions prises par la justice, ce qui leur permettrait de prendre les devants et de désamorcer les investigations...

Dire que les habitants de Parral, dans leur grande majorité, pensent que l'affaire de la Colonia est définitivement close !

Le dimanche, les croyants se serrent les coudes sur les bancs de la grande église de Parral. Le brouillard et le froid enveloppent la ville et s'engouffrent jusque dans la nef.

« Sans Lui, tu n'es rien ! » lance le prêtre à l'adresse de ses ouailles.

On ne peut s'empêcher de penser que Paul Schaefer aurait pu tenir un langage similaire à ses colons : « Sans moi, vous n'êtes rien ! »

Après la messe, les « Parralinos » peuvent traverser la place principale et entrer dans ce café où l'on sert encore des pâtisseries de la Colonia Dignidad.

« Tous nos gâteaux sont d'authentiques produits de chez eux, insiste le serveur. Les chocolats viennent d'une succursale ouverte plus au sud, à Osorno », ajoute-t-il, en peine de vocabulaire pour vanter ces délices.

Nous quittons la ville, laissant Hernán Fernández

à ses dossiers, pour prendre la direction de Linares, à quelques kilomètres au nord. Le soleil parvient à déchirer l'épais brouillard lorsque nous arrivons devant une de ces maisons où l'on vit de peu, dans un quartier excentré de la localité. Une femme nous attend dans la pièce principale, entourée de trois enfants, deux filles et un garçon. Comme chez Verónica, le père est absent, parti pour ne plus revenir : une constante dans les familles choisies pour cibles par le « mangeur d'enfants » de la Colonia Dignidad. S'ils se sont installés ici, à plus d'une heure de route de *là-bas*, c'est précisément pour échapper aux menaces et aux pressions : une victime qui se rebiffe est une victime à abattre.

La confiance installée, parce qu'elle entend faire avancer sa cause, la mère raconte :

« Les Allemands nous ont d'abord proposé de ramasser les fruits durant la saison estivale. Puis, dès l'âge de 5 ans, mon fils Eduardo a commencé à passer ses week-ends sur place. Il suffisait de s'inscrire auprès des comités. Comme je vivais déjà seule à l'époque, j'ai apprécié cette aide. Mes trois enfants y sont bientôt allés. Ils revenaient heureux et surtout, mangeaient à leur faim. Presque tous les gosses du coin y allaient, d'ailleurs. Le *Tío Mau*, un gros Allemand[1], venait les chercher à bord d'un minibus... »

L'aînée, une grande fille assez dégourdie, coupe sa mère :

« Quand on arrivait sur place, ils nous passaient des vêtements identiques aux leurs. On se changeait tout de suite. Ils nous coiffaient aussi, et nous fournissaient des chaussures. On laissait la civilisation chilienne à la porte pour faire son entrée dans la

---

1. Gerhard Mücke.

civilisation germanique. Les garçons d'un côté, les filles de l'autre : on ne voyait plus notre frère. Nous, les filles, on travaillait dans les champs de maïs ou bien on récoltait les fruits. Ils nous réveillaient à 6 heures du matin, nous donnaient à déjeuner, et puis au travail ! Lorsqu'il y avait des invités de passage, on avait le droit de jouer et de se détendre. Le reste du temps, on travaillait pour payer notre pension... Mais interdiction d'adresser la parole aux colons, sinon c'était la punition !

— Moi, reprend la mère, ils me demandaient parfois en échange d'aller travailler en cuisine ou de laver le linge...

— Que vous servaient-ils à manger ?

— Les repas, répond la fille, étaient constitués de ce que nous récoltions. La nourriture allemande n'était servie que lorsque se présentaient des visiteurs, par exemple des parlementaires... Quand ils se fâchaient contre nous, ils nous insultaient en allemand. On s'habituait peu à peu à la langue, on apprenait même quelques mots. Ils nous faisaient aussi chanter en allemand, toujours pour épater les visiteurs. Quand notre maman venait nous voir, ils nous exhibaient comme on présente un bouquet de fleurs.

— Déjà, à l'époque, au début des années 90, des rumeurs de pédophilie circulaient. Les avez-vous entendues ?

— Oui, dit la mère, mais je n'y prêtais pas foi. Encore aujourd'hui, d'ailleurs, les gens n'y croient guère...

— Quand les garçons couraient sur les lits, dans leur dortoir, il leur attrapait les testicules, dit la fille, mais eux pensaient qu'il s'agissait d'un jeu... »

En 1995, la mère adresse à Paul Schaefer une lettre,

dans laquelle elle sollicite son aide : du bois pour construire une maison sur le terrain qu'elle a acheté. Le week-end suivant, alors qu'elle travaille en cuisine, le Docteur la convoque :

« Pourquoi ne me confieriez-vous pas Eduardo pour qu'il étudie ici ? lui dit-il. Nous disposons d'un internat intensif d'où il sortira avec un bon métier. Vous pourrez lui rendre visite quand vous voudrez. »

La mère signe les yeux fermés le formulaire que lui tend le *Tío permanente*, visiblement au fait, grâce aux comités, de la situation précaire dans laquelle vivaient cette femme et ses enfants.

Les premiers mois, tout va bien. Eduardo paraît même satisfait de son sort. Mais un jour, le *Tío Mau* s'interpose entre l'enfant et sa mère venue lui rendre visite. Elle obtempère, mais s'inquiète, car elle a entendu parler du cas de Cristóbal qui vient de fuir le fameux internat. Elle se raisonne, se refuse à croire à la gravité de la situation. Mais s'inquiète à nouveau lorsque la maman d'Angelo évoque devant elle les abus dont son fils aurait été la victime...

À ce stade du récit, Eduardo, jusque-là silencieux, prend la parole tandis que sa mère allume le poêle à gaz pour tenter de réchauffer la pièce.

« Ils me disaient de ne plus parler à ma mère, sous peine d'être privé de récréations. Je savais que ce qui se passait n'était pas normal, mais ils nous menaçaient et nous soulevaient du sol en nous tenant par les oreilles... Comme je connaissais le chemin de la cuisine, où l'on était sûr de trouver leur fameux jus de pomme, j'ai pu arriver une fois jusqu'à elle. Je ne sais comment, mais ils ont su ce que je lui avais dit, comme s'il y avait eu des micros cachés dans nos vêtements. Pour me punir d'avoir désobéi, ils m'ont attrapé et bouclé dans ma chambre. Les punitions étaient fréquentes. Le *Tío permanente* frappait aussi régulièrement les colons chargés de nous surveiller. Il les frappait au visage, devant nous, pour bien montrer l'exemple. Eux rougissaient de honte d'être ainsi maltraités devant des Chiliens.

– À Noël, j'ai voulu voir mon frère, dit la sœur. Quand j'ai insisté, les Allemands m'ont presque frappée. Les sanctions étaient sévères. Ils nous enfermaient toute la nuit dans les toilettes ou bien nous faisaient dormir dans la douche quand ils estimaient qu'on ne produisait pas assez. Mais, quand je voyais ma mère, je disais : "Maman, ne t'inquiète pas, tout va bien." Sur le chemin du retour, à la fin du week-end, ils nous servaient dans le bus un gâteau et un verre de jus de pomme pour qu'on arrive en forme... »

Bientôt la mère songe à retirer définitivement son fils et à prendre la fuite. Mais on la menace de mort, et la peur monte d'un cran.

« Quand la police est venue à la Colonia, ils nous ont distribué du jus de pomme puis nous ont conduits dans les bois avec des couvertures », se souvient Eduardo.

Sa grande sœur le relaie :

« Les Allemands nous disaient : "Les policiers vous tueront comme des bêtes." Et nous pensions qu'ils disaient vrai. À tel point que lorsque je me suis retrouvée devant les enquêteurs, j'ai refusé toute nourriture de crainte qu'ils ne m'empoisonnent... »

La mère accompagne bientôt Verónica au poste de police de Chillán où on leur recommande de ne surtout pas ébruiter leur démarche.

« Un matin, vers 5 heures, le *Tío Mau* et son épouse, qui étaient les parrains de mon fils, ont débarqué à la maison avec Eduardo. Quelqu'un filmait la scène avec une caméra vidéo. Ils m'ont tendu un papier disant qu'ils me rendaient un enfant en bonne santé. Si je refusais de signer, ils le gardaient. J'ai signé. Eduardo s'est alors jeté aux pieds du *tío* en pleurant et en disant qu'il voulait rester avec lui. Ils lui ont donné une bouteille remplie d'un jus de fruit un peu piquant. Il a bu et s'est bientôt assoupi, le visage cramoisi, comme s'il avait absorbé de l'alcool. La nuit suivante, plusieurs Allemands sont venus et ont campé autour de la maison. Ils avaient visiblement appris que j'avais déposé plainte contre eux. "Si les policiers viennent, nous te reprendrons l'enfant", m'ont-ils dit. Je leur ai fait croire que j'avais enregistré leurs propos, comme eux-mêmes le faisaient. Ils ont fini par lever le siège vers les 7 heures du matin. Tout ce que je voulais à cet instant, c'était consulter un médecin avec Eduardo. Nous sommes partis à pied jusqu'à San Carlos, avec une voisine. Là, aux urgences, ils m'ont montré les meurtrissures de mon fils. »

Elle a de grands yeux bleus et porte sur la tête un bonnet noir aux bords roulés. Elle a connu l'horreur, mais conserve son calme. Pourtant, après avoir dû admettre les violences sexuelles subies par Eduardo, il lui a encore fallu endurer menaces, pressions, visites nocturnes, jusqu'à ce que le juge saisisse un sénateur qui a entrepris d'aider la famille à déménager, au mois d'avril 1999, en pleine nuit...

Aujourd'hui encore, la police effectue des rondes régulières dans ce quartier de Linares. Mais il en faudrait davantage pour qu'Eduardo cesse de faire des cauchemars, pour qu'il ne se réveille plus en pleine nuit, en larmes, disant à sa mère que le *Tío permanente* va venir le chercher, le punir d'avoir parlé.

« La nuit, raconte Eduardo, le *Tío Mau* passait me prendre. Il me conduisait jusqu'à Schaefer qui me baignait, me lavait puis me violait avant de me rhabiller et de me renvoyer dans ma chambre. Je croyais être le seul à subir ces violences, car nous n'en parlions pas entre nous. Il nous menaçait de mort. Il disait : "Si tu parles, je te retrouverai où que tu sois, et je te tuerai !" La nuit, je ne parvenais pas à trouver le sommeil dans ma chambre. Je préférais dormir dans la salle de bains ou dans le couloir, car il y avait de la lumière. Le matin, j'allais aux cours et je ne disais rien à personne. »

Le chaton se blottit contre le chauffage. Les souvenirs se bousculent dans la tête d'Eduardo qui a mis plusieurs mois à retrouver l'usage de la parole.

« Dans la chambre de Schaefer, il y avait toute une panoplie d'armes qui ont disparu lorsque nous y sommes retournés avec le juge. Il n'y avait plus de téléviseur non plus, ce grand écran sur lequel il m'avait montré des images des Jeux olympiques de Sydney... Le grand lit n'était plus là non plus, il avait été remplacé par un plus petit. La grande baignoire aussi s'était volatilisée. Tout avait disparu ou changé de place... Je me souviens qu'il nous photographiait souvent pendant nos promenades. La nuit, il lui arrivait aussi de nous emmener à la chasse. Quand il tuait un lapin, c'est nous qui allions le chercher. »

Dire que sa mère, comme toutes les mères, avait plusieurs fois manifesté en faveur de la Colonia Dignidad, scandant avec les autres le slogan dicté par les Allemands : « ¡ *Aquí venimos de Parral para apoyar a nuestro hospital !* » (« On vient de Parral pour défendre notre hôpital ! ») Et cela, à l'heure même où les enquêteurs perquisitionnaient timidement les lieux.

Eduardo ne trouve pas les mots pour décrire l'antre

de son violeur. Il accepte en revanche une feuille de papier sur laquelle il dessine un chalet propret : deux marches devant la porte d'entrée, puis la chambre légèrement ouverte sur la salle de bains, avec deux fusils de chasse en guise de décoration murale.

Jusqu'alors silencieuse, la sœur cadette se lève à cet instant et remonte son pull pour nous montrer une cicatrice qu'elle porte au niveau du bas-ventre : un autre malheur légué à la famille par la Colonia.

« Ils ont opéré ma fille sans nous dire exactement de quoi, dit la mère. Ils nous ont parlé d'un kyste apparu d'un coup. Les échographies ne nous ont pas permis d'en savoir plus. Il n'est pas exclu qu'ils l'aient stérilisée... »

Une pause, puis elle termine à voix basse, comme si les voisins pouvaient entendre :

« On ne saura vraiment qu'après les premières règles. »

La petite n'est pas la seule à avoir subi une intervention chirurgicale hasardeuse. La femme d'un pasteur du coin s'est, paraît-il, retrouvée avec les trompes ligaturées. Plusieurs femmes seraient même mortes au cours d'interventions, laissant derrière elles des orphelins adoptés par la Colonia. Pour opérer la petite, ils avaient profité de vacances d'été ; même sa sœur aîné, présente sur place, ne fut pas informée de son hospitalisation.

On comprend que la mère compte sur la justice pour retrouver Schaefer, mais Eduardo connaît trop bien le terrain pour ignorer qu'il a toutes les chances d'échapper à ses poursuivants.

En attendant, tous quatre survivent comme ils peuvent grâce aux subsides expédiés d'Allemagne par le même Wolfgang Müller, bienfaiteur de toutes les victimes. Quand les eaux hivernales envahissent la ruelle et le rez-de-chaussée des maisons de ce quartier périphérique, ces quelques pesos permettent de faire fondre un peu de fromage à l'heure de la *once*, le goûter pris en famille.

Santiago, avril 2003

C'est l'histoire d'un violeur en série. D'un homme qui a su abuser de la crédulité de petites gens du tiers monde. Enfin et surtout, de la chape de plomb qu'a fait peser sur le Chili la dictature.

À sa manière, d'un point de vue strictement moral, Pinochet est pour cette raison son complice. Pas seulement à cause de l'*omerta* qui, durant ces années noires, a écrasé les consciences. Mais aussi parce qu'il a fait de la Colonia Dignidad une base opérationnelle de ses propres services secrets.

La dictature a couvé le monstre en son sein. Il a fallu ces femmes pour arracher le voile, à commencer par celle que nous rencontrons quelques jours plus tard dans la capitale, Santiago, noyée sous des pluies torrentielles : Jacqueline Pacheco, la mère de Cristóbal, dont le pasteur nous a abondamment parlé. Une femme de caractère, une rebelle qui a élevé à son image ce fils dont le Docteur Hopp s'était d'emblée méfié. Mais Paul Schaefer, lui, n'avait su résister : trahi par son vice, lui qui pouvait se targuer de ne l'avoir jamais été que par une infime minorité de gens, le Chef avait négligé les mises en garde de son adjoint et fondu sur Cristóbal.

Jacqueline Pacheco a quitté Parral pour refaire sa vie dans la capitale et fuir les rumeurs distillées par les

Allemands répétant à l'envi que la police lui avait versé des millions de pesos. Elle travaille comme domestique dans une famille de Las Condes, un quartier résidentiel. Elle est *puertas adentro*. Littéralement : « en deçà des portes ». En clair, elle vit chez ses patrons, mais c'est aujourd'hui dimanche, elle a quartier libre. Nous la retrouvons dans une galerie commerciale anonyme du centre-ville, à la table d'un de ces restaurants rapides qui se reproduisent comme des décalques à travers le monde. Elle est venue avec Felipe, le demi-frère de Cristóbal ; sa petite dernière, elle, est restée chez ses parents, à San Carlos.

Jacqueline parle sans rancœur, elle s'en tient aux faits et replonge volontiers dans cette époque révolue. Oui, Cristóbal aimait la campagne et les grands espaces, c'est pourquoi elle n'avait pas jugé utile de l'emmener en ville, d'autant qu'il s'entendait mal avec l'homme qu'elle venait de rencontrer. Depuis qu'elle l'avait laissé à sa mère, à l'âge de trois ans, il allait passer ses week-ends à la Colonia. Il y apprenait à chanter, à jouer du violon, de la guitare et aussi de la flûte.

Pourquoi la Colonia ?

« C'était dans l'ordre des choses qu'il aille là-bas. On n'était pas riches, c'était la meilleure solution pour qu'il reçoive une bonne éducation. »

Et puis sa propre mère, sous le charme, présidait le comité de soutien. Ces gens « bien », à l'époque, elle leur aurait « donné le bon Dieu sans confession ». Elle a d'ailleurs assisté elle-même à certaines assemblées, notamment à cette réunion historique organisée en 1991, lorsque le gouvernement démocratique a obligé la Colonia à modifier son statut juridique. Jacqueline décida alors de prendre part à une marche sur le palais présidentiel, à Santiago. Dans la foulée, elle devint trésorière de l'un des trente comités de soutien qui ne se réunissaient jamais sans un bon banquet avec jus de fruit, pain, gâteaux allemands, « une nourriture excellente ».

« C'est lors d'une réunion de ce comité, se souvient-elle, qu'un certain Abelino, un Chilien, s'est approché de moi. Il m'a expliqué tout le bien qu'il pensait de Cristóbal. "Il a de bonnes aptitudes au travail, a-t-il dit. Tu devrais nous le confier." En partant, il m'a glissé encore quelques mots pour dire que la demande émanait du *Tío permanente* en personne. »

Au début de l'été 1995, c'est Jacqueline qui accompagne son fils à la Colonia. Cristóbal a 12 ans et pleure : il ne veut pas y aller. La mère sent monter en elle un doute qui ne cessera de grandir à chacun de ses passages dans l'enclave. Quand elle parvient enfin à s'approcher de Cristóbal, il l'évite, la repousse. Elle l'aperçoit de moins en moins, comme s'il se cachait. À part le chant, il ne partage pas les mêmes activités que les autres enfants. Elle ne se contente pas de cette explication. « Il est très souvent avec le *Tío permanente* », finit-on par lui préciser.

Un week-end, Cristóbal se débrouille pour se retrouver seul dans les toilettes avec un garçon de douze ans qui fréquente occasionnellement la Colonia, un petit voisin. En cachette, il lui confie une lettre à l'intention de sa mère.

« Quand j'ai montré cette lettre à mon père, il s'est énervé, raconte Jacqueline. Ma mère, elle, n'y a pas ajouté foi. Elle a pensé que c'était un caprice d'enfant, un stratagème monté par Cristóbal pour sortir de la Colonia. Pour moi, c'était comme une intuition qui se confirmait. Comme une évidence. »

Elle questionne son fils Felipe qui se rend là-bas le

week-end, et ce qu'il lui rapporte amplifie ses craintes : très autoritaire, Paul Schaefer n'hésitait pas à gifler en public des jeunes gens déjà adultes ; il avait même giflé un jour le *Tío Mon* ; il se promenait avec une canne-épée ; il assistait régulièrement à la douche des garçons qui devaient se laver de pied en cap avant de passer à table ; il faisait monter ses chouchous à bord d'une grosse Mercedes Benz ; il le prenait parfois, lui, sur ses genoux ; tandis que les garçons jouaient, les filles, elles, ramassaient les pommes, aidaient à la boulangerie et faisaient le ménage.

Le lendemain, un lundi, se tient dans un village la réunion d'un comité de soutien en présence du *Tío Mon*. On projette des vidéos dans lesquelles alternent des images d'enfants assis sagement dans des salles de classe et des séquences montrant des carabiniers saccageant l'hôpital de la Colonia. Sous-entendu pas vraiment subliminal : quand les Allemands font le bien, les Chiliens font le mal !

Jacqueline s'approche du *Tío* et l'informe qu'elle doit se rendre avec Cristóbal à Santiago, où l'attend son père. Il fait mine de ne rien entendre. Elle insiste, « la rage au ventre ». Il finit par lui répondre que son fils est à Bulnes, la succursale de la Colonia.

Le mardi, son père accompagne Jacqueline jusqu'à l'endroit précis d'où part la fourgonnette du pasteur de l'Église du Christ, Adrián Bravo.

« Comment va Cristóbal ? s'enquiert le pasteur.

– Je crois qu'il va mal », répond Jacqueline qui ne veut pas en dire plus, car le bus est rempli de malades.

Arrivée sur place, Jacqueline demande à voir son fils. Elle attend deux interminables heures durant lesquelles elle raconte tout ce qu'elle sait à Adrián Bravo.

« Retire-le », dit le pasteur qui ne met pas sa parole en doute.

Le *Tío Mau* rapplique enfin et lui répète ce qu'on lui a dit la veille : Cristóbal se trouve à Bulnes. Comme elle ne renonce pas, il lui pose quelques questions, repart, puis revient une demi-heure plus tard avec un message du *Tío permanente*. Paul Schaefer demande qu'il les accompagne à Santiago, elle et son fils.

« Mais pourquoi faites-vous tant d'histoires ? s'insurge Jacqueline. Je vous le ramènerai demain soir ! »

Réponse absurde du sbire de Schaefer :

« Au cas où vous auriez un accident, il serait préférable que je vous accompagne : je vous servirais de témoin. »

Que se passe-t-il alors dans la tête de cette mère ? Elle ne veut qu'une chose : récupérer son enfant qu'elle sait en danger. Elle ne bouge pas. Au bout de cinq heures d'attente, on lui remet finalement son fils. Et les voilà qui repartent de la Colonia en compagnie du pasteur Bravo qui n'a pas bougé, lui non plus.

Dans son message, Cristóbal avait écrit ceci : « Maman, sors-moi d'ici. Il me l'a mise, et ça ne se fait pas. J'ai très peur. Sors-moi d'ici, maman ! »

Un appel au secours sans équivoque.

La première chose que la mère fait après avoir retrouvé Cristóbal, c'est de lui ôter ses affaires. « De peur qu'ils y aient glissé des micros. » Cristóbal, lui, a l'air dans les vapes, probablement après une prise de tranquillisants. Il parle peu, dit simplement qu'il n'était pas à Bulnes, mais enfermé dans une chambre. Jacqueline pleure tandis que sa mère prépare un repas. Cristóbal en dit alors un peu plus long. Il lâche qu'il a peur. Puis, l'effet du produit se dissipant, il parle de l'arme du *Tío permanente*, des bains, des *sprinters*.

L'après-midi, Jacqueline accompagne son fils chez un médecin de San Carlos, lequel certifie les traces de viol.

« Où est-ce arrivé ? demande le médecin.

– À la Colonia Dignidad.

– Alors fais bien attention. Il y a parmi eux d'anciens nazis, avertit le médecin. Sois plus maligne qu'eux. Il faut qu'ils n'aient connaissance de ta plainte que le plus tard possible. »

Sur son conseil, Jacqueline et son fils partent pour Santiago. Une tante les y accueille et a l'excellente idée de les emmener au siège d'une association de défense des droits de l'homme chargée d'accueillir les victimes de Pinochet. Elle y rencontre une personne dont une amie est l'épouse d'un policier qui s'occupe justement de délits sexuels. C'est ainsi, presque miraculeusement, qu'elle arrive dans le bureau de Luis Henríquez Seguel[1], qui sera bientôt l'un des policiers chiliens les mieux informés sur la Colonia.

Luis Henríquez Seguel confie à Jacqueline ce qu'il sait de Paul Schaefer. Il évoque les plaintes déposées en Allemagne, le passé pédophile du Docteur. À un moment donné, le policier lève les yeux vers le crucifix accroché au mur de son bureau et fait une promesse : « Dieu m'entende : cela ne s'arrêtera pas là ! »

Cristóbal reste chez sa tante dans la capitale, sous protection policière et sous l'œil attentif des psychologues. Jacqueline, elle, rentre à Parral et porte plainte, « la peur au ventre ».

« Je devais faire très attention, car les gens des

---

1. Parti à la retraite début 2004.

tribunaux ne sont pas toujours très nets, dit-elle. Ils risquaient de mettre au courant les Allemands. »

Rien ne peut cependant la faire renoncer. Il lui faut un certificat attestant que Cristóbal a bien vécu à la Colonia ? Le pasteur Bravo l'accompagne tout en lui remontrant que la démarche est dangereuse.

« Pour un enfant, pour *son* enfant, on est prêt à se battre contre vents et marées », dit-elle.

Sur place, elle demande carrément à voir le *Tío permanente*. Elle est reçue dans le grand salon, celui où l'on accueille les invités d'honneur, les hommes politiques. Gâteaux, jus de fruits frais : le grand jeu.

« J'ai besoin d'un certificat, dit-elle. Pour inscrire Cristóbal au collège. »

L'homme assis à la droite du Chef la harcèle de questions : il veut savoir où se trouve l'enfant... pour lui rendre visite ! Lorsqu'il quitte la pièce pour aller rédiger le certificat demandé, c'est Paul Schaefer qui prend le relais. Elle ne cède pas. Le précieux document en main, elle va jusqu'à réclamer les vêtements que portait Cristóbal à son arrivée.

« J'avais la haine... Je me suis juré de ne plus jamais remettre les pieds dans ce lieu maudit ! »

Le soir, lorsqu'elle leur tend le certificat, les policiers en charge de l'affaire n'en croient pas leurs yeux : le courage de cette femme leur semble inimaginable.

Le lendemain à la première heure, grâce à une source interne au tribunal, les chefs de la Colonia apprennent qu'elle a porté plainte contre Paul Schaefer. La riposte ne se fait pas attendre : des Allemands débarquent chez les grands-parents. Des millions de pesos leur sont proposés en échange du retrait de la plainte. Refus. Ils insistent, reviennent à la charge le lendemain, essaient de soudoyer le grand-père.

« Plutôt rester pauvre que devenir riche et honteux », tranche Jacqueline.

La grand-mère en tombe malade, une paralysie faciale la guette. Jacqueline est à bout de nerfs. Les allers et retours à Santiago la fatiguent. Sur son lieu de travail, des colons rôdent ; elle ne baisse pas le regard. Et voilà qu'il lui faut accompagner la police à la recherche de mamans dont les enfants ont été confiés à la Colonia.

« C'étaient souvent des mères célibataires, humbles, dont les Allemands payaient le logement. Toutes se sont liguées contre moi. Bien vite, des affiches ont été placardées sur les murs. On pouvait y lire un tas d'horreurs sur mon compte... »

Mais Jacqueline tient bon. Et dix autres femmes la rejoignent bientôt. Cristóbal n'est plus seul. Les jeunes victimes ont toutes fait état du même rituel. Paul Schaefer s'approchait en boitant et les faisait asseoir sur l'une des cuvettes des toilettes. Il les douchait, les savonnait intensément dans la région anale, leur demandait de se nettoyer le prépuce. Les emmenait au lit d'où ils pouvaient voir une arme posée sur la table de chevet. Leur montait dessus, « haletant comme un chien », en sueur, essayant de les pénétrer. Devait s'y reprendre en général à deux fois, son pénis étant trop mou. Puis les renvoyait dans leur dortoir...

Le café au lait a refroidi depuis longtemps dans le gobelet de Jacqueline Pacheco, qui narre ces années d'une traite, sans hausser le ton, assez lentement pour que nous puissions consigner chaque détail dans nos carnets. Elle ne veut rien omettre, surtout pas son indignation, aux antipodes de la confiance intacte que les voisins de la Colonia lui ont sans cesse renouvelée.

« Pourquoi a-t-on attendu tant de temps ? demande-t-elle. Pourquoi la justice chilienne n'a-t-elle pas pris en compte la plainte de Wolfgang Müller, déposée dès 1966 ? N'aurait-on pas pu éviter toutes ces victimes ? »

Puis elle disparaît avec Felipe parmi la foule qui se presse dans la chaleur du centre commercial, à l'abri du vent glacial et de la pluie.

7.

Opération « évasion »

« Dire qu'il est difficile de mener des enquêtes à la Colonia Dignidad relève du pléonasme ! »

Ainsi philosophe un inspecteur de police en poste dans la région. La mémoire de sa corporation fourmille d'anecdotes plus navrantes les unes que les autres. Aussi loin que l'on remonte dans le temps, les Allemands ont roulé les flics dans la farine.

Au début des années 70, juste avant la dictature, des enquêteurs se sont rendus sur place afin de procéder à quelques vérifications. Reçus généreusement, ils se sont retrouvés attablés autour d'un copieux buffet. Nourritures au goût exotique, gâteaux crémeux, jus de fruits naturels, ils ont littéralement été gavés. À l'heure de passer aux choses sérieuses, les membres de l'équipe ont été pris de terribles diarrhées qui les ont cloués sur place. Ils n'ont évidemment pas fouillé un centimètre carré de l'enclave allemande.

Ce n'était qu'un début.

Bien plus tard, dans le cadre de l'enquête ouverte pour abus sexuels, au début 1997, la police judiciaire est revenue sur place. Dans le fameux chalet où Paul Schaefer accueillait ses victimes, plus rien n'était comme avant. La disposition des meubles avait changé. Dans la salle de bains, la principale modification concernait les cuvettes des toilettes : contrairement à ce que déclaraient les enfants, il n'y en avait plus qu'une, jouxtant un meuble en bois ajouté au décor. Peu disposé à entreprendre des fouilles dans les sous-sols, le juge prit note et n'insista pas. Premier d'une longue série d'échecs dans une enquête menée sans grande conviction par des magistrats déjà surpris de se retrouver dans l'enceinte de la Colonia, avec des moyens dérisoires face à un groupe doté de tous les perfectionnements technologiques.

Un seul exemple : lors d'une nouvelle perquisition sur place, les policiers voulurent quitter la route principale et obliquer en direction de la montagne. Bien vite, ils s'aperçurent que leurs moyens de communication ne fonctionnaient plus, pas plus les portables que les liaisons radio, dont les fréquences avaient probablement été brouillées. Preuve que ce territoire appartenait bien aux Allemands : les avions survolant les lieux échappaient depuis toujours aux radars officiels.

Par la suite, les colons montrèrent combien ils s'y entendaient pour perturber le travail des juges. Presque systématiquement, lorsqu'un magistrat faisait son apparition, pour enquêter sur les disparus ou sur les enfants, un comité d'accueil guettait son arrivée. Selon un scénario bien rodé, ils se précipitaient sur lui, brandissant des appareils photo équipés de téléobjectifs propres à mettre le magistrat mal à l'aise. Il y en avait au moins toujours un pour filmer des séquences qui pourraient se prêter, les juges ne l'ignoraient pas, à tous les montages possibles. Puis une camionnette chargée de colons suivait le juge fouineur dans tous ses déplacements. Le moindre de ses gestes, la moindre de ses déclarations étaient enregistrés, même dans l'obscurité, grâce à des caméras à infrarouges. Une cassette a même été saisie en 1996, mais, lorsque les avocats réclamèrent une traduction des commentaires en allemand, l'enregistrement avait curieusement disparu. Nouvelle manifestation de la toute-puissance de la Colonia...

Ces bobines et ces cassettes avaient-elles été détruites ? Certains estiment que si l'on avait voulu s'en donner la peine, on les aurait peut-être découvertes. De même que l'on aurait pu mettre la main sur les documents écrits – la tradition allemande en ce domaine est assez solide : on put le constater après la chute du mur de Berlin en inspectant les locaux de la Stasi, la police politique est-allemande. Malheureusement, un haut magistrat chilien chargé de les recueillir, membre de la Cour suprême, a eu un petit ennui dans la zone : pilotant son véhicule administratif non loin de la Colonia Dignidad, il aurait accidentellement fauché une passante. Les dépositions des témoins lui auraient été nettement favorables, et il aurait bénéficié de la bienveillance de la puissante Colonia. Une anecdote difficile à vérifier mais bien dans la lignée des mille et une tentatives de chantage déjà répertoriées.

Seul élément concret découvert par les enquêteurs : des dossiers vides ; on avait seulement laissé les noms des personnalités concernées, dans l'intention à peine voilée de semer l'inquiétude parmi ces notables.

Ratages, nonchalance des supérieurs, juges timorés : ces carences hantaient les hommes de la police judiciaire.

Le hasard a néanmoins voulu que nous vivions en direct le dénouement d'une des opérations de police les plus abouties visant la Colonia Dignidad. Une opération digne d'un roman d'espionnage, où le travail de renseignement a joué un rôle capital.

Tout a commencé cinq ans plus tôt, en 1998. Cette année-là, la police judiciaire installe ses quartiers dans la colonie pour une trentaine de jours. C'est l'occasion rêvée d'observer les colons de près. D'étudier leurs allées et venues, leurs comportements, et, pourquoi pas, de nouer des contacts. Près de soixante-dix fonctionnaires se relaient sur place. Tous sont frappés par l'extrême discrétion des colons qui obéissent strictement aux consignes de leurs chefs : se tenir à distance de la police.

Malgré ces obstacles, plusieurs colons sont approchés, notamment un Chilien dont il se murmure qu'il a été autrefois le « bonbon » de Paul Schaefer, autrement dit la gâterie qu'il s'offrait les jours de fête. Les policiers parviennent à lui faire comprendre qu'ils ne sont pas les envoyés du diable, qu'ils ne vont pas l'éliminer, qu'ils sont au contraire là pour l'aider. Le message passe visiblement auprès de cet homme qui montre des signes d'insoumission en refusant notamment d'avaler les yeux fermés les petites pilules distribuées comme le bon pain par la colonie nourricière. Il travaille énormément, notent les policiers, mais paraît quelque peu marginalisé, même s'il a épousé une Allemande. Il semble également qu'il ait longuement séjourné à l'hôpital où on lui aurait infligé des sanctions sous forme de tortures.

Lorsque les policiers lèvent le camp, lui et quelques autres – qui resteront évidemment anonymes –

connaissent désormais le chemin qui peut les mener à la justice.

La phase suivante se déroule quatre ans plus tard. Le Chilien – Francisco Morales pour l'état civil, rebaptisé Franz par ceux qui l'ont « adopté » – prend alors le risque insensé d'adresser une lettre aux autorités chiliennes. Rédigée dans un allemand rudimentaire, d'une écriture enfantine, bourrée de fautes d'orthographe, elle est expédiée de l'intérieur même de la Colonia par l'entremise d'un « facteur » clandestin.

L'auteur parle en son nom, mais également au nom de trois autres personnes : son épouse et les vieux parents de celle-ci qu'il a apparemment convaincus de tenter un coup de force avec lui. Dans sa forme, le texte s'apparente à une lettre au Père Noël : Franz réclame le versement d'une retraite pour ses beaux-parents, mais aussi une part du gâteau constitué par les multiples sociétés liées à la Colonia, à laquelle il a offert des années durant sa force de travail.

La missive atterrit sur le bureau du juge Hernán González, à Talca. Il refuse de s'en saisir, mais la fait suivre à un magistrat de Parral. C'est ce dernier qui va organiser la fuite des quatre colons : une véritable « exfiltration ». Son atout majeur tient au fait qu'il est saisi par ailleurs d'une affaire censée le conduire à l'intérieur de la Colonia : la mort d'un Allemand, multi-récidiviste de la fuite, tombé du haut de son échelle dans des conditions intrigantes.

Le jour « J », s'abritant derrière sa commission rogatoire officielle, le juge demande à l'improviste à rencontrer le dénommé « Franz Baar », 50 ans.

« Il n'y a personne ici de ce nom-là », réplique sans sourciller Wolfgang Müller, chargé de recevoir le magistrat en compagnie d'un avocat, frère du principal défenseur de la Colonia.

À cet instant précis, conformément au scénario mis au point à distance, Franz et son épouse Ingrid, 48 ans, surgissent et s'engouffrent dans la voiture du juge. Le colon signe aussitôt une déclaration écrite dans laquelle il exprime le vœu de s'échapper avec sa famille. Ses deux beaux-parents, Mathilde Selent Ritz, 75 ans, et Walter Johannes Szurgelies, 73 ans, apparaissent à leur tour et se dirigent vers l'automobile sous l'œil affolé de Wolfgang Müller, littéralement écarlate. L'avocat comprend trop bien ce qui est en train de se tramer – le malheureux aura d'ailleurs en fin de semaine un infarctus... Mais, déjà, sans laisser aux Allemands le temps de réagir, le juge s'apprête à reprendre la route avec ses quatre « otages ». L'effet de surprise est tel que nul ne tente de les bloquer.

Réalisée sans violences, l'opération est une réussite totale.

Les quatre colons ont des gestes mécaniques. Avant toute décision, ils semblent quêter du regard un acquiescement, attendre des consignes, une marche à suivre. Avant de répondre aux questions que posent leurs « sauveteurs », ils paraissent chercher ailleurs la réponse à apporter, comme si, intellectuellement diminués, ils étaient incapables de se prendre en main. Leur seule force repose sur une incroyable solidarité. Pour leur ancien maître Paul Schaefer, seule comptait l'appartenance au groupe : hors du collectif, point de salut pour l'individu.

Depuis leur plus jeune âge, ils n'ont connu que ce monde-là. Les plus anciens étaient venus au Chili chercher le lait et le miel ; « ils y ont trouvé le sperme et le sang », ainsi que le déclara un jour l'un des premiers évadés à un policier chilien. Les plus jeunes n'ont pas eu le choix. Ces quatre-là, les policiers le constatent, portent dans leur regard et sur leurs épaules la douleur des exploités.

Rares sont les personnes autorisées à les approcher, comme si, à tout moment, « ils » risquaient de venir les reprendre. Peu à peu, mot après mot, les deux parents expliquent comment, quoique mariés, ils ont été séparés pendant près de quarante ans. Voilà seulement six ans qu'on les laisse vivre ensemble – enfin presque, chacun disposant de sa propre maison individuelle... Bravant les consignes, Franz et sa femme, eux, s'étaient installés pour partager un toit dans un recoin de la laiterie. Comme si le Docteur n'avait en fait jamais cessé de commander... Il aurait même rédigé récemment un message dont une lecture collective a été faite, dans lequel il exprimait son mécontentement face à la multiplication des mariages.

Ainsi vivait-on dans la colonie allemande : restreint et contrôlé jusque dans ses relations avec sa propre progéniture. Il ne manquait plus qu'on leur interdise de voir le soleil quand ils en ressentaient le besoin ! La veille de leur départ, dont elle ignorait évidemment les préparatifs, la belle-mère avait dit à haute voix, mêlant le geste au verbe :

« La Colonia Dignidad, j'en ai jusque-là ! »

En fait, ils avaient écrit une lettre à l'intention des responsables pour réclamer de profonds changements dans leur vie quotidienne. Ils n'avaient obtenu aucune réponse, et c'est à partir de là qu'avait mûri leur projet de fuite. Pour la première fois, ils se sentaient vraiment séquestrés. Franz avait d'ailleurs conseillé à ses beaux-parents de cesser d'avaler les pilules qu'on leur distribuait et qui semblaient les plonger dans une douce léthargie, preuve que les médecins de la Colonia jouaient la carte de la tranquillité par voie chimique.

Désormais « libres », ils pouvaient raconter. Les femmes réduites à un rôle de mères porteuses, personnes de seconde zone, dévalorisées. Les défilés d'enfants en uniformes, foulards autour du cou. La sélection au sein de l'espèce, aboutissant à distinguer les meilleurs travailleurs des derniers de la classe. La discipline. La surveillance de tous les instants, avec détecteurs, caméras, micros, comme dans une sorte de « Loft » dirigé par un être obsessionnel, traquant le moindre baiser volé jusque dans les salles de bains. Cette bible que Franz avait conservée en douce, dont la lecture lui avait appris que Paul Schaefer ne leur disait pas toute la vérité. Ce poste de radio qu'on leur avait concédé voilà peu, pour qu'ils aient enfin accès à l'information. Ce fromage que Franz fabriquait dans des conditions d'hygiène selon lui assez aléatoires, pourtant vendu à l'extérieur comme un produit de toute première qualité.

Les images surgissaient une à une, au compte-gouttes, prenant à chaque fois de court leurs interlocuteurs. Ni Franz ni les autres ne savaient évidemment ce que le mot « secte » signifiait. Mais des champs de tir, oui, ils étaient sûrs d'en avoir vu. Les deux anciens se souvenaient aussi parfaitement comment on leur avait infligé un véritable entraînement militaire, à l'époque de l'Unité populaire de Salvador Allende, en leur expliquant que les communistes allaient venir confisquer les terres...

Devant la télévision qui diffuse ce soir-là un match

de football, ils ont l'air d'enfants éberlués. Au super-
marché, ils ne savent plus où donner de la tête.

« *Gracias, muchas gracias* », répètent-ils à ceux qui
leur prodiguent les premiers « soins », leur procurant
pour commencer chaussettes et sous-vêtements de
rechange.

Franz avait 10 ans lorsqu'il avait débarqué pieds
nus à la Colonia. Paul Schaefer l'avait lavé. Il l'avait
embrassé sur la bouche, puis lui avait ouvert les **portes**
de son « paradis ». L'enfant était misérable. Il avait
faim, se nourrissait des peaux de banane laissées par
les autres. Il cherchait un toit... Aujourd'hui, il se sent
libre comme un oiseau. Pour combien de temps ?

Le juge de Parral négocie bientôt avec l'un des
avocats de la Colonia, Roberto Saldia, la récupération
des effets personnels des quatre colons totalement
démunis. Franz entend au moins recouvrer ce lit et
cette table qu'il a fabriqués de ses mains. Pas tous les
meubles qu'il a réalisés bénévolement au fil des ans,
juste le minimum pour équiper sa future maison.

La partie de bras de fer est serrée. Les responsables
de la Colonia ont déjà eu à gérer plusieurs fugues. Ils
savent qu'une aide financière est toujours la bienvenue
pour les ex-colons, qu'elle peut même parfois les
réduire au silence. Ils veulent à tout prix éviter une
confrontation qui risquerait de tourner à leur désa-
vantage. Donner de l'argent à Franz pour qu'il se taise :
ne serait-ce pas la meilleure solution ? C'est bien là leur
force : un colon dans la nature est un être égaré qui
découvre tôt ou tard qu'il n'a aucune chance de s'en
tirer hors du cocon allemand. Cette dépendance les a
jusque-là toujours préservés de la débandade générale...

En signe d'apaisement, les Allemands expédient rapidement un camion chargé des effets et menus biens des quatre fuyards. La cargaison est déchargée à proximité du tribunal de Talca, en pleine rue, histoire de montrer qu'ils connaissent leur ennemi.

Dans les jours qui suivent, la Colonia lance une offensive de charme. Le « Monsieur Bons Offices » n'est autre que le propre frère de l'épouse de Franz. Il vient signifier à ses parents, au nom de la Colonia, qu'ils seraient bien accueillis s'ils renonçaient à leur projet et rentraient au bercail.

Disposant d'assez d'éléments pour considérer que le monde extérieur n'est pas aussi mauvais qu'on le leur a raconté, ils refusent. Un refus vécu comme une petite victoire par les membres de la « force de frappe » policière. « Petite », car elle a malgré tout un goût amer : la Colonia est encore debout et toute leur énergie est bien frêle face au mur qui se dresse devant eux. Elle vit peut-être ses dernières années, mais, en attendant, les sbires de Paul Schaefer sont certainement en train de serrer les boulons.

Les limiers de la Policía de Investigaciones profitent cependant de l'aubaine pour tenter d'alourdir la « facture » de la Colonia sur procès-verbal.

Ce jour-là, c'est Franz qui répond aux questions.

« Nom, prénom, date de naissance ?

– Franz Baar Kohler, né le 15 octobre 1954.

– Avez-vous fait l'objet de menaces ?

– Pas au cours de ces deux dernières années, mais les pressions psychologiques étaient permanentes. Tous les jours, quatre femmes tournaient régulièrement autour de mon lieu de travail. Blank souhaitait depuis quelques mois me changer d'affectation, mais j'ai refusé... Vous ne savez pas la quantité de larmes que j'ai versées ! Je commençais à travailler à 5 heures du matin pour ne m'arrêter que vers 22 heures. Ma femme avait les mêmes horaires. Nous n'avons jamais reçu d'argent pour ce travail-là. Ces derniers temps, comme s'ils se doutaient de quelque chose, les parents de ma compagne ont été harcelés en permanence par leur fils...

– Quand êtes-vous arrivé à la Colonia Dignidad ?

– À l'âge de dix ans, en décembre 1964. J'étais volontaire pour y travailler. J'ai été reçu par Paul Schaefer qui m'a lavé dans une baignoire de l'hôpital et a réclamé des vêtements pour moi. Puis il m'a confié à Helmut Baar. »

Franz parle avec retenue, comme si les murs l'écoutaient encore, comme si celui qu'il est en train d'accuser continuait de l'espionner.

« Paul Schaefer a-t-il maintenu un contact avec vous ?

– Il m'a intégré à un groupe d'enfants. Il surveillait la façon dont nous nous comportions dans les douches, au moment de nous laver. Une fois, je l'ai vu rouler au pas à bord de sa Mercedes. Je l'ai suivi. J'ai vu qu'il se faisait aider à reboutonner son pantalon par un jeune *sprinter*.

– Avez-vous fait partie de ces *sprinters* ?

– Non, Paul Schaefer n'acceptait pas les enfants rebelles.

– Avez-vous subi des châtiments corporels ?

– Je me souviens d'une punition. Ils m'avaient accusé d'avoir caché les clefs du dortoir des enfants, pensant que je savais ce qui s'y passait. Les coups, je les ai reçus de Paul Schaefer, de Gerhard Mücke et de

Hans Blank. Ils m'ont frappé avec des câbles et des fils de fer qui m'ont esquinté la nuque. J'ai dû être hospitalisé à la suite de cette séance.

– Avez-vous été témoin d'autres sévices corporels ?

– Oui, contre Rainer Schmidtke lorsqu'il avait 14 ans[1]. Ils l'ont dénudé dans une chambre de l'hôpital et lui ont appliqué des électrodes sur le pénis.

– Pourquoi n'avez-vous pas essayé de quitter la Colonia Dignidad ?

– Je ne pouvais pas sortir, car je ne connaissais rien au fonctionnement du monde extérieur. Mais je puis vous dire qu'à l'intérieur, la vie était très dure. Une fois, j'avais 22 ans, j'ai osé émettre des critiques au cours d'une assemblée générale. À partir de là, ils m'ont placé sous surveillance, considérant que je constituais un danger pour le système. Un jour, en pleine assemblée, Paul Schaefer m'a ordonné de frapper ma "sœur" Élisabeth, soi-disant pour tester ma fermeté. Je lui ai seulement caressé le visage devant l'assemblée silencieuse.

– Savez-vous s'il y avait des armes à la Colonia Dignidad ?

– Au début de l'Unité populaire, dans un atelier, je suis tombé sur des amis de Paul Schaefer, visiblement d'anciens soldats de l'armée allemande, en train d'assembler des armes. Ils avaient reçu des pièces détachées dans des conteneurs, dissimulées au milieu de vêtements. Ils disaient que c'était pour protéger la Colonia du gouvernement communiste. Les colons s'entraînaient au tir sous les yeux de Paul Schaefer et de Karl Johann van den Berg Schurmann[2]. Lorsque la police

---

1. Il est né le 14 juin 1957.
2. Alias *Tío Carlos*, né en mars 1934 à Gronau (Ruhr).

est venue, je sais qu'ils ont planqué des armes sous terre, derrière la porcherie. »

Les policiers interrogent Franz sans véritable fil conducteur. Ils tentent d'obtenir des informations sur certains cas dont ils ont entendu parler, par bribes. Au nom de « Loro Matías », Franz réagit :

« Alors que j'étais consigné à l'hôpital, peu après le coup d'État, j'ai entendu les voix de Paul Schaefer et de Gerhard Wolfgang Mücke, alias *Tío Mau*. Par le trou de la serrure, j'ai pu voir qu'ils traînaient hors des toilettes un homme plutôt corpulent, vêtu d'une camisole de couleur claire. Ils hurlaient et lui posaient des questions sous l'œil de plusieurs carabiniers. »

Difficile de pousser plus loin, tant les faits sont anciens. Les enquêteurs évoquent ensuite le nom d'une femme dont ils croient savoir qu'elle a disparu dans des conditions suspectes.

« Elle voulait se marier, précise Franz. Comme Paul Schaefer refusait, elle a exprimé le vœu de quitter la Colonia. » Dans son souvenir, elle fut d'abord mise à l'écart dans une chambre. Puis il ne l'a plus revue. Jusqu'au jour où il a aperçu Gerhard Mücke sortant de la rivière le corps d'une femme dont on a dit qu'elle avait essayé de fuir à la nage. Une scène qui n'a cessé de le hanter sans qu'il soit en mesure d'affirmer qu'il s'agissait bien de cette personne-là.

Vient la question obligatoire :

« Paul Schaefer est-il encore, selon vous, à la Colonia Dignidad ?

– Non. Nous ne l'avons pas revu depuis six ans. »

À ce stade, celui qui interroge ne peut s'empêcher de sourire : tous les ex-colons à qui cette question a été posée, répondent invariablement qu'ils n'ont pas revu Paul Schaefer depuis cinq ou six ans. Le problème est qu'ils disaient déjà la même chose en 1998, un peu comme s'ils récitaient une leçon apprise par cœur...

Le policier relance Franz qui révèle :

« Il se pourrait que Paul Schaefer ait quitté le pays il y a quelques semaines. Plusieurs personnes ont en effet disparu pendant un certain temps, dont Hans Jürgen Riesland et Jorg Traugott Seewald. À leur retour, ils nous ont donné des nouvelles de Paul Schaefer. Ils ont dit qu'il était offusqué par tous les mariages qui avaient lieu à la Colonia. Curieusement, ils ont ajouté qu'on n'entendrait plus parler de lui. Pour moi, plusieurs personnes veillent sur lui... »

Et Franz de citer une liste de treize noms parmi lesquels celui de Rebecca Schaefer, fille adoptive du Docteur. Un groupe assez représentatif de la population de la Colonia dont la composition ne doit rien au hasard : des femmes, des enfants, un financier, un médecin, de quoi vivre en autarcie aussi longtemps qu'il le faudra.

Qui tenait la « boutique » en l'absence du Chef ? La relève était prête. Tout permettait d'affirmer, par exemple, que le fringant Hans Jürgen Riesland Bollmann, un agriculteur né en 1948, surnommé *Tío Amster* ou *Tío Ratón*, était prêt à chausser les bottes de « Fürher bis ». Un seul ordre de sa bouche et les enfants cernaient les véhicules de la police. Tout à fait libre de ses mouvements, ce hiérarque a notamment effectué un voyage en France en septembre 2002, et un autre au Pérou deux mois plus tard. Tout concordait pour en faire un personnage de premier plan.

Un jour, après une visite à la Colonia Dignidad, un psychologue allemand avait émis ce diagnostic :

« Il y a ici trois sortes de personnes. En bas de la pyramide, il y a les victimes. Au-dessus, il y a les victimes qui abusent elles-mêmes d'autres victimes. Et encore au-dessus, il y a ceux qui abusent sans être abusés. »

De là à imaginer que la plupart des hommes avaient au moins une fois été abusés sexuellement par le Grand Chef... Mais ce ne serait là que pure spéculation. Pour en savoir plus long – si on avait voulu –, il aurait fallu creuser davantage, après le fumet de scandale qu'avait soulevé l'arrivée de Schaefer sur le sol chilien. Déjà les mots de « viol » et de « proxénétisme » avaient été prononcés. Cela se passait dans le quartier de La Reina, à Santiago, où le Docteur avait acquis un pied-à-terre, mais la rumeur avait rapidement été contenue. Personne n'avait souhaité savoir, d'autant moins que les noms de certains hauts responsables de la police avaient alors été cités.

Quarante ans plus tard, quelques membres de la police judiciaire peuvent être satisfaits du travail accompli. « Aujourd'hui, se réjouit l'un d'eux, il n'y a plus d'enfants victimes de Paul Schaefer, ni chiliens ni allemands. » Le dernier coup de force dénote l'émergence au sein de la Colonia d'une nouvelle génération de jeunes prêts à rejeter le modèle imposé par Paul Schaefer en même temps que leur propre statut d'esclaves. Les anciens n'imaginaient pas une vie hors de ce groupe ; les plus jeunes ont pressenti qu'il y avait une vie ailleurs.

Lorsque nous revenons aux nouvelles, quelques jours après l'« exfiltration », nous apprenons que les quatre libérés sont partis pour le sud du pays. Ils prospectent du côté de Los Angeles où s'est installé Heinz

Kuhn, qui a fui la Colonia en 1989. Mais Franz se méfie de cette région où résident de nombreux Allemands. C'est du côté de l'île de Chiloé – un monde à part, pied de nez à la civilisation moderne – qu'il souhaite poser ses sacs et cultiver la terre : là, au moins, ils seront en sécurité. Avec quel argent ? Les ex-colons comptent récupérer les 300 000 pesos (environ 450 euros) de pension auxquels les parents sont en droit de prétendre, sauf que le terrain qu'ils lorgnent vaut 12 millions de pesos (environ 15 000 euros). Aussi attendent-ils énormément d'un entretien avec les journalistes du magazine allemand *Stern* : on leur a promis plusieurs millions de pesos en échange de leur témoignage exclusif. Un pactole ! Mais nous préférons ne pas jouer ici vis-à-vis d'eux les professeurs de morale, tant il est difficile de se mettre à leur place...

En attendant, avec Heinz Kuhn, ils sont en de bonnes mains : lui que personne, en son temps, n'avait écouté, se fait fort de porter leurs témoignages à la connaissance du Parlement chilien. Pour qu'enfin la classe politique prenne la vraie mesure de l'affaire.

Ce n'est pas par miracle que la fuite de Franz et des siens a réussi. Après des années de tergiversations, quelqu'un, au sommet de la police judiciaire, a autorisé la formation d'une petite équipe anti-Colonia Dignidad : six fonctionnaires détachés presque à temps plein pour étayer les procédures en cours, et ayant compétence sur l'ensemble du territoire chilien. Une manière, pour les chefs de la police, de montrer leur indépendance et de faire savoir à tous que l'affaire était enfin traitée sérieusement.

Démembrer une organisation présumée criminelle de la puissance de la Colonia, n'est-ce pas le rêve de tout policier normalement constitué ? Un formidable défi relevé par ces fonctionnaires résolus à prendre leur temps. Leur hiérarchie les couvrait, même si les résultats tardaient à venir. Cette première irruption réussie les encourageait à poursuivre. Elle les renforçait même dans leur détermination, tant ils avaient été affligés par le spectacle des colons sous le joug.

Avant d'y pénétrer pour la première fois, les policiers s'étaient raconté beaucoup de choses sur cette colonie interdite, forte, d'après leurs calculs (**revus depuis lors**), de 283 pensionnaires, dont 250 **Alle**mands. Par exemple, ils avaient imaginé trouver à l'intérieur une équipe de foot digne de ce nom. Ils avaient découvert que le foot y était au contraire frappé d'ostracisme, considéré quasiment comme un péché. Un très mauvais signe à leurs yeux, mais ce n'était pas la principale raison pour laquelle ils s'étaient promis d'arrêter tôt ou tard Paul Schaefer ! C'était avant tout à cause des enfants. Le mandat d'arrêt était là, en « diffusion rouge »[1]. Le plus dur – localiser la cible – restait cependant à faire. Comment s'y prendre ? Infiltrer quelqu'un à l'intérieur de la Colonia aurait été, sur le papier, la meilleure des solutions. Mais ce qui pouvait se concevoir sur les bancs de l'école de police n'était pas applicable à ce cas précis.

La Colonia Dignidad était trop bien défendue. Les détecteurs incrustés dans les poteaux, ils les avaient vus. Ils les avaient même touchés du doigt ; chacun en avait conservé un en souvenir, qu'il avait ramené chez soi. Ces systèmes artisanaux (une goutte de mercure,

---

1. À exécuter en urgence.

deux vis, un fil de nylon, du fil électrique...) étaient inspirés de ceux utilisés jadis dans les camps de concentration de la Seconde Guerre mondiale. À l'aide de sondes, ils avaient détecté un jour une cavité, pareille à l'entrée d'un souterrain, derrière un des murs de la maison longtemps occupée par Paul Schaefer ; le lendemain, à l'occasion d'une vérification, les techniciens avaient constaté la disparition de cette cavité, probablement comblée entre-temps. Ils avaient aussi vu les micros dissimulés dans les portes, ainsi que les caméras « made in USA », bien plus sophistiquées que les détecteurs de mouvements. Dès l'hiver 1996, ils avaient compris qu'ils avaient affaire à une structure capable de monter toutes les manipulations. Ce jour-là, Paul Schaefer les surveillait du coin de l'œil... depuis une chaise roulante, une seringue de goutte-à-goutte plantée dans le bras, l'air de dire : comment voulez-vous qu'un homme dans mon état ait pu violer des enfants ?

Les jeunes victimes de Paul Schaefer avaient assez volontiers coopéré : elles s'étaient souvenues des visages des hommes qui les conduisaient jusqu'au lit du Docteur. Tous avaient décrit le même rituel, depuis le bain « purificateur » jusqu'aux premières caresses. Tous avaient évoqué les mêmes détails à propos du pénis de leur bourreau, sans oublier un grain de beauté placé en un endroit particulier. Des détails qui avaient permis à la police d'effectuer des rapprochements probants avec une fiche médicale saisie à l'hôpital. Tous avaient témoigné avec des mots d'enfants, simples et rudimentaires, mais ô combien expressifs !

L'essentiel était à présent que ces enfants fussent entendus et que justice leur fût rendue. En attendant, l'humanitaire reprenant ses droits sur le policier, ils avaient enfin marqué un point contre le monstre : ces quatre colons évadés en feraient certainement sortir d'autres.

Hier, l'actualité s'est à nouveau écrite au tribunal de Talca.

Tout est parti d'une photo volée, celle d'un jeune colon d'origine chilienne, officiellement adopté. Le garçon offrait plus de ressemblance avec un jeune de Parral qu'il n'en était besoin pour éveiller les soupçons. Une folle idée a alors germé dans l'esprit des policiers : et si c'était son frère ?

Officiellement, la mère du photographié avait déposé son enfant malade à l'hôpital de la Colonia lorsqu'il était âgé de 4 ans. Puis on lui avait fait part de son décès, sans plus de formalités.

Sans annoncer la couleur, le juge a décidé de faire venir le garçon, aujourd'hui âgé de 14 ans.

La mère, le père et le frère se sont postés dans un couloir pour l'entr'apercevoir, ou plutôt pour dévisager cet enfant peut-être volé. Et la terrible, la criante ressemblance leur a sauté aux yeux.

« Mon fils ! a laissé échapper la mère.

– Je ne peux pas te parler ! Je ne peux pas te parler ! » a marmonné l'adolescent.

Pétrifiés, ils l'ont laissé repartir. Le jour n'était pas venu de le récupérer : pas comme ça. Puis la mère, saisie de vertige à l'idée de toutes ces années écoulées, a fondu en larmes.

Aujourd'hui, le théâtre des opérations s'est déplacé dans la capitale, Santiago. Les quatre colons y ont déposé plainte auprès de la brigade financière de la police judiciaire, à propos de leurs salaires bloqués.

En sortant, Franz s'est arrêté devant la vitrine d'un magasin et s'est piqué d'acheter une montre. Lorsqu'ils ont vu le prix – 60 000 pesos (un peu moins de 100 euros) –, les policiers l'en ont dissuadé : il avait certainement d'autres priorités !

La rééducation ne fait que commencer, a songé l'un des fonctionnaires affecté à la protection de l'ex-colon.

Le centre du Chili est inondé par des pluies diluviennes.

L'avocat Hernán Fernández, dont la gravité de façade laisse percevoir, sous sa barbe noire, un léger sourire, file vers le sud, avec son bureau mobile et ses quatre rescapés, à bord d'un car de nuit. Direction : Puerto Montt, ville portuaire à partir de laquelle on peut gagner l'île de Chiloé. Un « petit » voyage de plus : depuis le début de l'affaire, l'avocat a parcouru plus de 100 000 kilomètres en car.

Le petit groupe, soudé autour de Franz, le rebelle chiléno-allemand, celui qui a fait dérailler la machine, entend acheter ce terrain au plus vite et y refaire sa vie.

Frei : ils sont libres. Libérés du joug invisible de la « Villa Baviera », comme ils l'appellent aujourd'hui. Libres de suer dix-sept heures par jour si ça leur chante, mais, cette fois, pour leur propre compte. Désintoxiqués de ce qui bornait leur quotidien : les pilules d'antidépresseur distribuées sans compter ; ce jus naturel qu'ils buvaient abondamment sans savoir quelle substance on y avait ajouté ; cette vénération pour le Chef, enfin, qui leur avait livré ces terres devenues fertiles entre leurs mains. Car la colonie paradisiaque s'était vite transformée en enclos physique et moral. Leur vie était là-bas pareille à celle d'automates connectés à la boussole Schaefer, maître des âmes et des corps.

Pour Hernán Fernández, ce n'est qu'un chapitre de plus dans une guerre de cent ans. Il sait qu'ils s'attaqueront à son honneur et tenteront encore de le salir. Qu'ils évoqueront une « manœuvre politique » ou une opération du ministère de l'Intérieur. Il sait aussi qu'ils ont toujours eu raison de leurs adversaires dont le nombre va plutôt en décroissant. Il vient à nouveau de constater la passivité du gouvernement chilien : nul n'a envisagé de voler au secours de ces colons en rupture avec leur maison mère et définitivement coupés de leurs propres familles. Des colons qui avaient fini par croire que la vraie vie était celle qu'ils enduraient à l'intérieur...

L'espace de quelques jours, voire quelques semaines, il allait, lui, l'avocat, leur servir de guide, d'assistant et d'interprète, mais après ? Don Quichotte de la Cordillère, Hernán Fernández ne se voyait pas remplacer Paul Schaefer dans l'univers de ses compagnons de voyage : il ne serait pas éternellement leur grand timonier... Restait à espérer qu'ils ne se défilent pas, au moment de confirmer leur témoignage devant les juges chiliens, comme l'avaient fait d'autres avant eux, qui, une fois libérés, avaient opté pour un silence de plomb, histoire de ne point troubler leur quiétude ni celle de leurs ex-geôliers...

Quoi qu'il advienne, l'avocat s'accrocherait, comme

il l'avait fait depuis qu'il avait été appelé au secours par Jacqueline Pacheco, en juin 1996, à un moment où la Colonia Dignidad allait étouffer dans l'œuf les accusations d'abus sexuels formulées par Cristóbal. Un énorme défi que seule son indépendance lui permettait de continuer à relever jour après jour. Il ne devait rien à personne. Déplacements, hôtels : il avait assumé seul les frais de cette interminable enquête. Seul contre trois ou quatre avocats disposant de moyens inépuisables. Jamais il n'avait transigé et il ne transigerait jamais. Il ne se laisserait pas non plus gagner par la lassitude, pas même lorsque le juge le regarderait droit dans les yeux pour lui dire froidement :

« Écoutez, maître, le fait que ces enfants ne soient pas capables de préciser l'heure exacte à laquelle ils étaient soi-disant transportés jusqu'à la maison de Paul Schaefer est tout de même ennuyeux... Je sais qu'ils n'avaient pas le droit de porter de montre, mais tout de même, cela fragilise énormément l'accusation... »

Hernán Fernández n'avait pas raté sciemment son doctorat (qui l'aurait placé à égalité face à ces professeurs de droit qui plaidaient pour la Colonia Dignidad) et refusé un poste de juge, il n'avait pas subi deux cambriolages (professionnels) à son domicile, il n'avait pas tiré un trait sur toute réussite matérielle pour s'arrêter à ce type d'obstacles. *A fortiori* dans un pays où la très grande majorité des plaintes sont classées sans suite, faute d'avocats pour défendre les victimes désargentées.

Au moins avait-il évité à ces quatre-là de subir le sinistre sort d'un Karl Stricker. Révolté par le fait que Paul Schaefer le tenait séparé de celle qu'il aimait, cet homme avait plusieurs fois tenté de fuir. Au mois de janvier 1996, il avait mis son plan à exécution : des chiens et plusieurs véhicules à ses trousses, il avait trouvé refuge au commissariat de San Carlos où il avait fait état de son souhait de quitter la colonie et ses horaires de forçat. La police avait alors alerté la justice, mais les colons avaient récupéré leur compatriote à la sortie du tribunal où Karl Stricker venait de reconnaître benoîtement qu'il n'avait pas d'autre lieu où aller. Affaire classée sept mois plus tard, à la grande satisfaction des avocats de la Colonia, heureux de brandir un courrier dans lequel le colon affirmait qu'il s'était, ce jour-là, tout simplement perdu. Une déposition rédigée dans un espagnol dont il ne connaissait pas un traître mot, mais le juge n'avait rien trouvé à y redire.

Fernández ignorait combien de temps le colon avait séjourné à l'hôpital, tout comme le nom des médicaments qu'on lui avait administrés pour le ramener à la « raison ». « Pas de privation de liberté », avait conclu la Cour suprême, toujours aussi clairvoyante. Un juge avait cependant insisté pour rendre visite au « malade » qui lui avait laissé l'impression d'un homme absent, installé dans une chambre qui ne lui était apparemment pas familière.

Six ans plus tard, un jour de l'été 2002, Karl Stricker succomba durant son transfert à l'hôpital, victime d'un traumatisme encéphalo-crânien. Officiellement, cet homme âgé de 64 ans était tombé du haut d'une échelle alors qu'il repeignait le toit d'un bâtiment. L'hypothèse de l'homicide ne pouvait être écartée par ceux qui avaient suivi ses premières mésaventures. Peut-être lui avait-on fait prendre des risques inconsidérés, sachant qu'il était sous l'effet cumulé de plusieurs anxiolytiques[1] ? À moins qu'il n'ait été victime d'une chute à l'occasion d'une nouvelle tentative de fuite ? Énigme intacte, deux ans après les faits, aucune plainte n'ayant été déposée et aucune autopsie digne de ce nom n'ayant été pratiquée...

Au moins ce mort avait-il servi à quelque chose, devenant le leurre qui avait permis l'exfiltration de Franz et des siens.

L'autocar longeait à présent une côte plongée dans la nuit épaissie par un épais brouillard ; l'avocat n'entendait pas la mer, mais la voyait gronder.

---

1. Une expertise décela dans le sang de la victime des traces de benzodiazépine, un produit destiné à traiter les insomnies et l'anxiété, déconseillé aux personnes pratiquant des activités à risque, notamment les travaux en hauteur.

8.

Talca dans un froid glacial

L'entrée du palais de justice de Talca est trompeuse. De prime abord, on a plutôt l'impression de se rendre à la poste qui occupe le rez-de-chaussée de l'immeuble, sur la Plaza de Armas. La justice est dans les étages, elle occupe les coursives et se chauffe au brasero. Le juge González a ici son bureau : un homme du Sud qui peut se targuer d'une carrière rondement menée, nous a-t-on dit. La misère des tribunaux français le ferait pâlir d'envie. Il n'est malheureusement pas là pour le dire : notre rendez-vous lui a échappé, à moins qu'il ne souhaite ressembler à l'image qui est la sienne : celle d'un homme dont l'emploi du temps est le secret le mieux gardé du tribunal ; celle d'un arrogant silencieux, doté de capacités intellectuelles certaines, mais incapable de définir une stratégie dans un dossier aussi insaisissable que celui de la Colonía.

Une grande affiche punaisée au mur évoque les droits des victimes. Pêle-mêle : recevoir un traitement digne, dénoncer les délits, être informé, solliciter une protection, obtenir réparation, être écouté. À entendre les plaignants que nous rencontrons, cette profession de foi est encore loin d'être entrée dans les faits.

L'affiche voisine évoque elle aussi un rêve lointain, qui cite cet article inscrit dans la Constitution chilienne : « Le pouvoir judiciaire est indépendant de toute autre autorité dans l'exercice de ses fonctions. »

Le juge González, lui, avait récupéré les dossiers des disparus en sus de celui des présumés abus sexuels. Il a curieusement tenté de botter en touche en se dessaisissant au bénéfice de la justice militaire. Un avocat s'en est mêlé. Les disparus sont « revenus » à Talca, mais, comme il n'en voulait vraiment pas, González s'est déclaré incompétent.

La justice chilienne tient-elle vraiment à traiter l'affaire de la Colonia Dignidad ? L'éparpillement du dossier permet d'en douter. On dirait qu'elle refuse de se donner les moyens d'appréhender l'affaire dans son ensemble. « La justice ne veut pas reconnaître qu'elle se trouve face à une secte, ni la traiter comme telle », nous disait l'avocat Hernán Fernández. Il poursuivait en évoquant une incompréhension majeure : « La Cour suprême ne souhaite pas débattre sur le thème de la liberté. Or la Colonia Dignidad n'est pas une prison au sens classique : c'est une prison cérébrale entourée de surcroît de barbelés et de barrières électroniques. Quand on est devant une personne qui s'en est échappée, on comprend que sa libération est d'abord d'ordre mental. »

C'est hier soir à minuit, dernier délai, que l'avocat devait déposer ses conclusions dans la partie du dossier concernant les abus sexuels. Les quatre colons évadés ont créé l'ultime rebondissement. Il a fallu les confronter aux onze enfants abusés, afin de confirmer que ceux-ci avaient bien séjourné sur place. Personne n'en doutait, mais l'accusation, pour s'étayer, avait grand besoin de tels éléments de preuve.

À quelques centaines de mètres de la Plaza de Armas, l'échoppe d'un petit libraire en bordure du marché local. Un volume de Proust, *Le Manifeste du Parti communiste*, *Don Quichotte de la Manche*, *Le Message social de Jean-Paul II en Amérique latine*, un San Antonio, un Graham Greene, *La Condition humaine*, un Mario Vargas Llosa : nous sommes chez Manuel Bravo, le roi du livre d'occasion.

Né le 12 janvier 1940 à Talca, fils d'ouvriers, communiste depuis l'âge de 19 ans, il vient au-devant de nous, les mains dans les poches. Une casquette laisse échapper ses touffes de cheveux blancs ; son visage dit la fatigue d'une vie de lutte. Lui aussi est passé par la Colonia, lui aussi travaille durement contre ceux qui, dans ce pays, font converger leurs efforts pour nier la mémoire.

Quand on l'a arrêté, le 4 octobre 1973, il dirigeait le Parti communiste pour la région. Il sait que la colonie a servi de camp de réclusion, puisqu'il y a séjourné neuf jours, cette fois-là, puis à nouveau deux ans plus tard. « Vous êtes dans un camp militaire. Vous êtes des prisonniers de guerre. Le premier qui tente de s'échapper est passé par les armes. » Ces mots prononcés en guise de formule d'accueil, il s'en souvient clairement, comme de cette consigne au début du premier interrogatoire : « Chaque mensonge, c'est une année de prison supplémentaire. »

Il a entendu voilà deux mois la présidente du Conseil d'État déclarer publiquement qu'elle n'était pas certaine que l'on eût torturé au Chili. Lui sait que chaque jour voit mourir de vieillesse ou de maladie un témoin de ces horreurs. Difficile, dans ces conditions, de ne pas reproduire ici, au moins brièvement, son témoignage personnel :

« Ils ont commencé par me faire tourner en rond dans une petite salle. Je perdais sans cesse l'équilibre et me cognais contre les murs. Brusquement, ils m'ont empoigné et m'ont ligoté à un siège, puis ils m'ont branché des électrodes sur les doigts et sur le pénis. Je devais dire "Ouah, ouah" quand j'avais mal, et "Gnian, gnian" quand je n'avais pas mal. Leur but n'était pas seulement d'arracher des aveux, mais de me casser. Au moment de repartir, je les ai vus embarquer des pelles et des pioches. J'ai cru qu'ils allaient me tuer, mais c'était pour fouiller la maison d'un de mes voisins où ils pensaient trouver des armes. Dans ces moments-là, ta vie ne tient qu'à un fil... »

Nous replongeons avec le libraire dans les années vert olive. Répétition de l'horreur, mais si chaque histoire mérite d'être entendue, c'est plus encore le cas de celle de cet homme aujourd'hui rongé par un mal incurable.

Le 10 septembre 1976, après une troisième arrestation et une nouvelle séance de tortures, Manuel Bravo est parvenu à fuir en Allemagne avec l'aide d'Amnesty International. Il y est resté une douzaine d'années, le temps de lier connaissance avec un homme dont il assure qu'il a fait beaucoup pour les droits de l'homme au Chili : Helmut Frenz, pasteur de son état, qui est venu vers lui dès qu'il l'a entendu évoquer la Colonia Dignidad. Il lui a livré toutes les informations en sa possession, puis Manuel est revenu à Talca où il anime aujourd'hui l'association des ex-prisonniers politiques. Dans le petit café qui fait face à son échoppe, emmitouflé dans un gros anorak couleur lie-de-vin pour résister aux courants d'air glacé, il insiste :

« La torture, dans notre cas, n'était pas un accident. C'était un acte prémédité. Le but était de semer la terreur dans le pays, de nous couper de tous nos amis, de faire passer chez tout un chacun le goût du combat pour la démocratie. Quand un torturé hurlait de douleur, c'est tout le Chili qui hurlait avec lui. Je souhaite de toutes mes forces que cette sinistre expérience ne se reproduise jamais. »

La justice, Manuel Bravo n'en attend pas des miracles. Il a même eu l'occasion de sentir qu'elle se serait volontiers passée de cas comme le sien. Au point que tous ceux qui se battaient à ses côtés ont peu à peu baissé les bras. On leur réclamait des sommes dont ils ne disposaient pas. On égarait leurs plaintes. Les avocats mangeaient les honoraires sans rien donner en échange. « La seule chose que nous ait reconnue la justice, dit-il, c'est le droit d'écrire noir sur blanc que la Colonia Dignidad avait servi de centre de tortures. Le reste ne semble pas l'intéresser, parce que celle-ci reste un État dans l'État, bénéficiant des plus hautes protections, et parce que le pouvoir judiciaire est corrompu. »

L'ultime crainte de Manuel Bravo est celle-ci : se faire complice de l'impunité en laissant la mémoire s'effacer. C'est pourquoi, plus qu'un autre, il redoute de mourir un jour.

Pour la dixième fois nous composons le numéro de téléphone de Wolfgang Müller (un homonyme de l'ex-colon retourné en Allemagne), porte-parole présumé de la Colonia Dignidad. Il répond. Nous insistons pour qu'il nous accorde un entretien.

« Mon être profond me dit que je n'ai aucune envie de vous parler », dit-il d'un ton mystérieux.

Difficile de lâcher prise si vite.

« Nous pourrions vous rencontrer dès cet après-midi...

— Non, rappelez-moi d'ici quelque temps.

— Dans combien de temps, monsieur Müller ?

— Disons, dans un an. »

Sur ces mots, il coupe la communication. Pourquoi un an ? Pourquoi pas deux ou trois ? Sans doute une intuition de son « être profond » !

Reste à méditer l'un des derniers propos que l'homme ait consenti à tenir publiquement, au mois d'avril 1998, alors que la police venait de faire à nouveau irruption à la Colonia :

« Ce qui me préoccupe le plus, lorsque je les vois ainsi cisailler les barbelés, c'est le sort de nos bêtes qui pourraient s'échapper de nos réserves. »

La pluie continue à battre les rues de Talca lorsque nous arrivons chez Adriana Bórquez, une petite bicoque en bois, en bordure de la ville, avec vue sur la campagne et jardinet fleuri. Son père était allemand, très exigeant sur le plan de la ponctualité ; nous lui demandons de nous pardonner un léger retard dû aux caprices du ciel.

Cette femme aurait fort bien pu mourir, elle aussi, à la Colonia Dignidad. C'est pourquoi elle suit de près les faits et gestes du juge González, dont elle finit par mettre en doute l'efficacité. Il n'a pas souhaité prendre son affaire en main, prétextant qu'il avait déjà fort à faire avec les enfants pour lesquels il n'accomplit pourtant guère de miracles. Adriana en conçoit une certaine amertume.

« La justice chilienne est paresseuse », tranche cette femme de 67 ans, vive comme l'eau claire, malgré les séquelles physiques qu'elle garde des sévices endurés à la Colonia. Paresseuse et « peuplée de notables peu portés sur l'affrontement », ajoute-t-elle.

Entourée de ses bibelots et de ses souvenirs, Adriana Bórquez a sa petite idée sur l'impunité qui prévaut. C'est le fruit de son expérience personnelle :

« Le retour à la démocratie a été négocié, et cette négociation explique tout. Ce qui a été conclu lors du départ de Pinochet, c'est une sorte d'accord au sommet autour de l'impunité, dont la Colonia Dignidad est aujourd'hui la première bénéficiaire. C'est très chilien, cette façon de combiner petits et grands arrangements. Les gens comme moi ne peuvent s'empêcher d'y voir une marque de parfait cynisme. Ce qui se trame dans ce pays se passe dans les hautes sphères, à cent coudées du peuple qui n'a rien à voir, rien à savoir. Résultat : on étouffe les affaires de corruption comme on étouffe les trafics de la Colonia ou les horreurs commises par les militaires. »

Le mal chilien tient en ces quelques lignes. La presse se focalise à outrance sur les faits divers dramatiques, anesthésiant une opinion qui finit par oublier les vrais crimes, les crimes d'État. Une sinistre affaire de viol fera cinq fois la une des journaux ; la libération d'un des principaux chefs d'orchestre de la torture sous la dictature occupera quelques lignes discrètes au bas d'une page.

« Nous sommes les rois du faux-semblant, dit Adriana Bórquez. Notre démocratie n'est encore qu'un songe, une illusion, un fantasme. J'ajoute que si nous sommes capables de supporter tout cela, c'est que nous le méritons. On nous explique que la situation macro-économique du Chili est saine, et c'est peut-être vrai. Mais la micro-économie, ce sont 3 millions de miséreux qui survivent par miracle, 3 millions de moins pauvres, et une classe moyenne qui vit avec sa carte de crédit. La dictature n'aurait pas tenu dix-sept ans si le peuple chilien ne l'avait pas permis ! Le peuple n'a pas vraiment résisté, à cause du règne de la peur. Et tous ceux qui auraient pu résister ont été éliminés physiquement, avec l'aide de la colonie allemande. Regardez la carte démographique du pays et celle des disparitions : la région de Parral a été l'une des plus touchées. »

Cédant aux pressions internationales, les premiers gouvernements installés après la dictature ont donné quelques gages. Ils ont concédé des miettes aux victimes, mais en choisissant évidemment *leurs* victimes. Certaines familles ont eu droit à une modeste pension, guère plus que le minimum vieillesse le plus chiche, cette obole étant censée compenser la perte définitive d'un des leurs.

Adriana Bórquez, elle, attend toujours que justice lui soit rendue. Elle a tout vu, tout entendu : qu'une plainte avait été égarée avant de refaire surface ; que la justice civile avait transmis son dossier à la justice militaire, bien connue pour enterrer les dossiers les plus solidement étayés... L'été dernier, elle a vu débarquer chez elle un nouveau juge dont elle n'avait jamais entendu prononcer le nom. Le corps meurti par ses blessures passées, elle peut à peine bouger, mais elle s'accroche et fait face aux situations les plus ubuesques. Tout en tranchant un pain d'épice fait maison, relevé d'une pincée de piment venu de la région des Indiens

Mapuche, dans le Sud, elle nous annonce son intention d'ouvrir en ville un café littéraire, histoire sans doute de prendre un peu de hauteur par rapport à une vie politique passablement décourageante.

« Le discrédit de la justice est énorme dans ce pays, dit-elle. La justice est une blague, mais c'est la seule voie qui reste pour avancer. »

Le temps que le thé brûlant refroidisse dans les tasses, nous lui réclamons un rappel des faits, pas forcément inutile avant de poursuivre nos investigations sur les « illusionnistes » allemands. Parler à nouveau des tortures ne l'enchante pas, mais, si elle boite, c'est bien à cause des vingt-quatre jours qu'elle a passés à la Colonia Dignidad, du 23 avril au 17 mai 1975. Souvenirs indéracinables :

Au début, ils m'appelaient "Madame Bórquez", mais, ensuite, ça a été "¡ *Concha de tu madre !* [1]". C'est allé de mal en pis. Quand les séances de torture s'arrêtaient, j'entendais les cris des autres. C'était tellement proche que j'avais l'impression qu'ils étaient dans la même pièce. Puis je me suis rendu compte qu'ils nous enregistraient et plaçaient des magnétophones sous nos lits. J'en ai eu la certitude lorsque j'ai entendu mes propres cris... Je me suis demandé s'ils ne nous torturaient pas pour tester de nouvelles méthodes...

« Une fois, le gardien m'a servi mon repas dans une assiette. Comme mes yeux s'infectaient sous le masque de cuir, j'ai demandé à pouvoir le soulever pour y glisser un mouchoir. C'est à cet instant que j'ai entrevu la petite assiette. Les inscriptions en allemand m'ont rappelé celles que j'avais connues dans mon enfance.

---

1. « Con de ta mère ! »

Le texte évoquait Noël 1953 ou 1958, je ne sais plus trop. J'en ai pleuré...

« Un camarade qui avait été torturé puis relâché m'avait dit : "Si tu choisis de te taire, cramponne-toi à la selle et galope jusqu'au bout !" J'avais résolu de ne rien dire, parce que je savais que je n'étais pas de taille à vivre avec la culpabilité d'une délatrice. »

Sa mère s'est fait un sang d'encre pendant son absence, pensant à ses poumons fragiles qui peut-être ne supporteraient pas la détention. Voyant qu'elle s'en sortait vivante, Adriana s'est dit qu'elle devait absolument rapporter ces choses dont beaucoup ne pouvaient plus parler. En attendant, l'ex-« disparue » avait tout loisir d'écouter de nouveau les oiseaux chanter : c'était la preuve qu'ils ne l'avaient pas complètement anéantie...

Originaire de la région de Talca, le député Sergio Aguiló Melo est l'un des rares à avoir sauvé l'honneur de la classe politique chilienne. À trois reprises, cet ancien prisonnier politique s'est rendu jusqu'à la Colonia Dignidad.

La première fois, c'était en 1993. Il était accompagné d'une quinzaine d'anciens détenus torturés sur place, dont Adriana Bórquez, et d'une poignée de journalistes. Quelques jours plus tôt, un commando avait fait irruption dans un bâtiment municipal de Talca abritant un musée. Les inconnus avait tué un gardien et emporté un document original d'une haute valeur symbolique : la proclamation d'indépendance du Chili. À cause de la tournure militaire de l'opération, le soupçon s'était aussitôt porté sur la colonie allemande.

De là était née l'idée de cette expédition sur place, dûment annoncée par la presse...

En chemin, le car transportant la délégation avait buté sur les bulldozers de la Colonia. Il avait fallu appeler les carabiniers qui avaient mis deux bonnes heures à pointer le bout de leurs képis. Ordre avait alors été donné de dégager la voie au député, aux survivants et aux journalistes.

« Sur place, la porte est restée fermée devant nous, raconte Sergio Aguiló dans la petite maison coloniale qui lui sert de quartier général. Le Docteur Hopp était là à jouer les persécutés. Nous avons demandé à voir l'endroit où l'on torturait. Les personnes qui nous accompagnaient étaient en mesure de reconnaître les lieux, ai-je expliqué. Ils ont riposté par des gaz lacrymogènes, après avoir envoyé des colons nous filmer, suscitant un profond malaise parmi ceux qui avaient naguère été détenus à la colonie. »

Le groupe se résigna à rebrousser chemin, mais ce qui frappa le député, ce jour-là, c'est la peur qui habitait ces femmes et ces hommes venus avec lui. La terreur avait dû être plus forte à la Colonia qu'ailleurs, en avait-il déduit. Au demeurant, aucun d'eux, une fois libre, ne s'était lancé dans l'action politique.

La deuxième descente avait eu lieu à la fin de cette même année 1993. Cinq autres parlementaires, membres de la Commission des droits de l'homme, étaient présents. Devant ces visiteurs officiels, les responsables de la Colonia avaient choisi d'ouvrir leurs portes, mais non sans avoir pris certaines précautions : ils s'étaient renseignés sur les parlementaires et avaient fait venir plusieurs avocats pour les assister.

« Nous nous sommes retrouvés dans un salon en présence du Docteur Hopp, se souvient Sergio Aguiló.

Au mur – était-ce une provocation ? – était accroché un portrait de Goebbles. Nous avons expliqué que nous étions en quête de renseignements sur certains disparus, en particulier sur Carlos Llorca, un député socialiste dont la trace avait été perdue en 1975 dans la région de la Colonia Dignidad. Hopp s'est très vite énervé : "Nous nous sommes montrés très patients avec vous, s'est-il exclamé, mais nous n'avons torturé personne ! Encore une question de ce genre et vous quittez les lieux sur-le-champ !" Nous avons derechef demandé à visiter les lieux, munis du croquis fourni par les ex-prisonniers. Ils ont évidemment refusé. »

La troisième expédition avait été plus offensive. Tout était parti d'un ingénieur des mines installé dans le nord du Chili. Conscient de la grande impécuniosité de la police de son pays, dont il avait eu vent par la presse, il avait proposé son aide pour sonder le sol de la Colonia Dignidad. « Nous disposons des technologies nécessaires et sommes prêts à les mettre au service des carabiniers », avait-il expliqué au député. Ses motivations paraissaient limpides : peu engagé politiquement, l'ingénieur comptait plusieurs de ses amis parmi les disparus de la dictature.

Sergio Aguiló accepta de jouer les entremetteurs auprès d'un général des carabiniers connu pour ses sympathies démocrates. C'est ainsi qu'une équipe de pseudo-policiers pénétra dans la colonie, en 1997, équipée de radars capables de détecter les cavités souterraines, et accompagnée du juge González. Le député s'était mêlé au groupe. Il avait même organisé une contre-manifestation forte d'une quarantaine de personnes afin d'en remontrer à des colons bien décidés à bloquer toute investigation. Plusieurs installations dissimulées furent mises au jour, laissant deviner un

véritable réseau de galeries jusque-là inconnues. Rien,
sans doute, au regard de ce qu'auraient permis de
découvrir des moyens techniques perfectionnés : ceux
fournis par l'ingénieur ne pouvaient pas sonder le sol
au-delà d'une profondeur de dix mètres.

Rancagua

Des torturés aux enfants violés, il y avait décidément une continuité. Celle-ci nous était apparue avec
éclat en écoutant Manuel Bravo et Adriana Bórquez
venant confirmer le témoignage de Luis Peebles : même
violence, même destruction systématique, même idée
que l'autochtone ne mérite que soumission et humiliation... Et cette soif de justice qui donnait aux
victimes l'énergie de survivre.

Sur le chemin du retour vers la capitale, halte à
Rancagua, grosse agglomération à une heure de train
au sud de Santiago, moitié cité-dortoir, moitié zone
industrielle.

La femme qui nous reçoit s'appelle Maria Soledad
Villanueva. Elle est flic : vingt-trois ans de brigade des
mineurs derrière elle, dont six passés sur l'affaire de la
Colonia. Six années qui l'ont marquée, elle ne s'en
cache pas, mais qui ne sont visiblement pas venues à
bout de sa douceur et de sa disponibilité, qualités louées
par ses supérieurs.

En 1996, raconte-t-elle, elle officiait à San
Fernando, dans la région de Parral. C'est là que son
supérieur, Luis Henríquez Seguel, est venu la mettre à
contribution. « Il m'a dit : "J'ai besoin que tu interroges
cet enfant." » Les autres fonctionnaires en charge de

l'enquête étaient tous des hommes. Il pensait qu'un enfant abusé sexuellement se confierait plus facilement à une femme. Nous étions le 16 novembre 1996, je m'en souviens fort bien, parce que trois jours après c'était l'anniversaire de la police judiciaire. »

Maria Soledad attrape son dernier-né et le cale sur ses genoux tandis que son mari, également policier, s'affaire autour du poêle à bois dont une tempête a endommagé la cheminée la nuit dernière. Interroger les enfants victimes d'abus sexuels, c'était son métier ; avec Cristóbal, « écrasé par la honte », « tétanisé par la crainte d'être jugé », elle applique des méthodes éprouvées. Elle lui demande de dessiner une maison, puis le questionne :

« Que faut-il mettre dans cette maison pour être heureux ? »

Cristóbal se met à parler.

« À quelle place mettrais-tu Paul Schaefer ?

— Non, pas lui, répondit Cristóbal. Le *Tío permanente* est méchant.

— Méchant ? Pourquoi ça ?

— Il fait des choses », lâche Cristóbal qui, jusque-là, n'a pas proféré un mot sur les sévices dont il a été victime durant son « internat intensif » à la Colonia.

L'enfant dessine un papa, une maman, sa grand-mère, mais refuse obstinément de représenter l'auteur présumé des abus. Attitude classique chez les enfants violés.

« Tu ne criais pas ? Tu n'avais pas peur ?

— Non.

— Que provoquait en toi la honte ?

— J'avais le cœur qui battait et les mains qui tremblaient ».

L'affaire est lancée. Les médecins confirment les

viols par sodomie. Maria Soledad se présente avec une équipe de policiers au tribunal de Parral. Le but de leurs investigations ? Débusquer d'autres victimes. Elle entame son porte-à-porte dans les fermettes des environs, une machine à écrire sous le bras. La mauvaise volonté des gens la décontenance : tous soutiennent plus ou moins ouvertement la Colonia.

Un jour, alors qu'elle poursuit son enquête, une bagarre éclate dans une station-service de San Carlos. Un Allemand et une Chilienne s'en prennent à elle et aux deux policiers qui l'escortent parce qu'ils refusent de se laisser filmer. Coups de pied, griffures. Un député du secteur qui passait par là est appelé à la rescousse pour jouer les médiateurs.

Maria Soledad continue sa mission en tâchant de se faire aussi discrète que possible. Les gosses qu'elle convainc de parler lui citent les noms d'autres enfants. Deux mois plus tard, elle a répertorié une vingtaine de familles susceptibles de porter plainte, mais seule la moitié franchit le pas. Elle est d'ailleurs persuadée qu'il existe d'autres victimes, mais ne parvient pas à les détecter.

« Les pressions sur les familles paysannes étaient énormes. Dès que les gens de la Colonia apprenaient qu'on était passés dans un foyer, ils jouaient de l'intimidation. Usant de la manière forte en braquant, la nuit, des projecteurs sur les fenêtres de la maison, ou de la manière douce, en offrant des vélos et des montres aux enfants pour qu'ils ne parlent pas, et du travail aux parents pour qu'ils passent l'éponge. »

Rarement enquête de ce type aura rencontré autant d'obstacles. « Les trois premières plaignantes ont tenu le coup, alors même qu'elles se sentaient coupables », soupire Maria Soledad qui, à l'époque, ne lâche pas ces femmes d'une semelle. Elle accompagne leurs enfants partout : au tribunal, chez le psy, à la capitale, histoire de décourager ceux de la Colonia de tenter la moindre approche.

« Les enfants se ressemblaient tous, dit-elle. Il les choisissait bien mignons, plutôt clairs de peau.

– Comment avez-vous réussi à mettre un nom sur l'auteur de ces abus ?

– Nous ne connaissions pas le portrait physique de Paul Schaefer. Les enfants évoquaient ses petits cris pareils à des aboiements, son œil de verre. Ils parlaient d'un homme plutôt âgé mais pas ridé, qui soignait son apparence, se peignait, s'enduisait de crème. Le rituel du viol se déroulait apparemment sans un mot. Le reste du temps, les enfants étudiaient un peu, mais surtout, à cause des médicaments, ils dormaient énormément. »

Aujourd'hui, Maria Soledad laisse la justice faire son œuvre, même si elle a compris que la loi s'appliquait d'une façon quelque peu spéciale à la Colonia. Sa satisfaction, comme celle de tous ceux qui ont fait partie de la « force de frappe » anti-Schaefer, c'est qu'aucun enfant chilien ne soit plus entre ses mains ; du coup, elle en dort mieux. Elle dormirait encore mieux, cependant, si le résultat des poursuites était plus concret.

Son principal cauchemar : ce cortège de trois Mercedes filant la nuit vers le sud, l'une d'elles transportant à son bord Schaefer et le petit Cristóbal ; en cas de contrôle inopiné, les chauffeurs exhibaient les cartes de visite des principaux responsables régionaux des carabiniers, et la voie était libre.

Son angoisse : ces filles et ces femmes « esclaves » entr'aperçues derrière les rideaux de la Colonia.

« Elles vivaient comme dans un cloître, ignoraient la chaleur d'un foyer, se lavaient dans des douches collectives, n'avaient aucune vie privée, peut-être même leur avait-on confisqué leur enfance... »

Santiago

De nouveau à Santiago, ce sont les plus hauts responsables de la police judiciaire que nous cherchons à rencontrer, ces hommes qui ont permis à Maria Soledad et aux autres de mener leurs investigations sans craindre la mise au placard, et qui ont fait de la police chilienne une interlocutrice des polices démocratiques.

Érigé face à un marché populaire, dans une zone où les chauffeurs de taxi déconseillent au touriste de se promener seul, le bâtiment qui abrite leur quartier général est d'un aspect moderne. Depuis les étages supérieurs, la vue sur les pentes de la Cordillère est imprenable, du moins quand le *smog*, cet épais nuage de pollution, le permet. C'est de ces bureaux que les opérations contre la Colonia Dignidad ont été supervisées.

« Les gens de ce pays considèrent toujours avec respect les blonds aux yeux clairs », commence l'un de nos interlocuteurs qui connaît sur le bout des doigts l'itinéraire de Paul Schaefer, guide spirituel et bâtisseur de tunnels (pour se protéger de la Troisième Guerre mondiale, disait-il à ses obligés).

« C'est grâce à ces souterrains qu'il a pu ridiculiser la police lors des perquisitions, souligne un commissaire soucieux de défendre sa boutique. Certains ont pensé que nous ne voulions pas l'arrêter, mais je vous assure que ça n'était pas le cas !

– Nous autres, policiers, cherchons à établir la vérité selon des méthodes d'investigation précises, reprend le premier. Nous ne pouvons affirmer que ce que nous pouvons démontrer. Ce que nous avons constaté sur place, c'est une forme d'esclavage moderne. Les colons sont les esclaves de leurs propres convictions. Ils pensent sincèrement échapper aux vices du monde moderne comme la drogue ou l'alcool. Les jeunes marchent comme des robots, sans vous regarder. À un moment donné, tous ensemble, ils entourent les policiers pour les empêcher de travailler. L'instant d'après, ils éclatent de rire comme s'il ne s'était rien passé, mais tout est calculé : ce jour-là, il s'agissait clairement de laisser à leur avocat le temps d'arriver. Évidemment, une fois de plus, ils avaient été prévenus de notre venue par radio. »

Le fameux « Departamento Quinto » s'est déployé dans ces murs. Ce service d'élite fut, durant la dictature, une sorte de police des polices chargée notamment de démasquer la corruption. La démocratie revenue, ses membres ont été recyclés dans la défense des droits de l'homme. Ils ont rapidement obtenu la confiance des juges après avoir démontré qu'ils savaient garder un secret et que les carabiniers de Parral ne seraient pas informés heure par heure de ce qu'ils découvriraient.

Parmi nos interlocuteurs, l'ancien patron du « Departamento Quinto », Luis Henríquez Seguel, dirige aujourd'hui la police judiciaire. Entré dans la police en 1966, il connaît évidemment l'histoire des tout premiers enquêteurs envoyés à la Colonia et qui étaient restés des heures immobilisés par de fortes diarrhées, avec leur interprète qui ne songeait qu'à s'enfuir. Flic expérimenté, il a rapidement compris pourquoi l'hôpital des Allemands était, dans le pays, l'un des plus gros consommateurs d'un puissant sédatif comptant visiblement nombre d'amateurs dans les parages. Il sait enfin qu'il n'est pas au bout de ses surprises, entre certificats de décès signés les yeux fermés par les médecins de la région, et enfants prétendument morts que des mères affirment reconnaître au bout de plus de quinze ans...

Que s'est-il vraiment passé, le 26 décembre 1996, lors de cette perquisition d'envergure qui aurait dû déboucher sur l'arrestation de Paul Schaefer ? La vérité, les patrons de la police judiciaire le reconnaissent aujourd'hui, c'est qu'ils l'ont raté de fort peu.

« Nous avions mobilisé ce jour-là une centaine de policiers dont beaucoup étaient en civil, pour ne pas attirer l'attention. Nous sommes entrés simultanément par plusieurs endroits. Nous disposions d'une grue, d'une ambulance et même d'un avion. Nous étions prêts à dégager le chemin par tous les moyens et à affronter une forte résistance. Nous avons promptement cerné la maison où nous pensions que s'était retranché Schaefer. Nous savions qu'il faudrait faire vite à cause des galeries souterraines aménagées sous la maison. Portes et fenêtres étaient renforcées. Nous avons tenté en vain de pénétrer par le toit. Au bout d'une vingtaine de minutes, alors que nous étions en train d'enfoncer la porte, ils ont brusquement changé d'attitude et nous ont proposé d'ouvrir. Ils nous ont même offert des jus de fruit que nous avons évidemment refusés. Nous avons compris que Schaefer nous avait filé entre les doigts, qu'il avait été prévenu de notre arrivée malgré toutes nos précautions. »

Dans son bureau orné de trophées, entre un cendrier de la police israélienne et deux sabres offerts par une délégation arabe, Luis Henríquez Seguel parle posément, sans trace de rancœur dans la voix, comme un grand flic qui sait prendre du recul face aux événements. Ce n'est pourtant pas une simple enquête policière que ses hommes et lui ont mené depuis plus de quinze ans : c'est une guerre.

Ce jour-là, ils avaient donc laissé filer l'« ennemi », mais ils n'avaient rien à se reprocher, ce qui n'était peut-être pas le cas des responsables régionaux des carabiniers. Eux avaient pris la responsabilité de différer la perquisition de trois mois, officiellement pour cause de campagne électorale. Seul réconfort pour les policiers : après un tel coup de semonce, il était probable que Schaefer mettrait un frein à sa dépravation sexuelle...

Un an plus tard, en 1998, les limiers de la police judiciaire suivirent la trajectoire d'un petit avion parti de la Colonia Dignidad. L'appareil se posa sur un terrain militaire de Concepción en vertu d'une vieille amitié liant les deux parties concernées. Jamais les policiers ne purent identifier les passagers.

Ce n'était pas la dernière fois que Paul Schaefer se jouerait des enquêteurs. Un art qu'il avait eu tout le temps de roder auprès des juges, parfois même avec leur complicité.

Dans l'élan de la démocratie retrouvée, des avocats avaient réussi à convaincre le tribunal de Parral de l'interroger sur ses liens avec les services secrets pendant le régime militaire. Une première fois il s'était fait porter pâle : parvenus à la Colonia pour lui notifier sa convocation, les policiers avaient été conduits dans une chambre de l'hôpital où Paul Schaefer était alité, un masque à oxygène plaqué sur le visage ; une fois dehors, ils avaient eu la surprise d'apercevoir son visage collé à la fenêtre.

La seconde fois, Schaefer était apparu dans le bureau du juge sans que quiconque l'eût vu venir. Une centaine de personnes l'avaient attendu en vain devant le tribunal, mais il était entré par une porte dérobée, méconnaissable dans ses habits de paysan. Merveilleux acteur, il avait joué les vieillards affaiblis, prétextant sa mauvaise condition physique pour se soustraire à toutes les questions. À l'entendre, il n'avait jamais existé le moindre lien entre la colonie et la DINA. Un immeuble appartenant à la colonie, situé au 262 de la rue Unión, à Parral, avait pourtant abrité le quartier général des services secrets. Une preuve criante qu'il avait rejeté avec un extraordinaire aplomb.

Visiblement complice de cette mise en scène, la magistrate en charge du dossier, qui lui avait permis d'échapper aux photographes, l'assista également lors de son départ. Les reporters captèrent l'image d'une voiture sortant du tribunal, mais l'homme assis à l'arrière n'était pas Paul Schaefer. Motif officiel fourni ce jour-là par la justice : il convenait de protéger le vieil homme d'un éventuel attentat...

Commentaire d'un inspecteur longtemps mobilisé sur la Colonia : « Paul Schaefer croit qu'il l'emportera, mais il se trompe. »

« Il pense que ses semblables sont des esclaves, voire des animaux, ajoute un autre, désinhibé par le propos de son collègue. Notre but à nous est de faire sortir de là-bas le maximum de gens. »

Paroles de fonctionnaires qui savent combien leur chef, Luis Henríquez Seguel, a été harcelé jusque dans son intimité par les amis de la Colonia. Une histoire comme on en voit dans certains films, avec un patron de la police judiciaire qui tombe le soir nez à nez sur un Allemand en sortant de son domicile, à l'heure de la promenade digestive. Qui s'aperçoit qu'un appartement a été loué dans son propre immeuble, certainement dans l'intention de le placer sur écoutes, peut-être aussi de l'intimider. Mais Luis Henríquez Seguel est resté de marbre : pourquoi trembler lorsqu'on n'a rien à se reprocher ?

Les policiers n'étaient cependant pas seuls sur le front. Si l'évasion de l'un des principaux éducateurs de la Colonia Dignidad, Tobías Müller (24 ans), et du jeune Gonzalo Luna (18 ans) faillit échouer, le 26 juillet 1997, ce fut encore à cause des juges trop formalistes de Talca.

Tout avait commencé par une lettre écrite par le jeune colon à l'avocat Hernán Fernández. « Quand je pourrai sortir, je parlerai », avait écrit celui que l'on présentait alors comme le chef de file des jeunes Chiliens ayant grandi entre les mains des Allemands, mais aussi comme l'un de leurs plus zélés défenseurs. La lettre suivante était accompagnée d'une photographie inédite de Paul Schaefer, l'homme aux si rares images. L'avocat tenta alors de convaincre le juge González, à Parral, d'inventer quelque subterfuge pour convoquer le jeune homme et son professeur.

« Qu'ils viennent me voir au tribunal ! répliqua le magistrat.

– Mais c'est absurde ! s'exclama l'avocat, conscient que jamais les deux hommes ne seraient autorisés à répondre à une convocation officielle de la justice. Citez tous les professeurs en même temps afin de brouiller les pistes », suggéra-t-il.

La juge n'écouta pas la suggestion d'Hernán Fernández. Elle expédia une convocation unique, qui n'arriva jamais, bien sûr, entre les mains de Tobías Müller. Pas plus la première que la deuxième ou la troisième fois. Plus fâcheux encore : la magistrate crut bon d'exhiber la fameuse photo devant les avocats de la Colonia.

C'est à la faveur d'une fête célébrant l'anniversaire (le trente-sixième) de la Colonia que les deux candidats à l'évasion réussirent finalement à mettre leurs plans à exécution avant de contacter Fernández sur son téléphone portable. Une invraisemblable course poursuite s'ensuivit : ayant presque aussitôt détecté leur absence, les Allemands avaient lancé un véhicule à leurs trousses.

Les deux fuyards évitèrent de s'approcher des maisons où l'on pouvait les attendre, tandis que l'avocat prenait contact avec l'ambassade d'Allemagne afin d'obtenir des papiers d'identité pour Tobías Müller. Le consul ne se contenta pas d'accéder à cette demande : il accepta de mettre à la disposition de l'avocat un véhicule diplomatique. Le « repêchage » des fuyards pouvait commencer...

Une tragi-comédie en cinq actes : 1) le chauffeur de l'ambassade se perd à bord de sa Mercedes blanche ; 2) Fernández saute dans un taxi et ne décolle plus de son téléphone portable, au point que le chauffeur finit par se demander si son client n'est pas un dangereux malfaiteur en train de préparer un hold-up ; pour une raison qu'on ignore, il n'alerte pas les carabiniers. 3) Les deux fuyards réussissent à joindre l'avocat et s'acheminent vers le lieu de rendez-vous : un parking proche de l'aéroport. Sauf que leur véhicule tombe en panne. 4) Les avocats de la Colonia Dignidad entament une action en justice... et les journalistes commencent à bombarder l'avocat de questions sur son portable ; il a de bonnes raisons de ne pouvoir pour l'heure y répondre. 5) Le véhicule de l'ambassade réapparaît miraculeusement et les deux fuyards consentent à monter à bord, non sans inquiétude, eux qui ont toujours cru le personnel diplomatique aux ordres de Schaefer.

Sauf que l'affaire se termine aussi mal qu'elle a commencé – du moins pour l'avocat. Lui qui se réjouissait de voir enfin émerger une victime allemande de Paul Schaefer, comprend que Tobías Müller n'ira pas jusqu'au bout, renonçant même à porter plainte, cependant que la Colonia tentait d'imposer la thèse d'une fugue sentimentale de deux inséparables homo-sexuels victimes de la propagande anti-Colonia. Seules restent dans les mémoires quelques déclarations publiques fracassantes ainsi que les chansons du jeune Gonzalo Luna, qui, la liberté recouvrée, commence une carrière dans la chanson, sa terrible histoire en guise de passeport pour la célébrité. Au passage, quelques phrases assassines pour son ancien bourreau – celle-ci par exemple : « Paul Schaefer composait les couples en vue de purifier la race... »

Les juges ont commis des erreurs, mais n'ont pas relâché la pression. Il suffit, pour s'en convaincre, de reconstituer l'agenda judiciaro-policier de ces années-là.

Le 26 mars 1997 a lieu une immense perquisition

au sein de la communauté rurale, menée par une cinquantaine de policiers.

En mai, le juge Hernán González ordonne l'arrestation de onze membres de la colonie et réclame l'aide d'Interpol pour coincer Paul Schaefer.

Nouvelle descente de police le 20 mai (sous une pluie diluvienne).

Nouvelle tentative le 18 juin, mobilisant cette fois plus d'une centaine de policiers (encore sous une pluie torrentielle).

Coup d'accélérateur, en août, avec l'arrestation de Hartmut Hopp, le numéro deux de la Colonia, qui a cru pouvoir oublier une convocation chez le juge. Cueilli au retour d'un voyage à Mendoza, en Argentine, à sa descente d'avion, il est détenu quelques jours, puis relâché.

Une semaine plus tard, après avoir déjoué en pleine nuit un barrage policier, à bord d'un véhicule rapide, il est de nouveau interpellé. Fils d'un parachutiste du IIIe Reich, arrivé très jeune au Chili, il est poursuivi pour complicité de faits de pédophilie : il aurait assisté dans ses forfaits celui que certains enfants ont osé surnommé *El Chancho*[1], sans savoir qu'à une certaine époque, lui-même utilisait ce vocable pour désigner ses prisonniers.

Deux premières demandes de mise en liberté sont rejetées ; la troisième est la bonne : sur décision de la cour d'appel, Hopp est relâché moyennant une caution de 715 dollars – montant ridicule, dérisoire, même, quand on sait le poids que représente cet homme au sein de la « nouvelle » Colonia. Étudiant en médecine aux États-Unis avec la bénédiction de Schaefer, avant

---

1. Le cochon.

d'achever sa formation à l'Université catholique de Santiago, il n'a jamais trahi la confiance de son maître ni usé de ses privilèges pour déroger aux règles fixées pour les autres.

Septembre. Toujours pas de Paul Schaefer en vue. La police lui donne officiellement trente jours pour se rendre. « La justice réclame du temps, mais je suis sûr qu'il sera un jour traduit devant un tribunal », déclare le ministre de l'Intérieur Carlos Figueroa.

Trente ans après son premier mandat d'arrêt, la justice allemande en délivre un second contre Schaefer, après avoir entendu Tobías Müller et Gonzalo Luna, les deux fuyards de passage en Allemagne (où Amnesty International n'a toujours pas le droit de diffuser sa brochure accusant la Colonia d'avoir été un centre de tortures).

Nouvelle descente de police dans l'enclave, le 25 mars 1998. La Colonia est placée sous surveillance durant un mois, 24 heures sur 24. Deux véhicules forcent un barrage policier ; riposte armée ; les six passagers, des colons, sont mis sous les verrous. Manifestations de soutien des paysans voisins. La justice durcit le ton en envoyant sur place des véhicules anti-émeutes, des chiens et des motocross.

Le chef de la sécurité de la Colonia Dignidad, Erwin Fege Fabian, lui aussi ancien sous-officier du IIIe Reich, profite de cette descente pour s'enfuir avec son épouse, l'infirmière Brigitte Malessa Boll, et rendre une visite surprise au juge González.

Fin de l'opération, sans aucun succès tangible : pas plus d'armes que de Schaefer. Deux cents colons forment une haie d'honneur pour le départ des « envahisseurs » : alignés sur trois cents mètres de long, ils tournent le dos aux policiers, des torches enflammées à la main.

Une étrange affaire éclate alors : deux prisonniers politiques disparus vivraient encore à la colonie. La sœur de l'un d'eux affirme l'avoir identifié sur des photos prises par les journalistes ; le second aurait été « reconnu » par son père, son frère et un beau-frère. « Cette histoire ne s'arrêtera pas là », annonce à Talca le juge González.

Nouveau revers pour le magistrat dans les semaines qui suivent : Erwin Fege, l'homme qui aurait pu contribuer à dissiper les mystères de la Colonia, se défile. Il ne coopérera pas avec la police. Dommage : avant de s'enfermer dans son mutisme, il avait laissé entendre, sans le démontrer, que l'on avait autrefois fabriqué des armes lourdes derrière les barbelés de la Colonia. Mais il a certainement de bonnes raisons de ne pas en dire davantage.

Quelques centaines de mètres séparent le tribunal de Santiago du restaurant où nous avons prévu de déjeuner, mais Juan Guzmán Tapia ne se déplace que rarement à pied. Une voiture aux vitres fumées nous embarque avec à son bord deux types en civil : ses gardes du corps.

Lorsqu'il s'extrait du véhicule, l'accueil reçu est à la hauteur du personnage. « C'est un honneur, monsieur le ministre, de vous voir parmi nous », lâche le portier. *Ministro* : c'est le titre que l'on donne ici aux « juges spéciaux ».

La carrière du plus célèbre magistrat du Chili passe par les États-Unis, où il suit un père fonctionnaire au ministère des Affaires étrangères, mais surtout par la

France où il a débarqué en 1967, à l'âge de 28 ans, pour parachever ses études de droit. Pendant trois ans, il apprend le français tout en exerçant divers métiers : veilleur de nuit, ouvrier dans une entreprise d'emballage, puis de nettoyage industriel. Il rencontre alors sa femme, une Française, l'épouse dans le nord de la France et l'emmène à Valparaíso où il devient juge.

Les choses sérieuses ne commencent pour Juan Guzmán que trente ans plus tard, plus exactement le 16 janvier 1998, lorsqu'il se voit confier la première plainte déposée contre le général Pinochet pour « crime de génocide et homicide qualifié ». La plaignante n'est autre que Gladys Marín, secrétaire générale du Parti communiste chilien et ex-compagne d'un dirigeant du Parti disparu en 1976, Jorge Muñoz Poutays.

Le magistrat prend son rôle très au sérieux et conduit les premières véritables investigations sur les prisonniers politiques disparus. C'est entre ses mains que sont bientôt concentrées les 170 plaintes déposées dans le pays contre l'ex-caudillo aux lunettes noires et à la mémorable casquette militaire.

« C'était une cause difficile, car je devais me comporter en arbitre. Plus que le sentiment, c'était le défi à relever qui me motivait. J'ai toujours été quelqu'un de combatif. »

Une qualité qui va être rudement mise à l'épreuve lorsqu'il s'attaque à son tour à la Colonia Dignidad. Hernán González, le juge de Talca, vient de retourner en vain le cimetière des Allemands, au mois d'août 1998, pour vérifier si l'ancien pilote d'avion du IIIᵉ Reich, Hermann Schmidt, est bien mort d'une crise cardiaque deux ans plus tôt, à l'âge de 81 ans, comme l'avait attesté le Docteur Hopp ; un décès qui n'arrangeait pas franchement l'État chilien, le cofondateur de la Colonia ayant laissé une ardoise fiscale de quelque 2 millions de dollars[1]...

Corruption, séquestration, liens avec des groupes néo-nazis, sévices sexuels : les charges sont énormes pour une colonie qui, officiellement, n'existe plus ; mais, lorsqu'il entre en piste, début 1998, le juge Guzmán se concentre surtout sur le cas des disparus.

La première fois qu'il se rend à Parral, c'est en voiture, l'avion ayant été jugé par trop dangereux. « Ils n'avaient guère envie de me voir fouiller chez eux, se souvient-il. Nous avions peur qu'ils barrent la piste d'atterrissage... »

Il avoue même avoir redouté, au moment des perquisitions, un suicide collectif ; c'est la raison pour laquelle les policiers et lui firent montre d'une extrême prudence.

« Ce n'était pas tant les dirigeants que je craignais, raconte-t-il. Eux, à la limite, étaient assez corrects. Non, j'appréhendais qu'un sympathisant ou un membre de la Colonia ne s'en prenne directement à moi. Je craignais leur fanatisme, même si j'étais escorté par plusieurs dizaines de policiers. »

Lors de cette première perquisition, le juge est accueilli par Cirilio Guzmán, l'un des avocats de la Colonia, qui emploie tous ses soins à entraver les recherches... en réclamant une audience au juge tous les quarts d'heure ! Chaussures de marche, tenue de sport, le magistrat arpente le domaine, en quête d'indices. Brusquement, il a l'idée de mettre sous le nez

---

1. Le montant du premier redressement fiscal adressé à la Colonia après son changement de statut juridique atteignait la somme faramineuse de 9 milliards de pesos ! Un montant contesté depuis lors devant les tribunaux.

d'un colon un vieux billet de banque libellé non pas en pesos, mais en escudos, la monnaie qui avait cours... avant 1970 !

« Ces gens-là n'avaient jamais vu les billets actuels, dit-il. J'en ai conclu qu'ils n'étaient pas payés. »

L'instinct le guide lors des fouilles. Le juge a entendu plusieurs prisonniers politiques déclarer avoir été détenus à la Colonia Dignidad, en particulier Adriana Bórquez. Elle lui a évidemment parlé des bruits d'eau, du vacarme du poulailler. Elle était convaincue d'avoir été enfermée dans des souterrains ou des tunnels. Le juge ordonne des fouilles qui se révèlent au moins concluantes sur un point : les cavités souterraines existent bel et bien.

Le magistrat remarque un hangar rempli de foin. Il prête l'oreille : une rivière passe tout près. Il ordonne aux Allemands de vider complètement le foin. Sous le hangar se trouve un bunker : un sous-sol de la taille d'un court de tennis. À l'intérieur, les murs ont soixante centimètres d'épaisseur et les plafonds sont soutenus par de gros piliers. C'est là qu'Adriana Bórquez, lors d'une reconstitution, retrouvera, les yeux bandés, les gestes accomplis durant sa détention.

Le juge s'en souvient parfaitement : « C'est une femme courageuse, entière ; son témoignage était bouleversant. » Sur les murs, des traces de colle, preuve que l'endroit avait bien été cloisonné...

Au mois de juin 1998, sur l'injonction du juge Juan Guzmán, la police judiciaire interroge la femme qui était dans le fourgon aux côtés de Luis Peebles et Erick Zott, cette ancienne militante qu'ils avaient retrouvée assise de l'autre côté de la machine à écrire. Marcia

Merino vit maintenant sur l'île de Pâques, confetti chilien perdu dans le Pacifique. Elle raconte le même voyage, du moins jusqu'à l'arrivée au camp. Là, on l'a sommée d'avaler une série de comprimés sur lesquels elle a pu lire des inscriptions en allemand. Elle a cru qu'on la conduisait à la mort, mais on lui a alors servi à manger. Le pain fait maison, très différent du pain chilien, les saveurs, les inscriptions : comme elle l'avait redouté, elle était bien à la Colonia Dignidad.

Elle y resta environ une semaine, mais en a gardé des souvenirs plutôt vagues et incohérents : elle était sous l'empire de substances chimiques lorsqu'elle s'est retrouvée en train de jouer les secrétaires et de taper les propos arrachés aux torturés. Elle se souvient d'avoir occulté le nom d'un cadre du MIR. Elle reconnaîtrait entre tous deux des personnages présents : le responsable local de la DINA, Fernando Gómez Segovia, et le numéro deux de ce même service, Pedro Espinoza Bravo, alias « Don Rodrigo ».

« Je n'ai pas d'autres souvenirs, c'est comme un grand vide, termine-t-elle. Je ne sais même pas comment je me suis retrouvée à la Villa Grimaldi, je sais seulement que j'en suis sortie vivante. »

Elle sait en revanche que ses ex-camarades ne lui feront pas la peau : après lui en avoir voulu mortellement, ils lui firent savoir qu'elle n'avait plus rien à craindre de leur part...

Six mois plus tard, c'est au tour de Fernando Gómez Segovia de répondre aux questions des policiers, toujours pour le compte du juge Guzmán. Lui non plus ne semble craindre aucune représaille, mais pour de tout autres raisons. Il pèse cependant ses déclarations avec soin. Évoquant par petites touches sa carrière au service de la DINA, il admet l'achat d'une maison à

Parral, acquise auprès d'un Docteur répondant au nom de « Mujica », aujourd'hui décédé. Puis il s'enferme dans la dénégation.

« Lui, parler l'allemand ? Non, pas plus que l'anglais ni le portugais. »

S'il avait eu l'occasion de se rendre à la Colonia Dignidad, ou de recevoir la visite de Paul Schaefer ?

« Absolument pas. »

Les déclarations de Luis Peebles à son sujet ?

Il ne connaissait pas ce monsieur et ne se souvenait absolument pas de l'avoir transporté à la Colonia, encore moins d'avoir assisté à une quelconque séance de tortures. Il connaissait en revanche Marcia Merino, mais cette histoire de voyage en camionnette avec trois détenus à bord ne tenait pas la route : le véhicule ne pouvait contenir autant de passagers !

« C'est une mission de renseignement que je devais effectuer ! précise, presque offusqué, l'ancien agent de la police politique. Je passais mon temps à récolter des informations aux quatre coins de cette zone dont j'avais la charge. Mon rôle ne consistait pas à arrêter ni à détenir qui que ce soit ! »

Et d'assener sa propre lecture de l'affaire : ces accusations relevaient d'une machination ourdie en Allemagne par des gens qui ne le connaissaient même pas, avec la complicité d'une poignée de marxistes chiliens ! D'ailleurs, un juge de Santiago le lui avait avoué en 1991 : il avait reçu ordre de le poursuivre et de le salir afin de satisfaire l'opinion publique. Et si l'on continuait à le confronter à des témoins, c'est sa propre vie qui serait en danger !

Un plaidoyer qui se termine en apothéose :

« J'ai été confronté à mon ex-compagne qui m'accusait d'être en cheville avec les gens de la Colonia

Dignidad. Elle a tout démenti et reconnu qu'elle ignorait mes activités. Je dois vous préciser qu'elle était alcoolique. Elle a même été internée à deux reprises en clinique où elle a été examinée par un psychiatre. »

De quoi décourager le meilleur des juges.

L'allure aristocratique, héritage d'un père qui fut aussi un grand poète, Juan Guzmán persiste. Au cours d'une deuxième visite à la Colonia Dignidad, il fait fouiller à nouveau les environs du cimetière, en quête de cette fosse commune recouverte de chaux dont certains ont parlé, en particulier Gladys Marín, la secrétaire générale du Parti communiste. Recherches infructueuses, mais l'ancien étudiant parisien ne repart pas complètement bredouille. Il établit que la police politique de Pinochet et l'armée ont effectué des entraînements à l'intérieur de la Colonia. Il démontre que des hiérarques du gouvernement militaire y ont bien passé des vacances. Il prouve que Fernando Gómez Segovia, chef de la brigade sud de la DINA, a entretenu des contacts permanents avec les dirigeants de la Colonia. Il accumule les éléments prouvant que la Colonia a servi de camp d'internement et que de nombreux disparus ont été vus dans son enceinte. En particulier Alvaro Vallejos Villagrán, ancien dirigeant du MIR dont le cas fait l'objet d'un nouveau mandat d'arrêt émis par le juge Guzmán le 27 avril 1999.

« Des personnes détenues comme Adriana Bórquez ont démontré qu'elles ne pouvaient avoir été séquestrées ailleurs. » Le juge insiste et répète sa phrase de peur qu'on ne l'ait pas bien compris :

« Ce ne pouvait pas être ailleurs. »

Une quatrième perquisition, en septembre 2000, est

interrompue prématurément par... une pluie torrentielle. Les policiers ne repartent cependant pas les
mains vides : c'est ce jour-là qu'ils ramassent les
fameuses archives secrètes contenant maints détails
sur le personnel politique chilien ainsi que sur celui
de certaines ambassades étrangères à Santiago,
notamment celle des États-Unis.

Entre-temps, un rapport lui fournit une description
détaillée des galeries sillonnant en sous-sol les terres
allemandes. D'après les techniciens, ces tunnels ont été
creusés comme des canaux, puis cimentés et recou-
verts. Équipés d'un groupe électrogène, ils permettent
de surveiller toutes les voies d'accès à l'enceinte.
Depuis ces boyaux clandestins, on peut actionner à
distance les portes principales. On peut aussi s'y
enfermer derrière de véritables rideaux d'acier, et
même y séjourner : grâce à un système de soupiraux
reliés par des tubes à la surface, l'air y est régulièrement renouvelé. Certaines de ces galeries sont également équipées de chariots permettant de parcourir
une distance importante en un laps de temps très court.
Câbles électriques et signaux permettent d'acheminer
des messages. Une véritable chambre à coucher a même
été découverte, isolée elle aussi de l'extérieur par des
portes blindées et équipée de multiples appareils électroniques en parfait état de marche. La plupart des
bâtiments ont été construits sur des monticules de terre
charriée jusque-là de manière à faciliter l'aménagement
de ces galeries, largement ventilées grâce à une
machine installée dans la briqueterie.

Pour Juan Guzmán, cela ne fait pas l'ombre d'un
doute : « La Colonia Dignidad est un État dans l'État à
qui l'on a concédé quantité de privilèges. » Il entrevoit
les raisons pour lesquelles tant de gens la soutiennent

à l'extérieur : « Les nombreuses protections dont bénéficient ses occupants viennent de ce que beaucoup
estiment sincèrement qu'ils accomplissent une mission
sociale. D'aucuns considèrent également que si les
Chiliens travaillaient autant qu'eux, le Chili serait un
pays développé. »

Ce qui n'empêche pas le juge d'accuser :

« Il y a dans l'attitude des gouvernements successifs
une grande lâcheté morale. Aucun n'a été capable de
venir à bout de la Colonia Dignidad ; et, pour moi, c'est
incompréhensible. Cette guerre peut se gagner, mais les
hommes qui nous gouvernent aspirent à la tranquillité.
Ils ont oublié que ce pays ne pouvait croître sans vivre
dans la vérité !

« Je ne suis pas de gauche », ajoute Juan Guzmán en
regagnant son « poulailler », comme il baptise son
bureau au dernier étage du tribunal, un lieu plutôt
cossu, à la moquette épaisse et aux murs ornés de
tableaux. « Je n'appartiens à aucun camp. Ce qui m'intéresse, c'est la justice, ce rôle d'arbitre. »

Encore faut-il, pour arbitrer correctement, que les
parties en présence respectent un minimum de règles...

9.

Le « Führer » de la Cordillère

L'ombre de Boris Weisfeiler plane sur la Colonia Dignidad. Franz, l'un des quatre colons exfiltrés par la police, a été interrogé sur le cas de cet homme. Bien sûr, il avait également entendu ce nom dans la bouche de Paul Schaefer, voici quelques années.

« Il nous a expliqué que l'on accusait la Colonia d'avoir tué cet homme qui s'était, selon lui, noyé dans le río Nuble », a-t-il rapporté aux enquêteurs du « Departamento Quinto ».

En fait, c'est un peu à cause de Boris Weisfeiler que nous sommes au Chili. Ou plutôt grâce à la sœur de ce disparu, qui vit du côté de Boston. Elle se bat depuis des années, avec des moyens qui ne sont pas ceux des familles chiliennes, pour obtenir sa part de vérité, grâce à l'appui notable de la presse.

Parmi les articles consacrés à la randonnée mortelle de ce Juif d'origine soviétique, naturalisé américain en 1981, une longue enquête parue dans le *New York Times* du 26 mai 2002, intitulée : « A Missing American ; Neo-Nazis and Chile's Dark Secrets » (« Un Américain disparu ; les noirs secrets des néo-nazis et du Chili »). « Élucider le sort de mon frère est devenu le but de toute ma vie », y explique Olga Weisfeiler qui raconte comment Boris s'est évaporé alors qu'il marchait, seul, dans les parages de la Colonia Dignidad, entre Noël et le Jour de l'An 1985. Unique citoyen américain figurant parmi les disparus de la dictature chilienne, il se serait noyé en tentant de traverser une rivière, d'après les explications officielles fournies à l'époque par les autorités locales. Le fait que la rivière était peu profonde (un enfant pouvait la traverser à pied) et que son cadavre n'ait jamais été retrouvé permettaient cependant de douter de cette version.

À 43 ans, Boris Weisfeiler avait une grande expérience de randonneur, lui qui avait sillonné les pistes de l'Alaska et de la Sibérie, les sentiers du Pérou et de la Chine. C'était son premier voyage au Chili, il ne parlait que peu l'espagnol, et il y a de fortes probabilités pour qu'il ait ignoré la présence d'une secte aux connotations aryennes dans la région. On sait que deux patrouilles sont parties à sa recherche au matin du 4 janvier 1985, l'une composée de carabiniers, l'autre de membres des services secrets de l'armée. Son passeport américain mentionnait Moscou comme lieu de naissance, et son vieux sac à dos (retrouvé intact) portait des inscriptions en lettres cyrilliques. Élément aggravant : il était vêtu d'un pantalon de couleur kaki qui pouvait le faire passer pour un militaire.

La police chilienne, indiquent des documents de la CIA récemment rendus publics, aurait remis Boris Weisfeiler entre les mains d'une « secte néo-nazie, puissamment militarisée ». Est-ce parce qu'il était juif ? Est-ce parce que la DINA l'avait soupçonné d'être un agent communiste ? Toujours est-il qu'il aurait été torturé, puis exécuté dans l'enceinte de la Colonia, lui, le fils d'un savant juif qui avait échappé par miracle au nazisme, lui qui avait souffert de l'antisémitisme, dans sa jeunesse, en Union soviétique. À plusieurs reprises, des diplomates américains en poste à Santiago tentèrent de remettre en cause la version de l'accident, mais leurs efforts furent délibérément neutralisés à Washington par le Département d'État qui ne souhaitait pas débloquer les fonds nécessaires à une relance des investigations.

Franz n'était pas le seul à garder le souvenir de cette affaire. Ses beaux-parents avaient eux aussi entendu parler d'un « espion juif » – parfois aussi d'un « espion soviétique ». On avait même fait état devant eux de rumeurs concernant le sort de Boris Weisfeiler. Les colons réunis par Paul Schaefer et le Docteur Hopp avaient été priés de considérer ces rumeurs comme tout à fait infondées. La disparition de ce citoyen américain se confondait dans leur souvenir avec la fuite spectaculaire, autour de Noël 1984, d'Hugo Baar, un des piliers de la colonie qui avait tenu à dire leurs quatre vérités à ses partenaires avant de leur fausser définitivement compagnie.

Une certaine nervosité régnait sur place cet été-là. Des sbires de la colonie patrouillèrent dans les campagnes à la recherche d'éventuels complices du fuyard, qui s'était en fait réfugié chez Heinz Kuhn, le premier colon à avoir fait défection, désormais installé dans le sud du Chili. Mais cela, Franz et les siens l'ignoraient évidemment. Tout comme ils ignoraient le fait qu'Heinz Kuhn avait pour habitude d'enregistrer régulièrement les conversations radio de ses anciens amis. Une manie qui lui avait permis, dans les premiers jours de l'année 1985, de capter un échange entre Paul Schaefer et deux de ses subordonnés. La discussion portait sur l'intrusion d'un étranger non armé sur le territoire de la Colonia.

« N'ayez crainte, le problème a été résolu, dit alors l'un des hommes à Schaefer. Il est déjà sous terre, en train de manger les pissenlits par la racine. »

Apprenant quelques semaines plus tard la disparition de Boris Weisfeiler, Heinz Kuhn avait cru utile d'apporter sa cassette à l'ambassade des États-Unis au Chili, où elle avait été dûment dupliquée.

Les documents « déclassifiés » de la centrale américaine du renseignement mentionnaient d'autres éléments qui n'avaient pas davantage ému Washington. En 1987, un homme s'était présenté à l'ambassade pour raconter qu'il faisait partie de la patrouille militaire qui avait capturé Weisfeiler. Il avait surtout confirmé que le « prisonnier » avait bel et bien été conduit à la Colonia Dignidad, l'endroit le plus proche et le plus approprié pour un interrogatoire. Détail qui ne s'invente pas : il précisa qu'à ce moment, un carabinier se trouvait sur place ; il était venu réclamer un sombrero qu'il avait oublié quelques jours plus tôt. Enregistré par les Américains sous le nom de code de « Daniel », cette source disait parler pour soulager sa conscience, et parce que le fait que l'armée chilienne se laissât ainsi commander par des étrangers était à ses yeux « une honte ». Un témoignage digne de foi, selon ses interlocuteurs qui ne s'étaient cependant pas leurrés sur les chances d'obtenir une quelconque confirmation. Pas tant que le général Pinochet serait au pouvoir sous la bienveillante protection du Département d'État américain, aux yeux duquel ce genre d'affaire était manifestement couvert par la raison d'État. Une manière d'absoudre les méfaits de la dictature chilienne, fût-ce avec une victime américaine sur les bras.

Le témoignage de « Daniel » a tout de même fini par atterrir sur les bureaux d'un juge de la Cour suprême, lequel s'est contenté de l'archiver. Mais les proches de Boris Weisfeiler n'ont pas renoncé. Leur salut est inscrit dans la loi chilienne : en l'absence de cadavre, le délit de séquestration ne peut être frappé de prescription.

Un atout qui a son revers : impossible de bénéficier des moyens et méthodes de la police scientifique tant que le cadavre ne serait pas retrouvé. « Les chances d'aboutir dans ce dossier sont très limitées, nous a fait remarquer un haut responsable de la police judiciaire à Santiago. Le témoin n'a pu inventer les patronymes des membres de la patrouille de carabiniers, mais tous nient farouchement avoir été présents sur les lieux de la disparition. » Le départ à la retraite des agents de la CIA, qui n'ont jamais connu le véritable nom du fameux témoin, n'arrange rien. « Notre seule chance, ajouta encore le policier, serait de retrouver le corps de Boris Weisfeiler... »

Paris, mars 2003

Avant notre deuxième voyage au Chili, nous nous sommes naturellement tournés vers les infatigables archivistes du Centre Simon Wiesenthal, du nom d'un homme qui a passé sa vie à pourchasser les ex-nazis. Qui, mieux que cet organisme juif international, fort de près de 400 000 membres de par le monde, pouvait nous éclairer sur les liens entre le Chili et les « planqués » du IIIe Reich ?

Les représentants du Centre pour l'Amérique latine ont expressément réclamé à plusieurs reprises aux autorités chiliennes l'expulsion de Paul Schaefer. Ils l'ont encore fait une dernière fois récemment, de vive voix, au cours d'une entrevue avec le président chilien Ricardo Lagos, à Santiago. Pour être assurés que leur démarche porterait ses fruits, ils avaient auparavant pris langue avec Joshka Fischer, ministre allemand des Affaires étrangères, pilier du gouvernement Schröder. Fischer s'était verbalement engagé à réclamer l'arrestation du patron de la Colonia dès son débarquement sur le territoire allemand. Sauf que le Chili n'a jamais donné suite à cette requête...

Lors d'un nouveau déplacement à Santiago, une délégation du Centre Simon Wiesenthal a tenté derechef d'obtenir la collaboration des autorités chiliennes. Il s'agissait cette fois de collecter des informations sur la fortune des anciens nazis amassée pendant la Seconde Guerre mondiale sur le dos des victimes de l'Holocauste. Parmi les arguments avancés : le fait que la banque centrale argentine avait accepté d'ouvrir ses archives, de même que la banque centrale du Paraguay. Pour appuyer ces démarches, une lettre officielle avait été adressée le 18 février 1997 au président de la République chilienne, Eduardo Frei, avec copie au directeur de la banque centrale, Carlos Massad. En bonne place sur la liste de 334 anciens dignitaires nazis figurait le nom de Walter Rauff.

Les autorités chiliennes ont promis de faire un effort. Mais, là encore, le Centre Simon Wiesenthal attend toujours. Une habitude : le Chili avait refusé l'extradition de Rauff en 1963, refus réitéré par

Salvador Allende lui-même en 1972 au nom de la sépa-
ration des pouvoirs et malgré l'insistance de Simon
Wiesenthal.

Une preuve supplémentaire que Paul Schaefer avait
bien fait d'opter pour le Chili, havre certainement plus
sûr, par exemple, que l'Argentine voisine. D'autant
plus sûr qu'un certain nombre de haut gradés chiliens
subirent l'influence directe de conseillers militaires
nazis.

En 1998, alors que se profilait la tenue à Santiago
d'un sommet de l'internationale nationale-socia-
liste, Yoram Rovner, directeur de la revue *Der Ruf*
(« L'Appel », titre né en 1942 dans le ghetto de
Varsovie), a de nouveau pris la plume pour clamer son
indignation. Le sous-secrétaire d'État Claudio Huepe a
rétorqué en dénonçant une polémique « artificielle ».
Riposte (écrite) immédiate : « Déployer un drapeau nazi
dans le cimetière de Santiago tous les 5 septembre[1]
n'a rien d'artificiel, pas plus que n'est artificiel le fait
d'accepter depuis plus de trente ans au Chili ce repaire
de nazis qu'a été la Colonia Dignidad. »

Le fameux « trésor nazi » a-t-il contribué à ce que
soient jetées les fondations de cette « communauté » ?
L'hypothèse n'est pas exclue, même si personne n'y a
jamais vu le moindre portrait d'Adolf Hitler. Du fait de
son infirmité, de son fameux œil de verre, le Docteur
Schaefer n'avait jamais été qu'un sergent brancardier.
Pour les tenants de cette hypothèse, là n'est pas l'essentiel. On aurait plus précisément misé sur les
penchants pédophiles de Schaefer. On se serait servi de

---

1. Le 5 septembre 1938, un groupuscule de jeunes néo-nazis chiliens
fut réprimé dans le sang après avoir notamment occupé l'université de
Santiago.

ce faible pour lui imposer un certain nombre d'exigences. Côté dons, on lui aurait par exemple fourni les fonds suffisants pour mettre sur pied cet internat qui allait devenir pour lui une véritable réserve de chair fraîche. En échange, le territoire de la Colonia Dignidad devait servir à abriter – au moins provisoirement – quelques-uns des individus les plus recherchés.

L'Amérique latine, c'est un fait, après avoir offert l'asile aux Juifs menacés par l'Holocauste, a accueilli de très nombreux dignitaires nazis sur son sol. Certains d'entre eux se sont d'ailleurs plus ou moins engagés discrètement auprès des caudillos latinos, notamment en Argentine et au Brésil. La démocratie venue, ces pays ont largement reconnu cette présence et quelque peu troublé la retraite dorée de ces criminels de guerre.

Directement accessible depuis l'Argentine sans forcément passer par la « case officielle », la Colonia Dignidad occupait un site privilégié en Amérique latine. C'était une base de repli assez vaste pour y vivre à l'écart de tous témoins, et dont les propriétaires contrôlaient jusqu'à l'espace aérien. Mais aussi un centre de soins digne des pays occidentaux, où aurait notamment exercé un plasticien capable de refaire le visage de gens désireux de se soustraire à toute identification.

« Ce que voulaient les anciens nazis, c'était un refuge sûr. Le fait que Paul Schaefer abuse des mineurs leur était complètement indifférent », avance-t-on.

Indifférent n'est cependant pas le terme exact. Un *deal* sordide aurait présidé à la fondation de la communauté : on laissait Schaefer vivre sa sexualité hors la loi, en échange de quoi il offrait le gîte et le couvert à ses compatriotes. La présence parmi les dirigeants de la Colonia Dignidad, durant les premières années, de l'ancien nazi Hermann Schmidt, offrait une garantie incontestable ; l'homme était même l'un des piliers de la fameuse Société Dignité de bienfaisance et d'éducation.

Les historiens signalent ainsi le séjour sur place de Walter Rauff. Considéré comme l'inventeur des camions de la mort (les *Spezialwagen*, véritables chambres à gaz mobiles), il fut également l'un des responsables du camp de concentration de Mauthausen. Il aurait vécu à la Colonia Dignidad jusqu'au milieu des années 70. L'administration chilienne conserve notamment la trace d'une demande d'extradition formulée à son encontre par la justice allemande en 1967. La Cour suprême du Chili n'avait pas donné suite, considérant que le suspect n'avait commis aucun délit répertorié par le Code pénal. Arrivé au Chili en 1958 après un passage par l'Équateur, il y est officiellement mort en 1984.

Certaines sources affirment également que le sinistre Josef Mengele, l'« Ange de la mort » d'Auschwitz, a transité par ces lieux après son expulsion du Paraguay en août 1979. Serait également passé par la Colonia le numéro deux du IIIe Reich, Martin Bormann.

Aucune investigation officielle n'a jamais été menée pour tenter de corroborer ces témoignages parcellaires. Sachant que les colons allemands avaient la maîtrise totale des accès routiers et aériens, l'endroit constituait une base de repli idéale, pour ainsi dire inexpugnable. Comme un petit pays bénéficiant de toutes les immunités possibles, avec la Cordillère des Andes en guise de mur protecteur dans son dos. Soucieux de contenir la suspicion, la Colonia Dignidad s'est néanmoins fendue d'une prise de position contre l'Holocauste, histoire de ne plus être confondue avec les bourreaux nazis.

Sitôt installé, on aurait confié à Paul Schaefer une quarantaine d'enfants, invalides ou orphelins. Longtemps, le Chef a ainsi pu abuser en interne de ces enfants sur lesquels il avait tout pouvoir.

Voilà le Chili à nouveau rattrapé par son passé. C'est la presse du jour qui l'annonce : on vient de retrouver dans le nord du pays le corps de Carlos Berger, un avocat communiste tombé avec la « caravane de la mort[1] », après avoir été arrêté le jour même du coup d'État.

Durant les premières années du retour à la démocratie, les militaires ont affirmé que le corps du militant figurait parmi les nombreux cadavres jetés à la mer du haut des hélicoptères de l'armée. Une manière de « punir » une seconde fois son épouse, très active dans la mobilisation contre le dictateur.

Le disparu refait brusquement surface à la manière des morts vivants. Petit détail : sentant le vent tourner, les militaires ont pris soin de dynamiter ce cadavre (et quelques autres), dans l'espoir d'éliminer toutes traces et de faire ainsi taire la justice. C'était compter sans les progrès de la médecine légale et les miracles de l'ADN. À la Colonia, à en croire quelques anciens prisonniers, on avait fait les choses plus « proprement » : on avait

---

1. Un commando militaire qui sillonna le nord du Chili à bord d'un hélicoptère Puma durant les deux premiers mois du gouvernement militaire, se livrant à l'exécution sommaire d'au moins 75 dirigeants de gauche et syndicalistes.

mis au point des substances chimiques capables de dissoudre intégralement les cadavres...

À peine achevée la lecture de la presse quotidienne, un ami nous glisse un article plus ancien, une tribune publiée dans un grand quotidien par Miguel Serrano, écrivain et ancien diplomate chilien devenu le chantre du néo-nazisme au Chili. Extrait le plus édifiant :

« La main qui poursuit la Colonia est celle d'un gouvernement mondial qui désire en finir avec tout soupçon d'indépendance [...]. En effet, la Colonia sort complètement du système en échappant à toute référence à l'argent et aux cartes de crédit, ainsi qu'aux habitudes consuméristes. Plus encore, elle est totalement autarcique, produisant tout ce dont elle a besoin. Pour le gouvernement mondial, cet exemple désastreux peut se révéler contagieux. Le système planétaire souhaite imposer une dictature totalitaire basée sur la consommation et son contrôle automatique par le biais des systèmes électroniques les plus modernes [...]. C'est de l'extérieur que serait venu l'ordre de détruire la Colonia Dignidad. »

Il s'en faudrait d'un cheveu pour que le zélé (et encombrant) défenseur de la colonie allemande ne renverse complètement la situation : le monde orwellien n'était pas à ses yeux dans l'enclave, mais au-dehors !

Pas besoin de lui forcer la main, en revanche, pour le voir affilier directement la Colonia au « modèle » des SS qui, eux aussi, « voulaient établir en différents coins du monde des colonies de type militaro-agricole ».

Le rapport entre Hitler, Pinochet et Schaefer ? « Question provocante mais pas absurde », note un psychiatre chilien. Le côté paranoïaque du dictateur allemand se décèle sans peine dans l'organisation de la dictature chilienne dont Schaefer fut un allié privilégié. Les trois hommes ont pareillement cru utile, de leur vivant, de se faire bâtir un bunker. Leurs colères furent également légendaires. Paul Schaefer conservait la trace de ces excès d'humeur sur son visage : un jour, levant brusquement le coude alors qu'il était attablé, il s'était crevé l'œil avec sa propre fourchette ! On peut aussi évoquer un narcissisme outrancier et une propension au fanatisme au sens psychiatrique du terme. Comme Pinochet, probablement comme Hitler, il suffisait enfin au Docteur Schaefer de tendre la main pour qu'un serviteur lui apporte ses gants.

La filiation entre la Colonia Dignidad et le national-socialisme triomphant ne s'arrête pas là. La forme de pouvoir en vigueur au sein de la colonie s'est longtemps apparentée au totalitarisme orwellien : confession obligatoire, vie privée sous contrôle, reproduction de l'espèce encadrée, misogynie sans bornes, rien n'y manquait. Un carabinier mobilisé dans le cadre des perquisitions s'est cru revenu dans la ferme de ses parents : « On sépare les enfants dès l'âge de 12 ans, puis on fixe les règles de la reproduction de l'espèce », a-t-il expliqué. Comme font les fermiers avec les animaux.

Longtemps la Colonia a été dotée d'une sorte de tribunal interne (le *Herrenabend*) dont on dit qu'il obligeait les familles sanctionnées à se frapper mutuellement en public. Le travail forcé était imposé aux condamnés qui, pour ne pas échapper à la surveillance, portaient des vêtements rouges le jour, blancs la nuit. Le « droit de cuissage » revendiqué par Paul Schaefer parachevait la répression en émoussant les capacités de réaction des enfants mâles. Ceux qui refusaient de se soumettre et tentaient de fuir étaient considérés comme des « psychopathes » à la « personnalité éclatée » – comme ceux que la police politique allemande envoyait en camp de rééducation pour les « guérir ».

Le reste (contrôle et censure du courrier, centralisation et écoute des appels téléphoniques...) relevait d'un système carcéral plus « classique ». Un système dont les victimes étaient présentées comme officiellement consentantes, alors qu'en fait, leur état psychique était tel qu'elles se seraient égarées, une fois au-delà des barbelés bordant leur « terre promise », ce « paradis » pour la prospérité duquel elles avaient travaillé jour après jour, sans dimanche ni jour de fête.

Un journaliste chilien, Alvaro Rojas, a établi dans la revue *Análisis* un lien entre la Colonia et le rêve formulé au XIXe siècle par deux intellectuels allemands. Ces deux hommes prônaient l'expansion de la nation allemande dans le monde par la création de colonies autonomes et autosuffisantes, devant servir de bases au Reich pour conquérir ces pays. Une idée reprise par Hitler lui-même dans ses plans qui prévoyaient pour l'après-guerre la multiplication de colonies composées de « purs Aryens ». Pour paraphraser un slogan célèbre : Hitler l'a rêvé, Paul Schaefer l'a fait.

Dernière touche plus symbolique : l'araignée noire qui servait d'insigne au mouvement « Patria y Libertad », bras armé du putsch perpétré contre Salvador Allende, ressemble comme une sœur jumelle, par sa forme, au svastika des nazis.

Qui a servi de modèle à qui ? Une chose est sûre : sous la dictature, les principaux chefs de l'armée chilienne, à commencer par le ministre de la Défense, Patricio Carvajal, tout comme les responsables des services de renseignement, le colonel Manuel Contreras en tête, se pressaient pour les vacances sur les terres de Paul Schaefer, avec femmes et enfants. Ils s'y sentaient en sécurité, dans une région amie : les latifundistes avaient résisté aux trois années de l'Unité populaire et à sa réforme agraire. Entre une partie de chasse et une autre de pêche, les hommes pouvaient mettre à profit ce séjour au vert pour évoquer les affaires en cours. Notamment la plus urgente d'entre elles, qui était une autre forme de chasse : la traque des exilés, jusqu'en Europe, par le truchement du plan Condor – éléments majeurs de la guerre psychologique qui faisait rage à cette époque, avec les États-Unis dans le rôle de chef d'orchestre. Ils pouvaient évoquer leurs cibles à venir en toute tranquillité ou se féliciter de l'aide que se proposaient de leur apporter les amis fascistes italiens[1].

Il ne manquait plus que Mme Lucía Pinochet pour inaugurer l'école de la Colonia, elle qui voyait en cet endroit un « paradis d'ordre et de propreté ». Un lieu idoine, en somme, pour les réunions informelles de cette « Interpol de la terreur ».

Le Chili n'avait pas attendu la Colonia ni la fin du nazisme pour ouvrir ses portes aux Allemands. L'homme qui nous le fait remarquer est bien placé pour le savoir puisque ses propres grands-parents ont débarqué sur cette terre lointaine en 1870, après une longue escale à Buenos Aires, puis le contournement

---

1. On les aura vus à l'œuvre à l'occasion de la tentative d'assassinat de Bernardo Leighton, ancien vice-président du Chili, à Rome, le 6 octobre 1975.

du Cap Horn par la voie maritime. Cet homme est un universitaire réputé. Il s'appelle Ricardo Krebs et nous reçoit sous les lambris de l'Académie d'histoire.

Des membres de la colonie Dignidad il conserve juste le souvenir d'un « merveilleux » déjeuner à Bulnes, la succursale. « Ils revêtent une grande importance dans l'histoire du Chili, dit-il, mais, en nombre, ils ne pèsent pas lourd par rapport aux quelque 30 000 Allemands qui ont émigré au Chili depuis le XIXe siècle. »

Les premiers y sont arrivés autour de 1850. Une nouvelle vague a suivi, trente ans plus tard, répondant à l'appel des autorités chiliennes.

« À l'époque, explique l'historien, il s'agissait de "pacifier" les régions du Sud où les terres confisquées aux Indiens étaient offertes à ces populations venues d'Europe. Au milieu des indigènes, les Allemands, souvent issus de la bourgeoisie, ont constitué des villages fermés. Ils ont créé leurs propres églises, leurs collèges, leurs hôpitaux, et ont conservé leur langue d'origine. D'Osorno à Valdivia, ils ont mis en valeur des terres réputées incultivables, installé des brasseries, participé au développement du pays. Si bien que les Chiliens les ont laissés vivre comme ils l'entendaient. »

On croirait entendre l'histoire de la Colonia Dignidad et l'on se dit que Paul Schaefer et les siens n'ont pas tout inventé : ils disposaient déjà de modèles sur place, qu'ils ont juste adaptés à leurs propres exigences et à leurs rêves.

« La Seconde Guerre mondiale a traumatisé la communauté allemande installée au Chili, poursuit l'historien. Les illusions de ces émigrés en ont pris un sacré coup lorsqu'ils ont découvert l'ampleur des crimes nazis. Beaucoup ont alors pris leurs distances avec leur pays d'origine. » Distances d'autant plus nécessaires qu'un grand nombre des 35 000 Allemands installés dans le pays s'étaient laissés gagner peu ou prou par l'idéologie nazie, préoccupés avant tout d'éviter le métissage et de préserver la pureté de leur sang.

C'est peu après ce choc qu'a débarqué la dernière vague venue d'Allemagne. Beaucoup des précédents migrants étaient juifs ; Schaefer et ses « disciples », eux, ne l'étaient pas. Ils avaient d'abord cherché refuge dans plusieurs pays d'Europe, mais le Chili s'était montré plus hospitalier que les autres. L'ambassadeur du Chili à Bonn, Arturo Maschke, dont les prédécesseurs, au temps du Reich, s'étaient montrés ouvertement pro-nazis, avait ouvert les portes de son pays sans poser de questions, peut-être même en pleine connaissance de cause[1] ; il occupera les fonctions de directeur de la banque centrale du Chili lorsque des avions débarqueront leur matériel en provenance d'Allemagne, exempt de droits de douane. Le maire de Siegburg, ville natale de Schaefer et pilier de la droite populiste locale, avait donné son accord aux candidats, de même que le chef du gouvernement chilien, Jorge Alessandri Rodriguez. Intervint-il, comme on le dit parfois à Parral, pour que l'État offre gracieusement 5 000 hectares aux colons allemands ? Aucune trace de ce cadeau éventuel. Ce que tous savent en revanche, à Parral, c'est que ces terres avaient d'abord été occupées par une colonie italienne qui n'avait su les faire fructifier.

Ces Italiens étaient arrivés sur place en 1952,

---

1. La légende veut que l'ambassadeur ait employé à des travaux domestiques, avant l'exil, deux ouvriers-artisans, membres de la secte « Mission ».

fuyant un pays encore mal remis de son alliance avec le nazisme. Plutôt désargentés, ils avaient été aidés par les paysans du coin qui n'avaient pas hésité à leur offrir poules et cochons lors de leurs difficiles débuts. Mais ils n'étaient en rien des paysans et déchantèrent vite devant la dureté du travail de la terre.

C'est à ce moment qu'apparurent les Allemands, qui rachetèrent la concession. Depuis lors, ceux-ci ne cessèrent d'étendre leur emprise, rachetant parcelle après parcelle, au besoin en exerçant des pressions sur les petits propriétaires.

La formule des anciennes colonies, décrite par Ricardo Krebs, leur est allée comme un gant. Ils y ont très vite ajouté des barbelés. Et plaqué ce modèle hérité des fameuses ligues de jeunesse allemandes, composées d'hommes inspirés par le mythe du guerrier germanique en rupture avec la gent féminine et son « matérialisme », comme on le comprend à travers ces lignes émanant d'une Colonia soucieuse de briser l'image d'une femme qui avait tenté de s'échapper :

« Derrière une femme apparemment sympathique, ayant une attitude aimable, se cachent une froideur, un mensonge, une insolence, un manque de scrupules qui la rendent capable de n'importe quelle indignité. Parmi les pratiques usuelles de ce type de personnalité conflictuelle dans la vie courante, figurent tromperies, faussetés, intrigues, vols et incitations au vol. »

Une fois au moins des colons ont fait publiquement état de leurs affinités. La lettre, publiée le 13 mai 1998 dans le quotidien *El Mercurio*, est signée par « Maria Schnellenkamp Wittham, Ursula Blanck Heiman, Georg

Laube Laib et Hernán Escobar, habitants de Villa Baviera ». Extrait :

« Pendant le gouvernement d'Unité populaire, nous avons été menacés d'expropriation, ce qui nous a rappelé les expériences vécues par la grande majorité de ceux qui avaient subi l'invasion, puis le joug russes [...]. Il y avait à cette époque au Chili de clairs indices de l'avènement d'un régime communiste nous faisant craindre la perte de nos libertés et de nos biens [...]. C'est pour cela qu'à l'instar de nombreux Chiliens, nous nous sommes sentis libérés de cette menace par le putsch militaire du 11 septembre 1973. »

Puritanisme, fanatisme religieux, vague filiation avec l'Église baptiste : ainsi se présentait d'emblée, dans les années 50, la secte évangélique dont Paul Schaefer allait bientôt prendre les rênes, évinçant le pseudo-évêque dont il n'était jusque-là que le porte-parole. Ni femmes, ni cinéma, ni danse, ni onanisme, prêche-t-il. Tout cela ressortait au domaine du diable !

Le succès n'était pas vraiment au rendez-vous en Allemagne même où le groupe ne parvint pas à s'intégrer. Mais le « gourou » a toujours fait montre d'une formidable aptitude à contrôler ses ouailles. Son principal atout : un talent certain pour la rhétorique, doublé d'un autoritarisme relevant quasiment du droit divin. De quoi inspirer une terreur sans doute plus utile, pour retenir les colons, qu'une meute de bergers allemands.

Valeur sans cesse glorifiée : le travail, dont Schaefer clame qu'il est accompli « au service de Dieu » et répète qu'il doit être le but de la vie de l'homme (« *Arbeit macht Frei* », lisait-on aussi à l'entrée du camp d'Auschwitz).

Le travail physique surtout, dont il prétend qu'il
« réduit les appétits sexuels ». Une obsession du maître
de la Colonia où chacun et chacune avait sa place
assignée : aux femmes le moulin, le poulailler, l'étable
des vaches, l'hôpital et la cuisine ; aux hommes, les
ateliers d'électricité, de mécanique, de carrosserie et de
charpenterie. Coups de bâton pour ceux qui dérogaient
à la règle.

Au cœur de la « philosophie » de cet homme qui
n'hésitait pas, en Allemagne, à pratiquer l'exorcisme,
le fait, mille fois ressassé, que le monde alentour est
mauvais. Et dangereux : lors des premières perquisitions, nombre de colons se réfugièrent dans la prière, le
visage baigné de larmes, ainsi que le racontait à Parral
Roxana, la secrétaire : « Quand les juges ont pénétré
dans la colonie, certains colons ont cru que la guerre
était de retour. On les a vus pleurer. Ils passaient des
heures à prier pour qu'il ne leur arrive pas malheur,
convaincus que seul le pire pouvait venir de l'extérieur. » Dehors, leur avait-on conté, le Chili grouille de
communistes. Quant à l'Europe, inutile d'insister : c'est
un nid de dangereux pervers sexuels. Cette menace
était assez forte pour assurer la cohésion du troupeau.

Le Chef mort, cette cohésion aurait certainement
volé en éclats, et c'est pourquoi certains demandent que
cette disparition soit authentifiée ! Ils réclament les
moyens techniques adéquats pour détecter éventuellement le bunker dans lequel il pourrait avoir choisi
de se réfugier, un abri nécessairement alimenté en eau
potable, en électricité et en oxygène.

« Paul Schaefer a construit son monde, celui du *Tío
permanente* qui dispense la lumière aux gens, tout en
préservant ses énormes privilèges et en maintenant les

autres dans la misère, analyse un conseiller de l'ambassade d'Allemagne à Santiago. Une autre thèse évoque des trafics d'armes et un blanchiment de l'argent de la drogue par la Colonia[1]. Ces choses-là ne sont pas exclues, mais elles ne constituaient pas le mobile principal. L'objectif numéro un, c'était de se faire des amis, de cultiver des appuis, de compromettre le maximum de personnes afin de préserver l'essentiel : le microcosme. Comment expliquer autrement le fait que le gouvernement socialiste d'Allende ait lui aussi protégé la Colonia Dignidad ? »

Ce système de dépendance confère à la colonie toutes les apparences d'une secte. On vénère le chef-dictateur qui dit le Bien et le Mal. Il méprise les femmes et les réduit à la condition de demi-personnes. Elles mangent sous la pluie tandis que les hommes, eux, sont à l'abri.

« La Colonia est bien une secte religieuse, dit le sociologue et avocat Humberto Lagos qui nous reçoit à Santiago, dans une annexe du ministère de l'Intérieur, une jolie maison avec jardinet. Tous les paramètres sont rassemblés : il s'agit d'un groupe minoritaire, clos, détenteur d'une vérité, avec à sa tête un leader charismatique et une pratique régulière du lavage de cerveau. »

Revenu d'exil en 1983 pour mettre son savoir-faire au service du Vicariat de la solidarité, Lagos s'est vu

---

1. Plusieurs sources évoquent la livraison d'armes chimiques par la Colonia à l'Iran et à l'Irak alors en guerre, mais rien ne permet de vérifier ces dires. En revanche, selon le magazine allemand *Stern*, un navire immatriculé en Hollande, le *Nedloyd Manila*, a été arraisonné en avril 1987 alors qu'il s'apprêtait à livrer à la Colonia 1 056 kilos de munitions. De quoi alimenter un commerce clandestin dans une Amérique latine en partie soumise à l'embargo.

bientôt confier le programme des « exonérés politiques », qui suit les cas des 86 000 Chiliens officiellement reconnus comme victimes de la dictature (parmi lesquels quelques milliers d'anciens agents de la police politique, mais c'est là une autre histoire...). Pour ce chercheur, la colonie allemande s'apparente aux Davidiens de Waco (Texas) ou aux adeptes japonais de la « Vérité suprême » dont les leaders prétendaient réincarner Dieu sur terre et annonçaient la purification du monde par le suicide collectif. D'une phrase il coupe court au débat sur la liberté des colons :

« Pour moi, c'est on ne peut plus simple : la liberté de conscience n'existe que lorsqu'on a conscience de sa liberté. À mon sens, les membres de cette colonie sont des esclaves. »

Comme toutes les sectes, la Colonia Dignidad réclame une loyauté absolue de ses membres. On lui est fidèle à cent pour cent ou on la quitte. Un cas de figure auquel s'est longtemps trouvé plié le proche entourage de Pinochet lui-même : on le servait dans le secret le plus complet ou on connaissait les pires ennuis.

Bon nombre de colons avaient été cueillis très jeunes, parfois dès leur naissance, ce qui facilitait leur endoctrinement. Ils n'avaient pas eu le choix. Ils ne connaissaient même pas le sens du mot choix : tout dans leur existence était tracé, programmé, annoncé, encadré. La perversité du système qui les entourait leur échappait, faute de points de comparaison. Si on leur disait que le café ou le sexe étaient une drogue, ils n'avaient aucun moyen d'affirmer le contraire. Les policiers qui les approchèrent vont eux aussi jusqu'à évoquer une forme de lavage de cerveau. Toute infraction à la règle était sanctionnée. Comme si les colons n'étaient jamais autorisés à quitter le stade de l'enfance, qu'ils étaient mineurs pour la vie. Une sujétion qui poursuivait même les évadés au point qu'aucun d'eux n'osa jamais vraiment trahir les noirs secrets de ses anciens maîtres.

« Ils disposent d'une banque de données sur tous les membres de la colonie, explique un responsable de la police judiciaire. Autrefois, ces informations étaient consignées sur des fiches manuelles. Aujourd'hui, tout a été informatisé, mais les disques durs sont protégés, les données aussi verrouillées que s'il s'agissait de celles d'un service de renseignement ! Ils communiquent aussi en réseaux avec des banques de données européennes qui permettent de recouper certaines informations. »

Des méthodes qui peuvent paraître banales aux yeux d'un Occidental, mais jamais la police chilienne quant à elle n'avait été confrontée à une organisation aussi structurée, capable de contrefaire des papiers d'identité comme de se rire des investigations policières, par exemple en multipliant sous les prétextes les plus divers les requêtes en suspicion légitime contre ses chefs.

« Jamais nous n'avions subi une telle pression », confie anonymement l'un d'eux, choqué d'avoir été traîné en justice par la Colonia, championne dans l'art de renverser les rôles. Situation d'autant plus inconfortable que la population locale continuait à soutenir les Allemands, tels des vassaux leur suzerain. Tous étaient prêts à expliquer que les enfants n'avaient pas à se plaindre : peut-être avaient-ils été abusés, mais au moins ils avaient eu un toit et de quoi manger ! Des propos insupportables pour qui avait eu vent de ces signaux de détresse adressés les dents serrées par certains colons au cours des perquisitions. Pour qui avait entendu parler de Karl Stricker, l'homme qui avait tenté de fuir à l'aveuglette avant d'être repris à San Carlos, faute de connaître un seul mot d'espagnol et d'avoir appris à vivre seul. Pour qui s'était surtout donné la peine de lire ces deux témoignages fournis en février 1985 par deux colons en fuite, les époux Georg et Lotti Packmor :

Lui : « Ce qui m'a surpris en arrivant à la Colonia, c'était le ton dominateur, pour ne pas dire brutal, volontiers émaillé d'insultes, que les membres de la communauté acceptaient sans se rebiffer. Celui qui hasardait une critique était entraîné dans d'interminables disputes au terme desquelles il devait reconnaître devant les fidèles de Schaefer qu'il n'avait pas raison [...]. Les papiers d'identité étaient conservés dans une armoire à laquelle n'ava ι accès que quelques personnes de confiance comme . me Schmidt et le Docteur Seewald [pédiatre] [...]. Les relations entre les pensionnaires étaient pratiquement nulles [...]. Par le biais de ses exposés religieux, [le Chef] soumettait les âmes simples et jusqu'à ses fidèles collaborateurs à un vrai lavage de cerveau. Tous l'informaient en se confessant. Ils lui rapportaient tout ce qu'ils avaient fait de mal dans la vie. Ils avouaient leurs erreurs, tout ce dont ils avaient parlé avec leurs proches, que ce soit avec leur femme, leur mère ou leur fils.

« Régulièrement, des membres de la colonie étaient transportés à l'hôpital ; pris de diarrhées, de vomissements, ils étaient placés dans l'une des deux chambres consacrées aux électrochocs, et le traitement pouvait durer des mois, voire, dans certains cas, des années, aussi longtemps que Schaefer les considérait comme dangereux pour lui. Aujourd'hui, ces personnes errent dans la colonie comme des débiles mentaux, leur vie ravagée à jamais. »

Son propre neveu avait subi ce traitement de choc après avoir été surpris en conversation avec une jeune fille de son âge dont il était vraisemblablement épris. C'est cette injustice qui lui avait donné envie de prendre le large.

Son épouse, Lotti Packmor, jadis puéricultrice en Allemagne, l'avait rejoint dans la secte en 1970. Les images qu'elle a mémorisées durant les quinze années qu'elle passa sur place sont édifiantes. En particulier la façon dont les garçons étaient surveillés, la nuit, dans leur dortoir : au moindre mouvement suspect, on les sortait du lit pour une douche froide et une grêle de coups, de préférence sur les testicules. Elle avait même vu le Docteur Seewald pratiquer des injections dans ces mêmes organes afin de les mettre hors d'état de « nuire », autrement dit hors service. Le tout assorti de médicaments à fortes doses, de confessions obligatoires, et, pour les plus récalcitrants, de mémorables raclées, parfois jusqu'au sang. Des enfants esclaves[1], voilà ce qu'elle avait vu. Réquisitionnés aussi bien pour dégager les pierres du chemin, devant les pas du Chef, que pour transporter le matériel de transmission dont il ne se séparait jamais.

Paul Schaefer avait pressenti le danger lorsque Lotti Packmor avait initié un groupe de jeunes filles à la « mode », leur expliquant notamment l'utilisation du soutien-gorge, leur enseignant l'usage de l'argent, leur donnant aussi des nouvelles d'Allemagne : il l'avait consignée au poulailler où elle ne pourrait plus

---

1. En allemand *Läufer von Dienst* (« LVD », littéralement « garçons de service »).

corrompre que les malheureux volatiles. Lorsqu'elle refit surface, deux ans plus tard, ce fut pour intégrer la cuisine centrale sous les ordres de la surveillante en chef des femmes de la colonie, Hildegard Möhring ; c'est là que l'on préparait, entre autres mets plus savoureux, la pitance des « cochons ». Elle avait également gardé quelque temps un mirador. Un parcours qui lui permettait de résumer l'idée que Paul Schaefer se faisait du genre humain :

« Il y a pour lui trois sortes d'hommes : ceux qui vivent dans la colonie et exécutent ses ordres sans contester sont à ses yeux les vrais chrétiens, les hommes de Dieu ; ceux qui ne se plient pas à ses exigences brutales sont considérés comme des malades : si nécessaire, un psychiatre chilien corrompu viendra l'attester ; les troisièmes sont les étrangers qui cherchent à s'introduire dans la colonie : ce sont les communistes. »

Ces « communistes » qu'il invoquait pour demander aux colons de ne point fermer leur courrier afin que l'on pût vérifier si l'ennemi ne pouvait faire mauvais usage de ce qu'ils écrivaient – « Votre courrier est expédié en RDA pour y être analysé », expliquait-il le plus sérieusement du monde. Et tous d'obtempérer.

C'était dix-huit ans avant l'exfiltration de Franz, de sa femme et de ses beaux-parents. Lotti Packmor se disait déjà persuadée que le « tyran » choisissait chaque jour un enfant qui le suivait, le soir, dans ses appartements. Mais on n'avait pas voulu l'écouter.

10.

La « chimère » du Docteur Schaefer

« La Colonia a le don de se faire passer pour une victime. » Auteur de ce propos, l'avocat Hernán Fernández en sait quelque chose, lui qui s'est fait l'infatigable défenseur des victimes de la colonie...

Paul Schaefer et ses associés n'ont cependant pas beaucoup à pâtir : depuis toujours la justice chilienne leur reconnaît un statut à part, peut-être parce qu'il s'agit de justiciables étrangers. Là où le Chilien anonyme purge ses cinq mois de préventive, eux ne moisissent jamais plus de cinq jours derrière les barreaux quand par infortune ils s'y retrouvent. Et cela, bien qu'ils représentent d'évidence une menace pour les victimes, mais aussi pour les investigations en cours. Nul besoin d'être juriste pour détecter là un traitement de faveur, alors que les membres d'une secte péruvienne, par exemple, ont été récemment expulsés du territoire chilien en moins de dix jours. Un peu comme si la justice locale, à Talca, voulait à tout prix éviter de froisser ces hôtes exceptionnels, quitte à faire l'impasse sur certaines déviances et autres comportements hors la loi.

Ce mardi, à Parral, un juge a cru bon de convoquer

à la même heure les suspects et leurs victimes, lesquelles se seraient bien passées de cet intimidant face-à-face. Cette bévue de plus était-elle volontaire ? Les garçons ont néanmoins tous répondu présents, ce qui n'est jamais le cas des supposées victimes vivant encore à l'intérieur de la Colonia Dignidad : les citations ne leur parviennent jamais à temps. Menue négligence supplémentaire : le juge a omis de convoquer un interprète. Pourtant, ce magistrat-là est sans doute plus soucieux d'équité que ses pairs : il dissimule à tout le moins ses sentiments à l'égard de la Colonia là où d'autres, avant lui, affichaient clairement leurs sympathies. « Pratiquez une visite domiciliaire chez l'enfant en danger », a ordonné un jour l'un d'eux à un enquêteur. Comme s'il n'y croyait pas ! Comme si les responsables de la colonie allaient tranquillement laisser venir les policiers de base sans prendre leurs dispositions...

Une justice conciliante, quand elle n'était pas passive: n'était-ce pas, pour Paul Schaefer et les siens, une garantie de longévité ?

Il faut aussi reconnaître à la colonie un excellent système de défense. Elle a toujours su remuer ciel et terre lorsque les investigations la menaçaient, y compris en criant au scandale et à la persécution. Elle a su pleinement profiter de ses comités de soutien et de son réseau économique, retournant à son bénéfice un changement de personnalité juridique qui était censé l'affaiblir après le retour de la démocratie. D'une amputation elle a fait une machine à engranger les victoires. « Nous, défenseurs des pauvres, sommes victimes d'une machination politique » : tel a été son nouveau cri de guerre. Elle s'est mise en même temps à embaucher, accroissant d'autant sa popularité. Avantage non négligeable pour le maître des lieux : les enfants ont afflué par dizaines. Paul Schaefer les contemplait à leur descente du bus : un spectacle qu'il ne manquait jamais.

Dans la brochure célébrant le quinzième anniversaire de la colonie figuraient en guise de prologue ces quelques lignes :

« Les fondateurs [de la Colonia Dignidad] viennent d'une époque et d'un pays où toutes les valeurs, qu'elles soient matérielles, spirituelles ou morales, étaient en proie à la décomposition. Ils sont issus d'un processus de formation et de fermentation dont il ne subsiste rien d'autre que l'être humain nu. Ceux qui ont constitué l'œuvre [toujours la Colonia] sont des hommes qui ont perdu leur famille en l'espace d'une seconde ; qui ont dû ramasser les cadavres des leurs ; qui ont souffert un enfer de sang, d'épouvante et de mort pendant des jours et des jours ; qui ont moisi année après année dans des camps de prisonniers... »

Rarement l'art de retourner une situation avait été poussé aussi loin : ce n'était pas le nazisme qui était responsable de la ruine de leur pays, mais le communisme et l'URSS. Ce n'était pas les Juifs que l'on avait vus mourir, c'était le peuple allemand défait dont ils étaient les fiers survivants.

Ces postures n'auraient cependant pas suffi ; la Colonia emploie aussi depuis toujours les meilleurs avocats du pays. Leur coordonnateur a ses bureaux à Chillán, à quelques heures de route au sud de Parral. À leurs côtés depuis une quinzaine d'années, cet homme élégant est installé assez modestement au premier étage d'un immeuble de construction récente. Il nous reçoit volontiers, aussi affable que nos précédentes tentatives de contact avec la Colonia ont été froides et infructueuses. Un radiateur électrique disposé à hauteur des chevilles, il trône au milieu d'armoires et d'étagères remplies des dossiers de son principal et presque unique client. Un imposant coffre-fort occupe un coin de la pièce décorée de tableaux sans valeur : des marines surveillées du coin de l'œil par un Christ chargé de remettre à leur juste place les lois forgées par les simples mortels.

Sous le contrôle de cet homme, Me Mario Patricio Ruiz Zurita, œuvrent régulièrement six avocats répartis entre Santiago, Chillán et Talca. Sur les quelque trente-cinq procès engagés lors du changement de statut juridique, nous explique-t-il fièrement, vingt-huit relevaient de l'initiative de la colonie, peu encline à se laisser marcher sur les pieds. Les sept autres avaient été intentés par l'État, dont un pour fraude douanière, « que nous avons gagné il y a quatre ans ». Le ton est donné : la démonstration de force peut commencer. Les autres procédures entamées contre la Colonia ? Peccadilles, à entendre notre interlocuteur. Quelques condamnations ont bien été prononcées, mais il s'agissait d'amendes pour infraction au droit du travail, d'un montant si dérisoire qu'elles ont été réglées rubis sur l'ongle.

Voilà balayées la première vague des ennuis judiciaires. L'avocat aborde la seconde vague avec la même tranquille gourmandise. Il en rajoute même, comme pour mieux se réjouir de leur dégonflement : « Les dénonciations ont commencé à s'accumuler contre Paul Schaefer et la Colonia. J'ai recensé jusqu'à soixante-cinq procédures criminelles ! À ce jour, sept seulement sont encore pendantes, et la seule condamnation recensée est celle d'un colon chilien poursuivi pour

avoir démoli le pare-brise d'un véhicule de la police !
Avouez que ce n'est pas un grand crime ! »

À entendre l'avocat, les preuves font cruellement
défaut à la justice chilienne qui se retrouverait aujour-
d'hui avec des dossiers « vides ». On l'invite à entrer
dans le détail de ces poursuites vouées selon lui à
l'échec. Sa réponse donne une idée de la riposte de la
Colonia qui n'a visiblement négligé aucune issue de
secours : c'est un vice de forme, nous explique-t-il, qui
a permis de débouter cette femme qui poursuivait la
colonie allemande pour « négligence médicale » ; c'est
un article méconnu de la loi sur l'adoption qui leur a
permis de ne pas divulguer les noms des enfants qu'elle
avait adoptés, et, jusqu'à preuve du contraire, la Cour
suprême approuve ce silence... Énumération conclue
par ce commentaire condescendant : « L'accusation
était mal construite. »

Les poursuites pour « association criminelle » ? Elles
n'évoluent pas d'un millimètre depuis plusieurs
années : mauvais signe pour les détracteurs de la
colonie, n'est-ce pas ? Les poursuites au civil au sujet
des permis de séjour de certains colons ? La nullité les
guetterait comme les termites la charpente !

On passe à plus gros morceau : le cas Alvaro
Vallejos Villagrán, alias « Loro Matías », ce militant du
MIR dont un témoin affirme qu'il a disparu à la colonie
en 1974. L'avocat compte bien profiter de la partie de
ping-pong à laquelle se sont livrés les juges, Juan
Guzmán ne pouvant *a priori* reprendre l'instruction
d'un dossier qu'il avait renvoyé au tribunal de Talca,
lequel s'en était dessaisi au profit d'une justice militaire... qui s'est révélée incompétente !

On imagine déjà le sort que notre prestidigitateur
va réserver aux affaires de pédophilie : dans quelques

secondes, ces poursuites n'existeront plus. Et c'est à peu près ce qui se produit : « Les investigations ne vont pas tarder à s'achever, pronostique Mᵉ Mario Ruiz. Et leur résultat est assez décevant. Le présumé auteur principal des faits, Paul Schaefer, n'a pas été retrouvé, il n'a d'ailleurs été vu par personne depuis le mois d'août 1996. Comment voulez-vous poursuivre un absent ? La présomption d'innocence s'applique à ce monsieur comme à tous les justiciables : tant qu'il n'aura pas été entendu, il ne pourra être déclaré coupable. Telle est la loi chilienne. Que reste-t-il, alors ? Des complices qui nient avoir été au courant des faits au moment où ceux-ci se sont déroulés. »

Et voilà comment un dossier d'une dizaine de tomes se voit réduit à l'état de feuille volante inoffensive.

L'immodestie guetterait-elle l'homme de loi ? « Je ne suis pas certain que ces faits de pédophilie soient faux à cent pour cent, admet-il. Je serais même assez favorable à ce que soit concédé aux enfants le bénéfice du doute. Mais, sur le plan juridique, tout cela ne tient pas la route, parce que les juges se sont fourvoyés dans la qualification juridique des faits. »

Au moins reconnaît-il avoir largement profité des faiblesses du système judiciaire chilien. Quant à l'avenir de ses clients...

« Franchement, je suis très optimiste », déclare l'avocat d'un ton serein. Ce soir, il attend communication des conclusions de l'avocat des familles. Il disposera de vingt jours pour répondre, mais annonce crânement qu'il n'en aura nul besoin : il a d'ores et déjà rédigé 950 pages à l'intention du tribunal. Un « clic » sur l'ordinateur et la torpille anti-Hernán Fernández sera dans les tuyaux.

« Je vous le dis, nous sommes vraiment sereins »,
répète-t-il devant nos remarques incrédules.

Et Mario Ruiz de reprendre adroitement à son
compte l'un des arguments de la partie adverse : « Ne
pensez-vous pas que les personnes poursuivies ont
droit à leur procès après sept ans d'une enquête interminable ? »

Difficile d'abandonner sur ce pied de nez la seule
personne qui accepte de s'exprimer au nom des responsables de la Colonia Dignidad ; nous lui posons donc
les questions que nous aurions aimé leur poser, à eux.

« Avez-vous une idée de la surface financière de la
Colonia Dignidad ?

– Ils ne communiquent pas sur ce sujet. Tout ce
que je puis dire, c'est qu'ils disposent de sept sociétés
commerciales.

– Pourquoi refusent-ils de nous voir ?

– Ils ne vous parleront pas, car ils ont été déçus par
les rares journalistes qu'ils ont reçus.

– La Colonia a-t-elle bénéficié de protections politiques ?

– Pour moi, ceci n'est qu'un conte. Je n'ai personnellement jamais reçu l'appui d'aucun homme politique. Quant au gouvernement Pinochet, aurait-il
enterré plusieurs demandes de naturalisation émanant
de responsables de la Colonia s'il les avait vraiment
protégés ?

– Que pensez-vous du cas Boris Weisfeiler ?

– Encore un dossier vide ! C'est fantastique, ces
accusations qui ne débouchent sur rien ! Cet homme a
disparu au confluent de deux rivières, à plusieurs
dizaines de kilomètres de la Colonia Dignidad... C'est
comme si vous disiez de quelqu'un qui a disparu à
Concepción qu'il s'est volatilisé à Chillán !

— La Colonia Dignidad est-elle une cause facile à défendre ?

— On a tout dit : qu'ils fabriquaient des armes atomiques, qu'ils possédaient des avions qui rentraient sous terre, qu'ils étaient des nazis, pourquoi pas des extraterrestres !... Ce sont eux, par leur façon de vivre, en refusant de se mélanger, qui ont laissé s'installer ce mythe. C'est leur faute !

— Que vous inspire la récente fugue de quatre colons ?

— De là-bas part qui veut ! Ce ne sont d'ailleurs pas les premiers ni les derniers... Ce qui les intéresse, ceux-là, c'est de se poser en victimes pour réclamer de l'argent. Or, je vous assure qu'ils étaient payés norma-lement pour leur travail. Autrefois, c'est vrai, chaque membre de la communauté apportait bénévolement sa force de travail, mais, depuis la dissolution de la société de bienfaisance, les employés touchent un salaire. Tout le reste relève de la légende noire !

— Quel portrait feriez-vous de Paul Schaefer ?

— J'ai conversé quatre fois avec lui. C'est un homme autoritaire et très intelligent, qui a toujours eu conscience de son rôle de chef. Lorsqu'il est venu me parler des accusations pour abus sexuels, je lui ai prédit un scandale monstre et lui ai suggéré de prendre un avocat spécialisé, un professeur de droit de Concepción. Nous avons formé une solide équipe, jusqu'au jour où ce professeur a abandonné le dossier.

— Pour quelles raisons ?

— Il n'a pas avancé de raisons précises.

— Selon vous, où se trouve aujourd'hui Paul Schaefer ?

— Je pense qu'il est mort. Quand il dirigeait la

Colonia, cela se voyait : les colons se consacraient entiè-
rement au travail. Aujourd'hui, on compte dix-neuf
jeunes scolarisés dans les universités chiliennes ; il y a
eu plus de quarante mariages, des naissances... De tels
changements ne peuvent s'expliquer que par le décès
de Paul Schaefer... »

Avec une régularité méticuleuse, la « communauté »
arrose largement les autorités de ses démentis chaque
fois qu'une émission ou un article l'égratigne. Du
président du syndicat des camionneurs, très puissant
au Chili, au président du Rotary Club, du grand maître
de la Loge maçonnique à « toutes les Églises évangé-
liques », du président de la Chambre de commerce de
Parral au maire de la petite commune de San Carlos en
passant par les magistrats, les sénateurs et les députés
de la région, nul n'y échappe.

Cette guerre médiatico-psychologique de tous les
instants n'épargne pas le juge Hernán González, en
charge du dossier de la Colonia Dignidad, à qui un
courrier daté du 15 août 2001 explique que l'argent
gaspillé pour capturer l'« innocent » Schaefer aurait pu
permettre de construire entre 250 et 300 maisons au
bénéfice de « tous ces Chiliens qui n'ont même pas un
toit où vivre ». Tout cela pour servir des ennemis dont
« le seul but est d'anéantir cette grande œuvre édifiée
au prix de quarante années de sacrifices et de
souffrances par un groupe d'Allemands élevés dans le
culte du travail et les valeurs de la religion luthérienne
[...], qui ont secouru des milliers de nos compatiotes,
leurs dispensant éducation et soins gratuits, des soins
auxquels ils n'auraient jamais pu prétendre dans les
hôpitaux publics, faute d'argent... ». Des phrases à n'en

plus finir, tout comme la gratitude que les responsables de la Colonia s'estiment en droit d'attendre.

Comment des personnes aussi généreuses, aussi préoccupées du sort de leurs semblables auraient-elles pu commettre les atrocités qu'on leur reproche ? Ce lancinant leitmotiv revient dans tous les courriers, en particulier ceux que la Colonia fait parapher par ses collaborateurs et supporters chiliens, les présidents de comités de soutien et autres comités de la jeunesse, régulièrement mobilisés pour attendrir une justice « persécutrice » (à une certaine époque, on a compté jusqu'à trente-deux comités, composés de cent à plus de quatre cents membres).

Santiago

Nous patientons sur un banc au premier étage d'un pavillon passablement décati, celui du secteur nº 8 de l'hôpital psychiatrique de Santiago. Les couloirs bruissent de gémissements de malades, de pas traînants ; parfois jaillit un cri plus ou moins lointain.

« Professor Otto Dörr », dit la plaque fixée sur la porte qui nous fait face. C'est le nom d'un psychiatre d'origine allemande aussi réputé pour ses travaux que pour sa défense inconditionnelle de la Colonia Dignidad. Passé les premières réticences, il a accepté de nous recevoir entre une consultation et un cours sur le poète et écrivain allemand Rainer Maria Rilke dont il passe pour être l'un des plus grands connaisseurs.

Alors que nous assistons à une scène pathétique – un mari tente de communiquer au travers d'une porte fermée à double tour avec sa femme au bord de la folie –, le praticien apparaît dans sa blouse blanche et nous invite à le suivre dans son petit bureau où un appareil électrique diffuse une chaleur confortable. Le Profesor Dörr a fait ses études de médecine à Heidelberg dans les années 60, et exerce aujourd'hui comme chef de service ; il bénéficie d'une reconnaissance professionnelle internationale et possède une impressionnante collection de diplômes. C'est lorsqu'il était médecin à Concepción qu'il a fait connaissance avec la Colonia, en 1968.

« Ils disposaient d'un vaste hôpital, une merveille, dit-il. Mais ils n'avaient pas de psychiatre. La langue allemande facilitant nos contacts, ils m'ont amené quelques malades. La personne qui traitait ces patients avec moi était en même temps pédiatre et gynécologue. Je n'avais pas une idée très claire de la vie que les colons menaient à l'intérieur. Je me souviens simplement qu'ils portaient de curieux vêtements à l'ancienne.

« Lorsque j'ai eu l'occasion de séjourner sur place, j'ai éprouvé les mêmes sensations que si j'étais dans un couvent. Les colons se levaient à 7 heures du matin. Ils partaient au travail. Ils souriaient toute la journée. Jamais de dispute, jamais d'esclandre... »

Otto Dörr se souvient d'une campagne de presse, à l'époque du premier gouvernement Frei (1993), expliquant que la colonie abritait plusieurs anciens dignitaires du régime nazi. « À l'époque, on disait aussi qu'ils construisaient un tunnel communiquant avec l'Argentine et travaillaient à la mise au point d'une bombe atomique », ironise le psychiatre. Il ramène la conversation sur le bel hôpital : sa fermeture provisoire par les autorités l'offusque. « On a prétendu que les infirmières n'avaient pas reçu leurs diplômes au Chili, mais ça n'est qu'un subterfuge ! » lance-t-il, annonçant pour bientôt la réouverture des lieux. Et de brandir l'arme décisive des défenseurs de la Colonia : le fameux rapport parlementaire sur la Société Dignité de bienfaisance et d'éducation, daté du 26 novembre 1968.

« Une quinzaine de députés allèrent sur place, y compris des communistes, explique-t-il. Ils conclurent que tout était en ordre sur le plan de la législation du travail, qu'il n'y avait rien d'anormal à signaler. »

Circulez, il n'y a rien à voir ! La commission n'avait rien trouvé qui fût contraire à la morale ou aux bonnes mœurs. Mais voilà que le « Professor » lâche le mot qui lui brûlait la gorge : la Colonia ferait l'objet depuis plusieurs décennies de véritables « persécutions ». Dans la bouche d'un psychiatre, ce terme revêt un sens précis : « Poursuites injustes et violentes. Tourments dont les premiers chrétiens eurent à souffrir. Par extension : importunités continuelles », indique le *Larousse*. Le professeur insiste : « Les persécutions se sont poursuivies sous la dictature, pour attaquer Pinochet, mais elles émanaient de l'extérieur du pays. Elles ont repris après Pinochet. »

Pour lui, tout cela relève de l'affabulation, voire du délire. La Colonia, à l'entendre, n'aurait absolument rien à se reprocher.

Lorsque que Samuel Fuenzalida, l'ancien agent de la DINA, a apporté son témoignage devant la justice allemande, Otto Dörr a voulu en avoir le cœur net. Il a pris son véhicule pour effectuer, montre en main, dans des conditions climatiques similaires, le trajet jusqu'à la Colonia évoqué par le témoin. Et l'a pris en défaut. Tout comme lorsqu'il a mesuré la distance

séparant le premier portail de la Colonia de l'hôpital :
2,7 kilomètres et non pas 300 mètres, comme le
prétendait l'ex-agent. Tout cela pour en déduire que ce
tissu d'erreurs et de contradictions affaiblissait terri-
blement l'accusation visant les membres de la Colonia.

« Ils sont asurément bizarres à cause de leur
propension à refuser la modernité et à privilégier les
méthodes artisanales, concède le psychiatre. Ils sont
convaincus que la machine est en passe de détruire
l'homme. Mais, à cause de ces accusations répétées, ils
sont obligés d'investir près du tiers de leurs revenus
pour se défendre devant la justice ! Je ne comprends
pas cet acharnement, ou je ne le comprends que trop :
le Chili est un pays très isolé, on y sympathise avec
l'étranger qui passe mais on suspecte celui qui s'y
installe. Que ce soient des luthériens plaide également
contre eux dans un pays catholique. Mais ce ne sont
en rien des fanatiques ! Le seul fanatisme que je leur
connaisse, je le répète, c'est leur refus de la modernité !
En faisant la charité sans rien demander en échange,
ils ont malheureusement fini par attirer l'attention sur
eux. »

Pour un peu, Otto Dörr ferait passer Paul Schaefer
pour un saint homme, et ses fidèles pour des disciples.
On tente de le pousser dans ses retranchements ? Il
persiste. Il propose même une explication rationnelle
aux ennuis de la Colonia : tout partirait de cet
intendant de Linares, un certain Héctor Taricco Salazar
qui les avait pris en grippe et les avait traînés devant les
tribunaux, défendu par un avocat promu à un avenir
national, le futur président de la République Patricio
Aylwin. Une sorte de grand malentendu entre la
colonie et la Démocratie chrétienne aurait fait le lit de
toutes ces « persécutions »... Un discours que l'on nous

a déjà servi plusieurs fois, mais auquel il croit pour avoir soutenu publiquement la Colonia à maintes reprises. À tel point que l'ambassade d'Allemagne, après une nouvelle tribune parue dans la presse, a décidé de rompre toute relation avec lui. Et que la commission qu'il avait créée au sein de l'École de médecine a fini par le mettre à la porte.

« J'ai commencé à être persécuté à mon tour, affirme-t-il, loin de renier ses choix. Vous savez, je suis Capricorne, j'aime bien les causes perdues, comme Don Quichotte ! »

On glisse sur cette allusion bizarre aux signes du Zodiaque pour revenir au vif du sujet : quel souvenir garde-t-il de Paul Schaefer, lui qui s'est rendu si souvent à la Colonia ?

« Lorsqu'on me l'a présenté, il m'a paru antipathique, très autoritaire. Lors de notre dernière rencontre, en 1995, il m'a en revanche semblé mentalement atteint, comme absent. Il s'assoupissait sur sa chaise à la fin des repas...

– Certains vous accusent d'avoir facilité l'achat de neuroleptiques par les médecins de l'hôpital...

– Encore une rumeur !

– Que pensez-vous des accusations d'abus sexuels ?

– Les abus sexuels sur mineurs sont possibles, mais il est absolument illégal d'avoir fait irruption au petit matin à la Colonia et d'y avoir réveillé tout le monde ! Il est inique de déranger 299 personnes alors que l'on n'en recherche qu'une seule ! »

Curieuses pirouettes, mais notre interlocuteur ne souhaite visiblement pas approfondir. Sauf pour glisser, comme si cela avait un lien, qu'il pouvait bien y avoir des colons « homosexuels » sans que l'on doive pour autant pousser les hauts cris...

« La colonie a-t-elle encore selon vous un avenir ?

– Je pense qu'ils parviendront à trouver un accord avec les autorités. À défaut, ils risquent de devenir de plus en plus paranoïaques !

– Dans quel état psychologique avez-vous trouvé ces femmes et ces hommes lors de vos différents séjours ?

– Ils m'ont paru heureux... Libres, je ne sais pas, mais heureux, oui, à voir comment ils soignent leur terre, leurs animaux, comment ils fabriquent des mets exquis.

– Quatre d'entre eux se sont récemment enfuis...

– Non, ils ne se sont pas enfuis : ils sont simplement partis ! »

D'ailleurs, le « Profesor » doit lui aussi partir. Des étudiants en lettres l'attendent à l'université : son cours sur Rainer Maria Rilke...

Longeant bientôt le mur de l'hôpital sous un soleil d'hiver, nous nous rendons à l'évidence : le psychiatre vient de dévider devant nous le conte de fées de la Colonia, un conte auquel lui-même semble croire avec force, finalement assez admiratif devant les prouesses de ses compatriotes. Au point de ne pas craindre de prendre la plume pour signer des tribunes en leur faveur dans le principal quotidien conservateur, *El Mercurio*. Extrait d'un de ces textes publié le 30 juin 1997 :

« Je suis préoccupé par le déploiement journalistique et policier destiné à capturer un citoyen allemand de 80 ans. Massives, les perquisitions ne sont pas menées sans violences, dans une colonie de trois cents personnes qui se consacrent à dispenser le bien. Ces faits sont encore plus surprenants si on les rapporte à l'impunité notoire qui a sévi dans ce pays au cours de ces dernières décennies : impunité pour la plupart des crimes commis sous le régime militaire ; impunité pour le terrorisme (a-t-on fait de même pour capturer les quarante-six terroristes qui se sont échappés de prison en 1991 ?) ; impunité pour les chauffeurs de bus et de camions responsables de plus de 40 % des morts par accidents de la route, et qui sont mis en liberté quatre jours après la mort de leur victime. Je pourrais admettre la rigueur appliquée au cas de la Colonia [...] si l'on poursuivait avec la même rigueur tous les violeurs qui, chaque jour, à Santiago, abusent de dizaines de filles, de garçons, de femmes sans défense [...]. Les dénonciations portées contre la Colonia sont fausses ou indémontrables. Ne sommes-nous pas en train d'assister à une chasse aux sorcières ? Serions-nous si arriérés que nous ne puissions tolérer celui qui est différent ? Comme, au début des années 60, l'Allemagne était déjà prospère, ils ont émigré vers notre pays pour donner un sens à leur générosité. Jamais ils n'auraient pu imaginer le cauchemar qu'ils allaient vivre : trente ans de persécutions sans trêve ! »

Prêts à écrire à la presse au moindre reportage suspicieux, les défenseurs de la Colonia ne manquent pas. Le plus encombrant est assurément le fameux Miguel Serrano, longtemps figure de proue du néo-nazisme chilien, dont nous retrouvons deux autres courriers publiés à deux jours d'intervalle dans le quotidien *Las Ultimas Noticias*, les 17 et 18 mai 1998. Extraits de cette prose sans égale :

1) « Le spectacle que le pays a donné et continue à donner à Villa Baviera, torturant une minorité ethnique à laquelle nous, Chiliens, devons tant, est

répugnant et nous fait honte, eu égard à la noble et fière nation que nous fûmes à une certaine époque... »

2) « Je défendrai Paul Schaefer ouvertement et jusqu'au bout. La Colonia n'aurait pas existé sans ce chef qui l'a créée, inspirée et a su la préserver comme un paradis pendant plus de trente ans. C'est d'ailleurs pour cette raison que ses ennemis décochent toutes leurs flèches sur lui, car, en le détruisant, ils savent qu'ils détruiront l'âme de ce corps collectif [...]. J'affirme et je soutiens que toutes les accusations portées contre ce chef, Paul Schaefer, sont absolument infondées, inventées de toutes pièces en Allemagne d'abord, ici ensuite. Pour de l'argent, les gens pauvres de la campagne seraient prêts à sacrifier l'avenir de leurs propres enfants en déclarant que ceux-ci ont été violés par Paul Schaefer [...]. Jamais un chef n'aurait pu se maintenir autant d'années, admiré et vénéré par une communauté de gens sains, travailleurs, honorables et bons, s'il avait été en réalité un pervers. »

L'État chilien a largement contribué à l'installation et au développement de la Colonia Dignidad. L'État allemand, lui, en est à tout le moins responsable par omission, complaisance ou aveuglement. « À l'ambassade, je les tiens tous dans ma main », déclara un jour Paul Schaefer devant les colons attablés. On s'en défend évidemment avec véhémence chez les diplomates concernés que nous rencontrons à l'ambassade d'Allemagne à Santiago, gros bunker ultramoderne de verre et de béton dont l'aspect contraste singulièrement avec la vétusté rurale de la Colonia Dignidad. Cette colonie est une plaie dans les relations diplomatiques entre les deux pays, nous dit-on, du moins depuis le

retour de la démocratie. Car, durant la période anté-
rieure, en particulier sous la dictature, il ne serait venu
à l'idée de personne d'aller troubler la tranquillité de
ces colons (presque) anodins...

À cette époque-là, les « fermiers » de Parral entretiennent des relations commerciales avec la petite
communauté germanique rattachée à l'ambassade,
laquelle est heureuse de consommer des produits de
première fraîcheur et de facture occidentale. Pour un
prix très raisonnable, ils boivent de la bière, comme à
la maison, dégustent des pâtisseries dignes de celles du
pays, et consomment des charcuteries à la hauteur de
celles qui ravissaient leur palais à Francfort, Berlin ou
Friedrichshafen. De quoi instaurer une saine alter-
nance avec les *pasteles de choclo*[1] et autres *empanadas
de queso*[2]. De quoi flatter également une nostalgie bien
naturelle chez tous les expatriés.

Jusqu'au début des années 80, du côté administratif,
les choses sont simples : les colons donnent pouvoir à
un hiérarque qui s'occupe de leurs relations avec l'ambassade. Après des années de facilités, sans poser la
moindre question, l'ambassade modifie pour la
première fois son attitude en 1985 : le personnel cesse
de reconnaître toute légitimité à ces chefs qui ne
peuvent plus agir au nom des autres. Après la fuite du
pasteur Hugo Baar et celle du couple Packmor, respecti-
vement en décembre 1984 et en février 1985, il est
devenu difficile de fermer les yeux. D'autant plus que
ces fuyards, connaissant les accointances entre leur
colonie et les diplomates allemands, ont préféré appeler
au secours l'ambassade du Canada. Réflexe de survie :

---

1. Gâteaux de maïs.
2. Chaussons au fromage.

« Si vous allez là-bas, leur répétait Paul Schaefer, ils vous renverront à Parral ! » Ou encore : « L'ambassade est truffée de communistes ! » Une phrase qui prend tout son sens quand on sait que la Colonia faisait partie intégrante de l'appareil de répression de la dictature.

Le consul du Canada fait venir à l'époque son homologue allemand. Ses services ont enregistré une cassette vidéo dans laquelle les trois colons témoignent de leur séjour chez le Docteur Schaefer, où, comme aux temps de l'hitlérisme, on oblige les enfants à contrôler et dénoncer leurs parents.

Les révélations d'Hugo Baar, désormais âgé de 60 ans, ont de quoi ébranler les gens de l'ambassade allemande. Il a connu Paul Schaefer en Allemagne dans le cadre d'une communauté évangélique libre, en 1954. L'homme lui fit bonne impression, notamment lorsqu'il appelait ses disciples à vivre à l'exemple de Jésus-Christ (en abandonnant père et mère pour préparer son retour) et s'employait à valoriser la confession. Une autre communauté évangélique mit sur son chemin Hermann Schmidt, reconverti en prédicateur et futur président de la Colonia Dignidad. Ensemble ils achetèrent un petit terrain près de Siegburg, qu'ils transformèrent en orphelinat : les premières fondations de la « Mission sociale privée », officiellement destinée à « recevoir les jeunes en danger ou dans le besoin ». En 1960, lui et ses deux compagnons sont partis pour un voyage de trois mois, en voiture, qui les a conduits dans plusieurs pays arabes. Puis ils ont fait la connaissance de l'ambassadeur du Chili à Bonn, lequel leur a ouvert les portes de son pays...

Quelques semaines après l'embarquement de Schaefer et de Schmidt, partis en compagnie de deux autres hommes et de deux jeunes garçons, Baar a vu rappliquer deux policiers à l'orphelinat de Siegburg. Ils recherchaient Schaefer, présumé coupable d'abus sexuels sur des mineurs envoyés chez eux en colonie de vacances.

Il n'entendit plus parler de ces histoires jusqu'en 1966, lorsque le jeune Wolfgang Müller, ayant fui la Colonia Dignidad (en volant un cheval), avait dénoncé à son tour Paul Schaefer. En tant que représentant de la Colonia en Allemagne, Baar prit alors publiquement et « de toutes [ses] forces » la défense de l'ex-prédicateur...

C'est à l'occasion d'une visite de Pinochet à la Colonia que Schaefer lui demanda de quitter l'antenne allemande et de venir à son tour au Chili. En guise d'accueil, il eut droit à une série d'électrochocs et à un traitement médical sévère (il devait seulement en prendre connaissance en bavardant avec les Packmor). Plus tard, on le plaça sous la surveillance d'un homme qui devait le former au métier de *carpintero* (charpentier), Schaefer lui ayant ordonné de renoncer publiquement à sa mission de pasteur (à Siegburg, son successeur avait déjà pris le relais). À partir de là, sa vie ne fut plus qu'une longue succession de déconvenues...

« M. Schaefer est l'unique et ultime autorité, il est pour tous les autres le seul et unique pasteur, écrit à l'époque Hugo Baar à l'ambassadeur d'Allemagne. Il est celui qui sait tout sur tout le monde, qui dispose de fiches manuscrites sur chacun, dans lesquelles il consigne tous les événements de leur vie. »

Schaefer, poursuit-il, utilise les informations recueillies en confession pour faire obstacle à ceux qui lui font ombrage, et il se débrouille pour court-circuiter toutes les conversations qui ne transitent pas par lui.

« Celui qui croit en Jésus, celui qui appartient à Dieu, dit la vérité. Le secret, le mensonge sont des manifestations du diable » : voilà un des messages que délivre Paul Schaefer à ses fidèles. « Ces notions sont tirées de la Bible, commente le pasteur Baar, mais ce qu'il en a fait depuis trente ans n'a plus rien à voir avec les Écritures. »

La lettre du prédicateur transformé par les siens en « psychopathe asocial » est un rapport à charge. C'est la première fois que la vie interne de la Colonia apparaît noir sur blanc. La loi du silence, assez forte pour que nul ne sache qui a été puni par le Chef. Pas de télévision. Lecture publique (et choisie) des journaux : l'actualité prémâchée par le « gourou ». Juste assez d'argent de poche pour prendre un bus local. Les hommes, en dortoir jusqu'à 45 ans, séparés de leurs éventuelles épouses et de leurs enfants ; fournis chaque semaine : un pyjama et un bleu de travail propres ; chaussures de ville consignées dans des armoires. Absence de liberté « intérieure comme extérieure ».

Le tableau brossé par le pasteur est sombre, entre autres parce qu'il a dû assister, bouche bée, à la correction infligée par Schaefer à sa propre fille, âgée de 28 ans.

Il continue, évoque les visites à la Colonia de « sommités » qui repartaient sans avoir rien vu, parmi lesquelles il cite l'ambassadeur d'Allemagne et un chef de cabinet du ministre de l'Intérieur du Land de Bavière. C'est simple : quand ils posaient une question gênante à un colon, raconte-t-il, Paul Schaefer plaisantait ou détournait la conversation.

La Colonia a beau tailler à son détracteur un costume de « psychopathe », l'accumulation incite Bonn à diligenter une enquête. Un débat a lieu au Bundestag, lancé par deux députés écologistes iconoclastes qui n'hésitent pas à interpeller le gouvernement fédéral sur des ventes d'armes allemandes à la Colonia, et sur l'implication dans ce trafic du chef du service du fret aérien de la compagnie nationale chilienne Lan Chile, à Francfort, un certain Wolf von Arnswalt, agent présumé de la DINA. Ou encore sur les activités du négociant en armements Gerhard Martins, réputé avoir séjourné plusieurs fois à la Colonia à l'invitation de Paul Schaefer (et entretenir des liens avec les services de contre-espionnage de la République fédérale, le BND).

Pas encore de quoi effrayer les amis allemands de la Colonia qui s'affichent toujours sans scrupules derrière le consul chilien à Munich, Fritz Bohmüller, fervent supporter du régime militaire.

L'un des artisans de ces liens amicaux n'est autre, à l'époque, que le secrétaire de l'ambassade allemande, Dietrich Linke. Idéologue connu, ce dernier est un proche collaborateur de la Fondation Hans Seidel, prolongement de la CSU, le parti de Franz-Joseph Strauss qui règne alors sur la Bavière en leader aussi incontesté que tonitruant, cultivant les amitiés les plus réactionnaires avec l'Espagnol Franco, le Portugais Salazar, deux dictateurs notoires, comme avec d'ex-nazis plus reconvertis que repentis.

Parmi les inconditionnels de la « Kolonie », un autre membre influent de la CSU, Wolfgang Vogelgegang, conseiller auprès du maire de Munich (et présentateur de télévision). Ou encore l'assistant personnel de Strauss, qui assure les liaisons avec les chefs de file de l'extrême droite européenne, de Bruxelles à Rome en passant par Vienne et Amsterdam. Détail : ministre de la Défense dans le gouvernement de Konrad Adenauer,

Franz-Joseph Strauss s'est trouvé compromis dans une affaire de pose de micros à la rédaction d'un hebdomadaire de centre droit, le *Spiegel*.

Une délégation allemande débarque au Chili le 13 décembre 1987 ; elle en repart cinq jours plus tard sans avoir pu pénétrer dans la colonie. Ordre de la justice chilienne. « Nous ne comprenons vraiment pas pourquoi les autorités allemandes s'intéressent encore à nous alors que toutes les enquêtes précédentes nous ont blanchis », lâche le Docteur Hartmut Hopp.

Malgré la puissance du lobby pro-Colonia, l'affaire Jürgen Szurgelies envenime les relations de l'ambassade d'Allemagne avec les autorités chiliennes. Le 5 avril 1988, ce jeune colon de 24 ans a été ramené de force par les carabiniers à la Colonia d'où il tentait de s'échapper pour la troisième fois. L'ambassadeur ose émettre une critique ; les avocats de la Colonia lui dénient le droit de s'immiscer dans la vie privée des colons. L'affaire aboutit devant la Cour suprême chilienne qui dénie à son tour à l'ambassade tout droit de regard sur ce colon, par ailleurs chilien. Dans la foulée, deux membres de l'ambassade se voient carrément contester leur immunité diplomatique – preuve que le Chili est prêt à aller très loin pour défendre l'honneur de la Colonia. Cette déclaration de guerre incite l'Allemagne à en appeler aux Nations unies, mais les Chiliens calment alors le jeu.

En quittant ses fonctions, l'ambassadeur allemand Horst Kullak Ublick s'adresse à la presse dans un langage peu diplomatique : lors d'une visite à la Colonia, fin 1987, il a vu 300 colons « soumis à la volonté » de Paul Schaefer. Son successeur campe sur la même ligne : l'heure est à la prise de distances entre la représentation allemande et la Colonia. Si un colon a besoin d'un document administratif, qu'il se déplace en personne !

L'embarras des autorités chiliennes transpire dans un courrier expédié le 19 octobre 1989 par le ministre chilien des Relations extérieures à son collègue de l'Intérieur. Hernán Felipe Errázuriz sait que la fin de la dictature, dont il a été l'un des piliers, est imminente. Il n'ignore pas que le scandale de la Colonia Dignidad éclatera tôt ou tard ; il cherche à en minimiser la portée. L'affaire, explique-t-il, a été à la fois « exagérée » et « instrumentalisée » par le ministre des Affaires étrangères de RFA « qui en a fait une affaire personnelle ». Cependant, elle pèse lourdement sur les relations avec ce pays « qui est notre troisième partenaire commercial, avec des échanges équivalant à un milliard de dollars. » Elle a même « amené les relations chiléno-allemandes à leur point le plus bas depuis ces seize dernières années », le gouvernement de Bonn n'ayant de cesse de dénoncer la passivité du Chili.

Pour sortir de cette impasse, le ministre a obtenu de la Cour suprême l'entrée en scène d'un juge qui vient de remettre un rapport pour le moins alambiqué. Les supposés délits ne correspondent que marginalement aux accusations portées par le gouvernement allemand qui évoquait de graves atteintes aux droits de l'homme (privation de liberté, lavage de cerveau, tortures...), se gausse Errázuriz qui a beau jeu de signaler l'ouverture de deux bénignes informations judiciaires, l'une pour escroquerie, l'autre pour exercice illégal de la médecine. La Colonia Dignidad n'en ressort pas pour autant blanchie. Des doutes apparaissent sur les vraies finalités de l'engagement de ses membres, nombre d'entre eux n'ayant pas une claire vision de leurs devoirs et de leurs droits, les richesses accumulées par le travail de tous nourrissant le patrimoine personnel de quelques-uns, etc. Il n'est même pas certain que tous les enfants en âge de l'être soient scolarisés. « L'organisation familiale ne correspond pas aux canons traditionnels de la culture nationale, puisque les enfants sont séparés de leurs parents dès leur naissance, sans raison apparente », admet le ministre, citant le rapport du juge. Mais ces quelques réserves méritent-elles vraiment qu'on s'y attarde ? Le juge ne dit-il pas aussi que les colons lui ont unanimement certifié circuler tout à fait librement ? N'ont-ils pas nié tout viol de leur correspondance, de même que toute atteinte à leur intégrité physique et morale ? Certes, le magistrat a tout l'air de prêter à cette colonie les caractéristiques d'une secte, mais de délits graves, aucune trace...

Comment le ministre peut-il se tirer d'un aussi périlleux exercice ? « Une chose est de s'en tenir à une position intransigeante face aux velléités interventionnistes allemandes ; une autre est d'ignorer complètement le rapport de ce juge qui pointe les manquements de la Colonia », termine-t-il non sans suggérer timidement à son collègue de l'Intérieur d'œuvrer en faveur d'une plus grande transparence de la colonie allemande, sachant que celle-ci bénéficie tout de même d'avantages fiscaux non négligeables...

Des vœux emportés avec le régime militaire...

Deux ans plus tard, en septembre 1991, un nouveau cap est franchi lorsque le chancelier Helmut Kohl, à l'occasion d'une visite officielle à Santiago, évoque le sort de la Colonia : il soutient l'action du président Patricio Aylwyn qui tient les rênes depuis l'effacement de Pinochet. « Je suis partisan d'abattre tous les murs construits par ceux qui ont quelque chose à cacher », déclare le Chancelier. Dès lors, le sort de la Colonia est en théorie scellé.

Le réveil sera forcément cruel lorsqu'on découvrira que les abus sexuels évoqués dans les années 50, puis à nouveau en 1966, n'ont été poursuivis que... dans les années 90 !

« Ces abus sexuels, reconnaît un diplomate en poste à Santiago, expliquent à la base tout le projet. Si Paul Schaefer est parti d'Allemagne en 1961, c'est à cause d'un mandat d'arrêt lancé contre lui par un juge de Siegburg où il avait monté un lieu de vie pour orphelins de guerre. Tous savaient parfaitement qu'il n'existait pas d'accord d'extradition entre l'Allemagne et le Chili. Schaefer a contraint des dizaines de femmes et d'hommes à vendre leurs biens et à en verser le produit à la communauté. »

Pas plus que les autorités locales, l'ambassade ne sait précisément combien de personnes vivent aujourd'hui sur place. Elle n'est pas plus capable de dire combien de personnes y sont nées, ou combien y sont mortes, encore moins combien y ont été adoptées au fil des ans. Les listes disponibles ne sont plus actualisées depuis belle lurette, le passeport n'étant pas un titre obligatoire, mais plutôt une denrée rare dans la colonie, hors du cercle restreint de la vingtaine de hiérarques.

« Ils vivent ici depuis plus de quarante ans et nous n'avons aucun moyen de les contrôler », s'excuse, sous le sceau de l'anonymat, ce conseiller d'ambassade. Il renvoie poliment la balle dans le camp chilien, seul juge du respect de la loi sur son territoire, la Colonia Dignidad ne bénéficiant pas, contrairement à certaines apparences, de l'immunité diplomatique...

« Ils ont survécu à tous les régimes, poursuit notre interlocuteur. Ils ont connu un gouvernement conservateur, puis un progressiste, un gouvernement socialiste, puis un communiste qui n'a même pas été capable d'extrader un Walter Rauff ! »

Lorsque l'ambassade refuse d'accorder des passeports à une dizaine de responsables de la colonie en 1998, ceux-ci attaquent la décision devant la justice allemande. Et obtiennent gain de cause, aucune raison valable ne pouvant légitimer un tel refus. Les juges spécifient seulement que ces passeports ne devront pas leur permettre de se rendre en d'autres pays que l'Allemagne et le Chili.

Il y a un mois, une délégation de l'ambassade s'est rendue à Parral dans l'idée de rencontrer le maximum de colons. Une antenne consulaire y a été mise sur pied, l'espace de quelques jours. Une soixantaine de personnes ont fait le déplacement en autobus, encadrées par les responsables de la colonie.

« Nous avons pu parler avec eux, raconte un témoin de ces échanges. Mais nous avons eu le net sentiment que ces gens-là n'étaient pas venus de leur plein gré, qu'ils avaient été préparés et nous resservaient un discours stéréotypé. Ils avaient reçu des recommandations précises. »

Le désir de se conformer à la stricte légalité a empêché le personnel de l'ambassade de pousser plus loin ses investigations.

Derniers coups de téléphone, ultimes tentatives pour joindre ceux qui nous ferment obstinément leur porte.

Le jeune Angel Rodrigo Salvo Fuentes finit par nous répondre.

Victime des pulsions sexuelles de Paul Schaefer, le fils de Verónica rencontrée à Parral nous jette sa souffrance au visage. C'est en l'invoquant qu'il voudrait monnayer son témoignage. Parce que quelqu'un doit bien payer, au bout du compte !

« Jusqu'à présent, explique-t-il, j'ai l'impression d'avoir été pressuré pour rien, d'avoir été manipulé par tout le monde sans rien obtenir. »

C'est lui qui a disparu avec son père dans le sud du Chili, pendant deux ans et demi, au nez et à la barbe de sa mère et des enquêteurs qui avaient fini par démontrer que le père touchait de la part des Allemands un salaire mensuel de 200 000 pesos (moins de 300 euros). Parce qu'il parle l'allemand, langue apprise à la colonie, il a été souvent réquisitionné par la police au cours de l'enquête. Trop, à son goût. Une journaliste allemande se serait par ailleurs jouée de lui. Elle l'aurait filmé de face en lui promettant que son visage serait brouillé ; une promesse non tenue... Il a dû modifier son apparence physique après la diffusion de ces images par la télévision chilienne... « Un calvaire », dit-il.

Aujourd'hui, Rodrigo Salvo voudrait reprendre ses études, mais n'en a pas les moyens. En attendant, il travaille comme vigile. Une planche de salut économique autant qu'un réflexe de survie : sous l'uniforme du « privé », l'ex-colon malgré lui tente de se placer dans un autre camp que celui des victimes. Définitivement, si possible. C'est sa manière à lui de se défendre quand les tribunaux se dérobent.

D'aucune utilité pour lui, nous n'avons plus qu'à nous excuser pour le dérangement.

Ce soir, Hernán Fernández, qui est aussi son avocat, fait à nouveau route vers Parral. Lui y croit encore, comme on croit à la remontée des températures en plein hiver.

Nous ne pouvions quitter Santiago sans nous rendre à cette adresse. C'est celle de la Colonia dans la capitale : une maison individuelle, entourée de murs, en bordure d'une large avenue portant le nom du plus grand stade de la ville, celui du fameux homme à la cagoule. Juan René Muñoz Alarcón, ancien dirigeant socialiste, avait dénoncé ses camarades parqués dans le stade[1].

« La première fois que nous nous sommes rendus sur place, nous a expliqué un policier, nous avons découvert l'existence d'un souterrain assez vaste pour abriter plusieurs véhicules. L'entrée était dissimulée sous le gazon, amovible grâce à une rampe hydraulique. Pourquoi avoir aménagé ce bunker *a priori* indétectable ? De qui avaient-ils peur ? De quoi se protégeaient-ils ? Nous n'avons pas pu le savoir. Cette construction n'était en tout cas mentionnée sur aucun plan.

« Lorsque le juge, un mois plus tard, s'est présenté sur les lieux, le souterrain avait changé d'allure. Impeccable lors de notre passage, il donnait l'impression d'être laissé à l'abandon depuis des années. Les toiles

_____

1. Voir chapitre premier.

d'araignée et la saleté avaient tout envahi. Nous avons compris que nous avions affaire à des rois de la mystification. »

À la Colonia, de même, quand la police avait enfin pu détecter quelques galeries, une main anonyme avait actionné un robinet qui les avait aussitôt remplies d'eau...

Il n'est pas loin de midi lorsque nous sonnons à la porte. Le chien, un berger allemand, se fait entendre le premier. Puis un homme entrouvre le portail. Il a une cinquantaine d'années.

« Je ne suis ici qu'un employé », tient-il à préciser d'emblée dans un espagnol à l'accent allemand.

Bavarder avec nous ? Il maintient la porte entrebâillée, comme pour préserver cette barrière entre lui et nous qui restons sur le trottoir.

« C'est vrai, concède-t-il, les affaires de la Colonia prospèrent. La charcuterie, le miel "pur Cordillère", les gâteaux se vendent bien ; les magasins ouverts à Santiago ne désemplissent pas. Le bois se vend aussi. La branche « construction » se porte bien... »

Le regard de l'homme est sans éclat, sa bouche ne sourit pas. Il répond parce qu'il le faut, d'une voix monocorde, et ne s'anime que lorsqu'il s'adresse en allemand au cabot qui s'agite derrière lui. Une allusion aux démêlés de la Colonia avec la justice, et il entonne le refrain du colon offusqué :

« Ils ont voulu tuer la Colonia ! Nous avons eu beaucoup de soucis, mais, aujourd'hui, ça va mieux.

— Des colons viennent pourtant de s'enfuir, en avez-vous entendu parler ?

— Le jeune Franz était très pauvre ; c'était aussi un garçon capricieux qui nous a causé beaucoup d'ennuis. Sa femme était à moitié folle... »

On croit leur compte réglé, mais ce n'est pas terminé :

« Le père, lui, était communiste ! Ils doivent trouver une explication à leur sortie, alors ils nous couvrent d'ordures. Je crois qu'ils veulent monter leur propre société, s'établir à leur compte. Allez voir le chef, Wolfgang Müller, il vous dira...

– Nous lui avons laissé plusieurs messages, sans résultat. Nous nous sommes même rendus sur place où nous avons été surpris par l'importance des protections...

– On a comparé la Colonia à un camp de concentration, mais ce n'est pas la vérité. Vous savez, les Chiliens sont assez chapardeurs, c'est pour cela que nous avons disposé des barbelés. »

Cet employé de la Colonia bénéficie d'un traitement de faveur : le simple fait de vivre en ville avec son épouse est un privilège qu'apprécie à son juste prix cet ancien agriculteur. Il ne se plaint d'ailleurs de rien, même si une lueur fugace éclaire ses yeux lorsque nous lui demandons si sa femme et lui vivent ici avec leurs enfants.

« J'avais 42 ans lorsque nous nous sommes mariés, et elle 52. Il était trop tard pour avoir des enfants.

– Pourquoi avoir tant attendu ?

– C'est difficile à expliquer... D'ailleurs aucun de mes frères et sœurs n'a eu d'enfant. Paul Schaefer freinait les mariages, je ne sais pas bien pourquoi. J'étais allé lui demander la permission d'épouser une femme quand j'avais 22 ans. Il avait répondu que je n'en étais pas capable. "Cette femme ne t'aime pas !" avait-il ajouté. Et celle que j'aimais en a finalement épousé un autre. Je n'ai pu me marier que lorsque Paul Schaefer est parti.

– Parti ? Depuis combien de temps ?

– Cela fait cinq ou six ans que je n'ai plus de nouvelles de lui. Plus rien. Pour moi, il est mort.

– Vous le regrettez ?

– C'était un homme dur et autoritaire, qui a servi dans l'armée de Hitler comme beaucoup de nos pères. Il a fait de bonnes et de mauvaises choses... Aujourd'hui, la vie dans la colonie est plus démocratique, chacun a le droit de s'exprimer.

– Vous avez beaucoup travaillé, n'est-ce pas ?

– Nous ne travaillons pas comme les Chiliens ; nous travaillons jusqu'à ce que la tâche soit terminée... »

Propos énigmatique, tout comme le visage de cet homme qui a voué sa vie au service de la Colonia. A-t-il jamais eu le choix ? Il est arrivé dans le port de Valparaíso en 1962, à l'âge de 5 ans, à bord d'un paquebot italien, avec sa mère, ses neuf frères et sœurs, et une cinquantaine de futurs colons. Un long voyage, se souvient-il, plus d'un mois de traversée.

« Lorsque nous avons débarqué, j'ai eu peur. C'était l'hiver. Nous n'avions presque rien avec nous, tout était resté en Allemagne. Nous avons été chargés à bord de camionnettes qui nous ont conduits jusqu'à Parral. Une petite bicoque en bois nous attendait. Autour, il a fallu tout aménager, tout faire, alors on a travaillé dur... »

Plus de quarante ans ont passé. Aujourd'hui, dit-il, l'Allemagne n'est plus qu'un vague souvenir. Les trois pics qui se dressent au-dessus de la Cordillère, à l'arrière-plan de la Colonia, font office, chez lui comme chez les autres, de « madeleine de Proust », depuis qu'on leur a présenté ces sommets comme l'exacte réplique des Alpes bavaroises.

« Paul Schaefer était natif de là-bas, ajoute-t-il. C'est aussi pour cette raison que nous aimons les costumes tyroliens. »

La Colonia sait se défendre, elle attaque avec constance tout ce qui lui déplaît, mais elle ne gagne pas toujours.

Évoquant les « pratiques sexuelles perverses » de l'ex-colon Wolfgang Müller en 1966, elle était parvenue à déstabiliser ce premier fugitif en lui renvoyant ses propres accusations au visage : le pervers, l'obsédé, le mauvais, le « psychopathe », c'était lui ! Ils étaient prêts au besoin à rédiger cent pleines pages pour étayer leurs dires, mais c'était inutile : la justice chilienne infligea cinq ans de prison au fuyard ! Un épisode qui lui aura inspiré ce commentaire, des années plus tard : « Ceux qui fuient la Colonia Dignidad se retrouvent en butte à une telle campagne de diffamation que ce sont les victimes qui finissent par passer pour des criminels. Pour cette raison, fuir relève quasiment du suicide. »

Le plus lourd des affrontements judiciaires que Paul Schaefer et les siens aient eu à subir reste cependant celui qui a suivi la publication d'un rapport d'Amnesty International sur la Colonia, en mars 1977[1]. Une incroyable partie de bras de fer au cours de laquelle la Colonia a su faire montre de ses exceptionnelles capacités de survie.

L'homme par qui le scandale est arrivé s'appelle Helmut Frenz. Allemand, il a vécu plusieurs années au

---

1. « Colonia Dignidad, fundo modelo en Chile, un campo de torturas de la DINA » (« La colonie Dignité, une ferme modèle au Chili, un camp de tortures de la DINA »).

Chili où il a exercé comme évêque de l'Église luthérienne. Non seulement il a côtoyé de près la dictature, mais il a récolté plus d'informations sur la Colonia que tous ses compatriotes réunis.

De retour au pays, devenu président de la branche allemande d'Amnesty, il a décidé de braquer les projecteurs sur cette anomalie de l'Histoire. Les barbelés, la torture, les disparitions, les droits de l'homme bafoués : le scandale éclabousse alors l'Allemagne, amplifié par le magazine *Stern*, hebdomadaire à grand tirage.

Amnesty International ne se contente pas de diffuser sa brochure : l'organisation dépose une plainte avec, à l'appui, les premières déclarations de Luis Peebles et Erick Zott, d'anciens prisonniers.

La Colonia riposte six semaines plus tard par le truchement de son « bureau » à Siegburg, la « Mission sociale privée ». Ses avocats se présentent devant le tribunal pour réclamer l'interdiction de mentionner la Colonia Dignidad comme centre de tortures. La justice allemande diligente une enquête pour dissiper le soupçon. À charge, pour Amnesty International, de prouver la validité de sa plainte.

Certes, Peebles et Zott avaient les yeux bandés lorsqu'ils ont été conduits à la colonie, mais, en se rendant sur place, la justice pourrait vérifier leurs dires.

« Les interrogatoires étaient réalisés à la colonie avec un professionnalisme et une froideur qui n'avaient pas encore cours à la caserne Terranova[1], déclare Erick Zott. À la Colonia ne régnait aucun climat d'hystérie : ils laissaient entendre qu'ils avaient tout le temps nécessaire pour parvenir à leurs fins.

---

1. La « Villa Grimaldi », à Santiago.

Pourtant, même sans ce climat de folie, cela reste l'épreuve la plus sinistre que j'aie eu à connaître. »

La Colonia joue la montre. Elle interrompt tout contact avec l'extérieur au motif qu'il faut laisser la justice faire son œuvre.

Le gouvernement allemand adopte la même attitude : aucune déclaration durant la procédure judiciaire. Celle-ci s'éternise de longues années.

Seul souci de taille pour la Colonia : son avocat allemand, Me Felix Busse, l'abandonne au beau milieu du gué. Le choix de son successeur lève le voile sur les connexions de Paul Schaefer : Me Hartmut Kessler, c'est son nom, est également l'avocat du marchand d'armes allemand Gerhard Martins, l'homme qui anime à l'étranger le cercle des amis de la Colonia.

Le nouvel avocat opte pour une tactique radicalement différente de celle de son prédécesseur. Il recherche un accord pour éviter le procès : la Colonia reconnaît sa part de responsabilités et Amnesty retire sa plainte, propose-t-il.

Refus de l'organisation qui dévoile ses preuves une à une. Preuves aussitôt démontées par l'avocat de la Colonia, lequel reprend confiance, fermement soutenu (nous sommes encore en pleine dictature) par le ministère chilien des Affaires étrangères et convaincu que les hommes de Paul Schaefer sauront modifier le décor à coups de bulldozer de manière à ce qu'aucune reconnaissance ne soit crédible.

Sept ans après le début des hostilités, en 1984, nouvelles défections : Hugo Baar, le pasteur de la secte, a décidé d'abandonner les siens avec son épouse Dorothea, imité deux mois plus tard par Lotti et Georg Packmor. L'ennemi vient cette fois de l'intérieur. Effet boomerang garanti.

Le ministère allemand des Affaires étrangères ne peut feindre l'ignorance : il entre à son tour dans le jeu judiciaire. Une enquête vise directement Paul Schaefer, soupçonné de gérer sa secte comme une prison.

La justice chilienne rivalise de lenteur pour donner suite aux demandes du procureur près le tribunal de Bonn. Et pour cause : l'ancien avocat chilien de la Colonia, Jaime Del Valle, est désormais ministre de la Justice de Pinochet. D'un trait de crayon, il renvoie la commission rogatoire internationale à son expéditeur. Motif : copie incomplète et mal traduite.

Le pasteur Helmut Frenz, qui a été expulsé du Chili pour raisons politiques en 1975, crie au scandale. L'opinion allemande, alertée, montre des signes d'impatience. Conséquence la plus visible : le personnel de l'ambassade d'Allemagne à Santiago est interrogé. Insuffisant pour percer les secrets de la Colonia, et davantage encore ceux d'une dictature qui est loin d'avoir abdiqué. Insuffisant pour affoler un Paul Schaefer à peu près convaincu de son immunité.

La commission rogatoire internationale adressée par le tribunal de Bonn en 1982 connaît un début d'exécution en 1988 : avec l'accord de la Cour suprême du Chili, Lidia Villagrán, juge des affaires civiles à Parral, est autorisée à opérer une descente à la Colonia pour vérifier l'authenticité de témoignages recueillis... dix ans plus tôt !

Elle se rend sur place avec quatre fonctionnaires du tribunal, quelques policiers et les avocats des deux parties. On la voit sur la route reliant Talca à Parral, chronomètre et stylo en main. Puis sur la route menant de Bulnes à Parral. Elle réclame que l'on fasse tourner les moteurs d'avion et celui d'un générateur. Et demande à visiter dix-huit des quarante-neuf bâtiments répertoriés. Des vérifications qui convainquent à l'époque les deux avocats d'Amnesty, Maximo Pacheco (alors président de la Commission chilienne des droits de l'homme) et Sergio Corvalán. Sauf que la juge accomplit sa mission de façon purement formelle, sans vraiment donner l'impression de vouloir percer le rôle exact de la colonie dans la répression politique.

L'« interrogatoire » de Paul Schaefer est particulièrement épique. La scène se déroule déjà à l'hôpital, lieu que prise fort le « Docteur » pour recevoir ses hôtes juges ou policiers.

« Maladie subite, s'excuse l'un de ses avocats. Vous n'avez pas plus de vingt minutes », précise-t-il à l'intention de la juge.

Des arrestations ? Des détenus « sélectionnés » ? « Une folie. Une bêtise ! » tranche le « malade ».

Des personnes torturées à la Colonia Dignidad ?

« Ce n'est pas exact. »

Hermann Schmidt, dont l'ex-détenu Iván Treskow affirme qu'il est l'un de ses tortionnaires ?

« Je le connais, concède Paul Schaefer, avare de ses mots. Il était effectivement à la Colonia Dignidad en 1973. »

La DINA ?

« Ce doit être un organe de l'armée, je suppose. C'est ce que j'ai appris par les journaux. En réalité, je ne sais pas au juste de quoi il s'agit. »

L'un des avocats d'Amnesty ose-t-il poser une question plus insidieuse sur les relations entre la Colonia et la DINA ? Question rejetée par la juge.

« La Colonie Dignité n'existe pas ! C'est une chimère ! » finit par s'emporter Paul Schaefer.

Seul maigre réconfort : l'aveu, par un colon, de la présence d'un pont de bois, quelques années plus tôt, sur le chemin menant à la colonie. Ce fameux pont que les prisonniers avaient entendu grincer sous les roues, mais dont le tablier avait été modifié...

Dans sa sentence rendue en octobre 1997, le tribunal reconnaît en la Colonia Dignidad un lieu de tortures. Pour autant, au Chili, la « chimère » (« Monstre à tête et poitrail de lion, ventre de chèvre, queue de dragon, crachant des flammes », dit *Le Petit Robert*) n'a pas fini d'effrayer.

ÉPILOGUE

Enfant, le survivant Luis Peebles avait eu la malchance d'atteindre un carreau avec son lance-pierres alors qu'il visait un chat. Le carreau appartenait à une famille allemande : la famille Shaffer.

Hans Shaffer, le père, était venu se plaindre auprès de ses parents, apportant avec lui l'objet du délit : un caillou.

Sur ces entrefaites, survient le coup d'État du 11 septembre 1973. Comme il nous l'a raconté, Luis Peebles quitte alors rapidement Concepción avec femme et enfants, traverse le pays en direction du nord et se retrouve à Antofagasta, sa ville natale. Là, il décide d'aller frapper à la porte de l'ancien voisin de ses parents, devenu entre-temps consul d'Allemagne.

Il demande poliment à Hans Shaffer s'il ne pourrait pas l'aider à quitter le pays.

Le consul répond qu'il ne peut rien pour lui ni pour sa famille.

Rien ne permet d'affirmer que ce refus ait eu un lien avec le carreau cassé autrefois, mais l'entrevue augurait mal de l'avenir.

Peu après, Luis Peebles tombait sur un autre Schaefer, quasi-homonyme du premier.

Trente ans plus tard, devenu médecin à Santiago, il contemple le désastreux spectacle de l'impunité avec la lucidité de celui qui sait qu'il a payé le prix fort pour son engagement politique.

« Pour obtenir que la vérité soit reconnue, dit-il, il faut sans cesse pousser. Au bout d'un moment, on se fatigue. Plutôt que d'insister pour voir les choses en face, on cherche alors à les contourner... »

La justice chilienne a-t-elle encore une chance de faire son œuvre ?

Chacun guette celui qui brisera le premier l'*omerta*. Chacun y va de son pronostic.

« Les carabiniers vont craquer », dit l'un. Mais rien ne vient.

Les avocats de la Colonia attendent, prêts à brandir l'arme de la prescription, trop facile échappatoire.

Les intellectuels ne se précipitent pas pour pallier la carence des juges. La classe politique déploie des efforts pour assumer sa part, à l'instar du député Sergio Aguiló : « Les principales responsabilités sont à chercher au Chili même, dit-il. Ce sont d'abord celles de la classe politique qui a toléré cet État dans l'État, mais aussi celles du pouvoir judiciaire qui n'a pas su condamner des infractions pourtant manifestes. En fait, la Colonia Dignidad a toujours eu le pouvoir à sa main. »

Et ce n'est pas terminé, à lire les déclarations faites il y a peu par un député de l'UDI (droite), Jorge Ulloa, au sujet de Boris Weisfeiler, le disparu russo-américain. Sa thèse : Weisfeiler ne serait pas mort. Il serait

simplement venu dans cette région du Chili pour disparaître et changer d'identité à la faveur d'une opération
montée par les services de renseignement. Plus c'est
énorme, mieux ça passe, n'est-ce pas ?

« La plupart des victimes sont des gens très pauvres,
insiste la mère d'un disparu de Parral. Le problème,
avec les pauvres, c'est qu'aux yeux de la justice
chilienne, ils ne comptent pas. C'est comme les carabiniers : ils ne traitent pas le riche comme le pauvre. »

Si la Colonia Dignidad s'est récemment affaiblie, ce
n'est pas sous les coups de boutoir de la justice
chilienne, pas davantage sous la pression de l'État
allemand. C'est grâce à ces mères qui ont su ramener
leurs enfants à elles, en dépit de l'intense lavage de
cerveau auquel ils avaient été soumis.

Faudra-t-il à nouveau aller réclamer justice à
l'étranger ? Hernán Fernández est tenté de le faire pour
sauver le dossier « pédophilie ». « Si nous ne pro-
gressons pas, nous irons devant une cour internationale », dit-il.

Cruel constat d'échec quand chacun s'accordait à
penser que le salut, cette fois, viendrait de l'intérieur.
Ou cinglant bulletin de victoire pour les forces armées
qui se sont toujours mobilisées, souvent aux côtés des
forces conservatrices, pour annihiler toute procédure
judiciaire digne de ce nom.

Champions des confessions filmées et du contrôle
mental, les techniciens de la Colonia Dignidad n'ont en
fin de compte jamais démérité. À la haute époque de la
guerre contre la « conspiration judéo-communiste », ils
ont reçu la bénédiction de Washington pour broyer
quelques intellectuels chiliens récalcitrants. Cela leur a

conféré des droits et un savoir-faire inégalé. Ils sont en train de démontrer qu'ils ont aussi pour eux l'endurance.

Conformément à une théorie prise à la lettre par les nazis, selon laquelle on est chez soi là où l'on a versé son sang, ils se sentent chez eux sur ce lopin de terre acheté jadis au Chili. L'embarras des officiels allemands ne les a jamais vraiment perturbés. Leurs relations étroites avec d'éminents représentants du complexe industriel bavarois pesaient plus lourd que ces admonestations. L'impunité est chez eux une seconde nature depuis que leur territoire a abrité les expérimentations de la CIA et du Pentagone en Amérique latine. Telle est du moins la thèse défendue par Orlando Lubbert, le cinéaste chilien le plus connu hors de son pays, qui nous reçoit à Santiago :

« La Colonia Dignidad était le Harvard de la guerre psychologique », dit-il. Il est bien placé pour le savoir, lui qui a fait ses débuts en Allemagne et signé, en 1985, une fiction autour de la Colonia de Paul Schaefer. Pari difficile, tant la réalité surclasse ici toutes les fictions. Les surclasse et les distance aisément, car force est de constater qu'à l'heure où nous publions ce livre, la Colonia existe toujours !

Le maire de Parral continue d'apporter un soutien indéfectible aux Allemands.

L'hôpital fonctionne plus ou moins clandestinement avant sa prochaine réouverture officielle.

Avec un froid machiavélisme, les fidèles du fondateur entretiennent une progagande efficace selon laquelle rien n'est plus comme avant – et ça marche !

Dans un silence complice, la Colonia étend son empire économique. Elle envisage même un recyclage, une opération de blanchiment de son image, puisque ses responsables songent sérieusement à transformer les lieux en site touristique, genre séjour à la ferme, randonnées à pied ou à cheval, rencontre avec l'habitant... Une manière d'ajouter au passage une source de revenus supplémentaires tout en poussant sur le devant de la scène une nouvelle génération.

Paul Schaefer apparaît comme le grand gagnant de l'histoire. Avec un peu de chance, il vit toujours sur place. Pourquoi aurait-il quitté ce monde taillé à sa mesure ? Pourquoi fuir le paradis sitôt les travaux d'aménagement terminés ? Ne serait-ce pas un excès de renoncement ?

En attendant, il est devenu un mythe vivant aux yeux des siens. Assez malin, à l'époque, pour enfumer toutes les polices d'Amérique latine. Assez bien entouré pour que l'un de ses proches, Hermann Schmidt, encore en vie, aille un jour raconter à la presse que le « vieux » était parti dans les montagnes, un pistolet en poche. Dans le genre héros d'un conte cruel japonais. Presque un demi-dieu.

Des abus sexuels sur mineurs ? Simple « incident » de parcours, fait savoir la Colonia. Juste de quoi nourrir une brève dans les colonnes de la presse quotidienne. Lassée par les péripéties judiciaires orchestrées de main de maître par les avocats de la Colonia, une fraction de l'opinion chilienne s'est d'ailleurs rangée à cette approche confortable.

Au fait, pourquoi se préoccuper des « victimes » supposées vivre encore à l'intérieur ? Les portes ne sont-elles pas ouvertes ? Seuls ceux qui savent ne lâchent pas. Au nom de quoi ? « Pour tourner l'une des pages les plus noires des violations du droit au Chili », dit l'avocat Hernán Fernández. Et faire en sorte que ne se réalise pas la prophétie de la survivante de Talca, Adriana Bórquez, qui nous disait d'une voix hachée par la pluie cinglante :

« Pinochet et Schaefer vont mourir de leur belle mort, je n'ai aucun doute là-dessus. Comme les nazis en leur temps, la Colonia s'est constitué un trésor de guerre. Elle a acheté plein de terres, dans le Sud, où l'on verra bientôt fleurir plein de petites colonies... »

« La Colonia a évolué », suggère encore Hernán Fernández pour qui l'absence physique de Paul Schaefer est perceptible, notamment à cause du pouvoir accru que semblent exercer désormais ses principaux complices.

« Il y a aujourd'hui au sein de la Colonia Dignidad une course au pouvoir, dit-il, qui se double d'une course à l'héritage, car les richesses à partager sont colossales. »

La Colonia s'ouvre : les premiers postes de radio ont fait leur apparition, les fils des hiérarques s'offrent même le luxe d'études universitaires à la capitale. Elle s'ouvre, mais, qu'il soit dehors ou dedans, Paul Schaefer semble encore tenir les rênes.

Que se passerait-il si la Colonia était liquidée ? Que deviendraient ces colons qui ne connaissent pas la liberté ? Que ferait-on des retraités ? Quel sort réserver à la quinzaine de dirigeants, actionnaires ou gérants de sociétés, dont certains pourraient être considérés par la justice comme des complices de Schaefer ? Ces dernières années, ceux qui ont fui la communauté sont restés au Chili. Attendent-ils un dédommagement ? Parfois, on a pu penser qu'un pacte secret les liait à leur ancien maître, au terme duquel ils seraient récompensés de leur silence, en nature, sous forme de terres ou d'argent.

« La rumeur dit que l'on va amnistier tout le monde, nous confie le journaliste Esteban. Elle dit qu'ils sont en train de négocier pour parvenir à un accord tacite, car on ne peut continuer à enquêter encore pendant des années... »

Une messe basse, et l'on passera à autre chose : cette issue ressemblerait tant au pays que l'on serait tenté de la prendre au sérieux.

La balle est une nouvelle fois dans le camp de la justice française. Elle est la seule à pouvoir juger Augusto Pinochet et Paul Schaefer par contumace, procédure ignorée du droit espagnol comme du droit argentin. Va-t-elle franchir le pas ? Un troisième juge a mené à bien les ultimes investigations sur la disparition des cinq Français. L'enquête close, désormais forte de vingt-cinq tomes, cette somme a été transmise au Parquet ; de l'exécutant au décideur, des « petites mains » de la torture aux stratèges, toute la chaîne a été mise au jour. Une enquête presque parfaite. La législation chilienne permettrait même à la France de réclamer l'extradition de citoyens chiliens résidant dans leur propre pays.

Reste cependant à prendre la décision d'ouvrir ce procès historique. Un tel événement honorerait certes la justice française, mais est-il vraiment « opportun » ? Politiquement bienvenu ? Et commercialement judicieux ? Ne risque-t-on pas de choquer en déclenchant une action qui relève finalement en propre du peuple chilien ?

Mauvais signe : transmis par le biais d'Interpol, les mandats d'arrêt ne l'ont jamais été par la voie diplomatique, la seule à être reconnue par le Chili. Ont-ils été retenus Place Vendôme par une main « innocente » tandis que le substitut David Peyron auquel le dossier a été transmis se demandait par quel bout il allait entamer la lecture d'un tel « monstre » ?

À ce train, l'ex-dictateur et le prédicateur allemand de la Cordillère, dont les sorts sont intimement liés, le second profitant largement de l'impunité du premier, mourront probablement sans avoir jamais rendu le moindre compte.

Car si « La Vérité demeure pour l'éternité », comme le proclamait la colonie sur son fronton, les hommes, eux, sont mortels. Même l'« Oncle perpétuel ».

ANNEXES

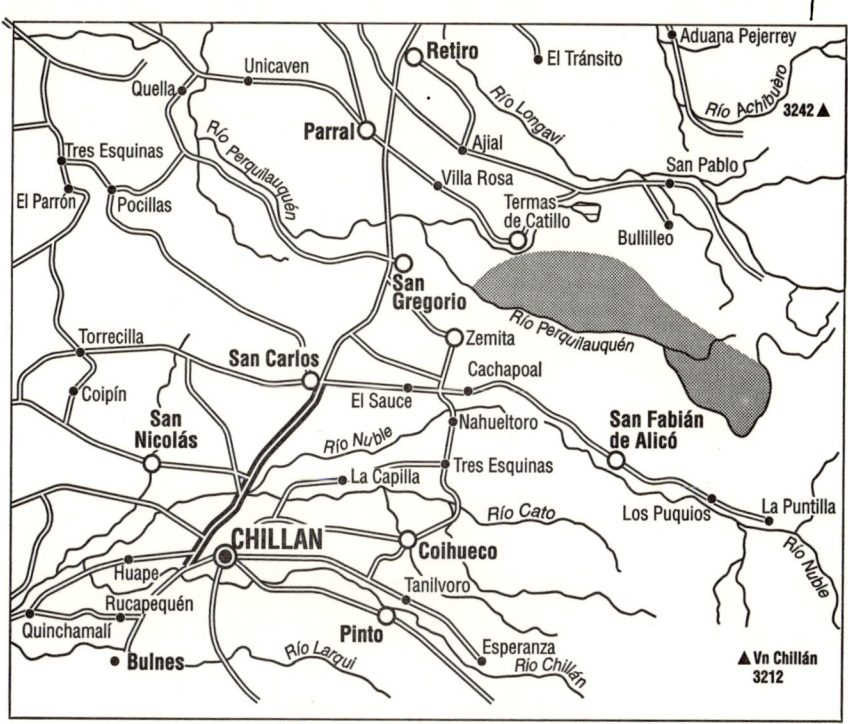

Carte de la région de Parral

en gris, le territoire de la Colonie Dignidad (15 000 hectares)

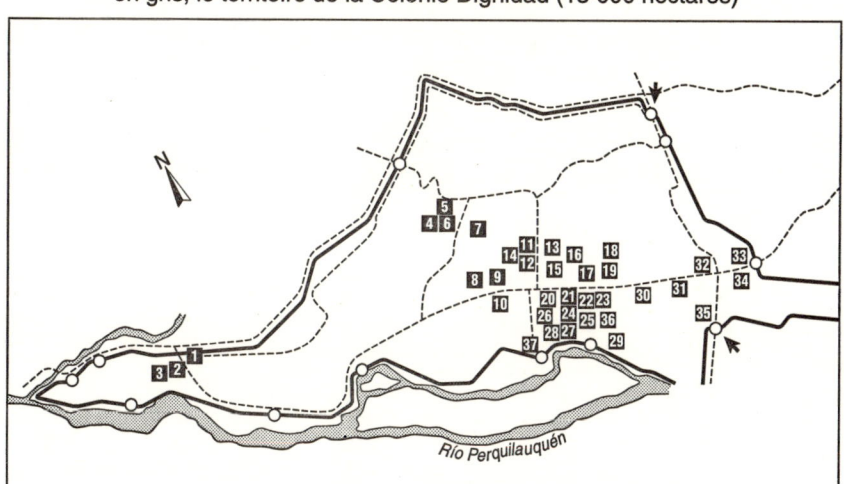

1. accueil. 2. et 3. entrepôts. 4. foyer pour filles et garçons. 5. foyer pour adultes mariés. 6. maison d'hôtes. 7. cantine, cuisine, entrepôt frigorifique, bureaux, atelier. 8. entrepôt. 9. moulin et magasin. 10. foyer des hommes adultes célibataires et mariés. 11. atelier d'électricité, bureau des architectes. 12. foyer pour hommes célibataires. 13. entrepôt pour les pommes de terre et les machines agricoles. 14. boulangerie. 15. garage et parking. 16. foyer pour hommes célibataires. 17. hôpital. 18. et 19. annexes de l'hôpital. 20. ateliers. 21. menuiserie. 22. entrepôt destiné au fourrage. 23. étable. 24. blanchisserie. 25. abattoir. 26. 27. et 28. poulaillers. 29. atelier des jardiniers. 30. théâtre. 31. briqueterie. 32. foyer pour femmes adultes célibataires. 33. école. 34. hangar. 35. entrepôt destiné au fourrage. 36. étable. 37. turbines.

La Colonie Dignidad

plan élaboré par le journal *La Nación*

CHRONOLOGIE

1947. Suspecté d'abus sexuels sur mineurs, Paul Schaefer est déchargé de ses fonctions d'animateur par une Église allemande.

1948. Schaefer est recruté comme infirmier par l'Église évangélique de Gartow. Il est en contact avec de nombreux jeunes qui le suivront à travers l'Allemagne : les prémices d'une secte.

1951. Nouvelles accusations pour abus sexuels. De retour à Siegburg, sa ville natale, Schaefer s'investit dans une nouvelle société chrétienne.

1952. Éducateur pour enfants en difficulté, Schaefer est à nouveau suspecté.

1954. Travaille avec Hugo Baar à Gross-Schwülper. Schaefer se proclame « envoyé de Dieu ».

1955. Prédicateur à Gronau (Ruhr), Hugo Baar rencontre Hermann Schmidt.

1958. Schaefer fonde la Mission sociale privée à Siegburg, sa ville natale. Les adhérents travaillent bénévolement pour la communauté.

1961. Deux jeunes ayant séjourné auprès de Schaefer l'accusent d'abus sexuels. Pour échapper au mandat d'arrêt lancé contre lui, il s'enfuit vers l'Amérique latine sous le nom de Paul Schneider. Baar veille sur la Mission sociale privée. L'ambassadeur du Chili en Allemagne facilite l'émigration rapide d'une partie des jeunes hébergés par l'orphelinat.

26 juin 1961. Fondation de la Société Dignité de bienfaisance et d'éducation.

21 septembre 1961. Publication d'un décret accordant à cette société une personnalité juridique.

9 octobre 1961. Deux hommes, Hermann Schmidt et Rudolf Collen, acquièrent une propriété sise à une quarantaine de kilomètres de Parral, appelée « El Lavadero » (3 062 hectares), qui appartenait jusque-là à la « Companía italiana de colonización ».

3 octobre 1962. Le gouverneur de Parral certifie que la Colonia Dignidad agit conformément aux lois chiliennes ; le chef de l'État, Jorge Alessandri Rodriguez, signe un décret exonérant d'impôts la Colonia Dignidad.

Mai 1965. Décès d'Ursula Schmidtke Zeitner, qui tentait de fuir la Colonia.

1966. Wolfgang Müller s'enfuit de la Colonia.

Avril 1966. La Chambre des députés invite la Cour suprême à désigner un juge pour enquêter sur les activités de la Colonia.

Mars 1968. Conclusions de l'enquête : l'école de la Colonia fonctionne en marge des lois ; les élèves, contrairement à ce qui est annoncé, ne sont pas des orphelins rescapés du tremblement de terre de mai 1960. D'une façon plus générale, les activités de la Colonia ne correspondent pas à ce qu'énoncent ses statuts. Un député prend la défense de la colonie en évoquant une « erreur nationale ».

1969. Peter Packmor fuit la Colonia et se réfugie en Allemagne.

1970. La Colonia met ses terrains à la disposition du groupe d'extrême droite « Patria y Libertad » et offre l'asile au dirigeant de ce mouvement, Roberto Thieme.

11 septembre 1973. Coup d'État. Le général Pinochet prend le pouvoir au Chili. Un mois plus tard, la « caravane de la mort » assassine 72 prisonniers politiques.

1974. Le 15 juin. La Junte créé la DINA (Dirección de inteligencia nacional), police politique. En Allemagne, le magazine *Stern* et Amnesty International dénoncent la Colonia comme centre de tortures utilisé par la DINA.

Janvier 1975. Hugo Baar est appelé au Chili par Schaefer.

Février 1977. La Commission des droits de l'homme de l'ONU mentionne la Colonia Dignidad comme un lieu de détention et de torture des opposants.

Mai 1977. Le tribunal de Bonn interdit à la section allemande d'Amnesty de publier de nouvelles accusations sur les tortures pratiquées à la Colonia en attendant les résultats de l'enquête en cours.

Août 1977. La DINA est remplacée par la CNI (Central nacional de inteligencia).

Avril 1978. Pinochet décrète une amnistie pour les crimes commis par l'armée et les services de sécurité.

15 juin 1984. La colonie Dignité acquiert un terrain (El Litral) situé à dix kilomètres de la ville de Bulnes (huitième région), sur lequel est installé un restaurant.

Décembre 1984. Hugo Baar quitte la Colonia.

Février 1985. Les colons Lotti et Georg Packmor se réfugient dans les locaux de l'ambassade du Canada au Chili.

Avril 1985. Boris Weisfeiler, Russe naturalisé américain, disparaît à proximité de la Colonia.

Septembre 1986. État de siège au Chili.

Avril 1988. Jürgen Szurgelies, colon, fait une seconde tentative de fuite ; la police chilienne le reconduit sur place.

Octobre 1988. Le plébiscite est un échec pour Pinochet : victoire du « non » avec 54,71 % des suffrages exprimés.

Janvier 1989. La Cour suprême du Chili désigne le juge Guillermo Navas Bustamante pour enquêter sur la Colonia. Il se borne à diligenter une enquête sur les éventuelles atteintes à la liberté de mouvement des colons et à un possible viol de correspondance.

Février 1989. Manuel Contreras (patron de la DINA) a souvent séjourné à la Colonia depuis le coup d'État ; son fils unique y est resté pensionnaire entre 1974 et 1976.

Août 1989. Le ministère du Travail reconnaît à la Colonia le droit de ne pas respecter le code du travail en vigueur dans le pays.

Septembre 1989. À la suite de l'enquête menée par le juge Hernán Robert Arias, de Talca, la Cour suprême affirme que la Colonia Dignidad n'est pas coupable de violations des droits de l'homme. Crise diplomatique entre le Chili et l'Allemagne, à l'origine de ces investigations.

Octobre 1989. Menaces de mort contre Heinz Kuhn qui raconte dans une émission de télévision comment il s'est évadé de la Colonia.

Décembre 1989. Le démocrate-chrétien Patricio Aylwin est élu à la présidence de la République.

Mars 1990. Pinochet transmet le pouvoir à Aylwin, mais reste commandant en chef de l'armée de terre.

Juin 1990. Création de la société Abratec S.A., qui devient propriétaire de la plus grande partie des biens de la colonie Dignité. Trois autres sociétés anonymes sont mises sur pied : Agripalma, Bardana et Cinoglosa.

Janvier 1991. Schaefer est recherché par la justice allemande devant laquelle il doit témoigner.

31 janvier 1991. Par la suite d'irrégularités détectées dans son fonctionnement, la Colonia Dignidad voit sa personnalité juridique modifiée par décret du ministère de la Justice. Décision « arbitraire, inconstitutionnelle et illégale », protestent les intéressés.
À l'époque, l'équipe dirigeante de la Colonia Dignidad se présente comme suit :

Président : Hermann Schmidt Georgi, né le 25 janvier 1915 à Bonn (Allemagne), officier de la Luftwaffe. Prisonnier de guerre en URSS durant cinq ans. Études de théologie luthérienne en Allemagne. Marié avec la secrétaire de la Chambre d'industrie et de commerce allemande.

Vice-président : Gerd Seewald Lefevre, né le 17 mars 1922 en Allemagne, chef radio-opérateur dans la Luftwaffe. Docteur en philosophie, il a travaillé à l'université de Hambourg.

Secrétaire : Hans-Jürgen Blanck Ehnert, né le 13 novembre 1929 à Hambourg (Allemagne). Mécanicien chauffagiste, il a exercé durant un an comme agent des douanes allemandes.

Trésorier : Friedrich Pohlchen, né le 19 septembre 1906 en Allemagne. Participe aux combats sur le front de l'Est durant la Seconde Guerre mondiale. Après la guerre, se recycle dans l'agriculture.

Trésorier adjoint : Albert Schreiber, né le 3 septembre 1931 en Roumanie. Commerçant, comptable.

Février 1991. 180 colons entament une grève de la faim pour protester contre les moyens juridiques déployés à l'encontre de leur enclave. Le responsable de la communauté méthodiste, Juan Osorio, vole au secours de la Colonia, dont les biens sont évalués à un demi-million de dollars.

Roberto Thieme reconnaît l'appui logistique apporté par la Colonia lors du coup d'État. L'ancien dirigeant de « Patria y Libertad » admet également avoir simulé un accident d'avion en 1973, avec la complicité de l'enclave allemande.

Mars 1991. Le rapport de la commission Vérité et Réconciliation – dite « Rettig » – évoque la disparition ou l'assassinat de 3 500 personnes pendant la dictature.

Avril 1991. Le vice-président de la Chambre des députés, Carlos Dupré, épingle les 17 sénateurs qui demandent au Tribunal constitutionnel l'annulation du décret modifiant la personnalité juridique de la Colonia. « C'est une défense plus politique que juridique », dit-il. Un sénateur conservateur réplique en déclarant que le président de la République ne peut en aucun cas prononcer la dissolution d'une fondation. Le fisc, appuyé par les carabiniers, se penche sur les comptes des sociétés anonymes liées à la Colonia.

Octobre 1991. Une nouvelle génération de colons émerge à la tête de la Sociedad benefactora. Le président en titre est désormais une femme. Le Docteur Hartmut Hopp apparaît comme secrétaire. Albert Schreiber devient directeur.

Septembre 1992. La Cour suprême donne raison à la Colonia et déclare inconstitutionnel le décret modifiant son statut juridique.

Mars 1993. La cour d'appel de Santiago n'en valide pas moins ce changement de personnalité juridique.

Juin 1993. Enquête sur l'éventuelle présence d'un cimetière clandestin à la Colonia.

Décembre 1993. Eduardo Frei Tagle devient président de la République.

Août 1994. La Cour suprême confirme une décision de la cour d'appel de Chillán considérant que la Sociedad benefactora n'existe pas légalement ; satisfaction de l'Allemagne. Manifestation de 1 500 « amis « de la Colonia pour défendre l'hôpital et l'école.

Septembre 1994. Grève de la faim de 53 jeunes Chiliens, enfants adoptifs des fondateurs de la Colonia, pour protester contre le changement de statut juridique. Le sénateur Hernán Laraín intervient au nom de 37 parlementaires. Il promet d'intervenir auprès du gouvernement. Le mouvement cesse au bout de 18 jours.

Décembre 1994. Plusieurs personnalités interviennent en faveur de la Colonia, dont Monica Madariaga, Otto Dörr, Eugenio Heiremans, Pedro Lizana et Hernán Briones.

Janvier 1995. Des députés proposent la création d'une commission d'enquête sur la Colonia.

Mars 1995. Après de nouvelles manifestations de soutien, le gouvernement autorise la Colonia à maintenir école et hôpital en service. La nouvelle année scolaire débute avec 78 élèves.

Mai 1995. Manuel Contreras, ancien bras droit de Pinochet, est condamné à 7 ans de prison ; son ancien adjoint, Pedro Espinoza, à 6 ans.

Le gouverneur de Linares saisit la justice au sujet de l'inhumation illégale de quatre citoyens allemands. Les services de la Santé réclament la fermeture provisoire de l'hôpital sous peine de lourdes amendes. Intervention des sénateurs Hernán Laraín et Sergio Diez auprès du ministre de la Santé, en faveur de l'hôpital.

Juin 1995. Réouverture de l'hôpital sur ordre de la Cour suprême.

Octobre 1995. La police recherche Hermann Schmidt et Kurt Schnellenkamp pour divers délits économiques.

Novembre 1995. La commission d'enquête parlementaire conclut que rien n'a changé au sein de la Colonia et appelle le Conseil de défense de l'État à plus de célérité.

Janvier 1996. Nouvelle tentative de fuite : Karl Albert Stricker se plaint d'être exploité. Des députés interviennent en faveur de ce colon.

Mai 1996. L'ex-président de la Colonia Dignidad, Hermann Schmidt, meurt d'un infarctus à 81 ans.

Juin 1996. La police judiciaire est saisie d'une plainte pour abus sexuels déposée contre Paul Schaefer.

Août 1996. Agression des policiers, durant une perquisition, par un Allemand et une Chilienne. Le député Felipe Letelier (PPD) prend leur défense.

30 novembre 1996. Première perquisition à la Colonia.

Décembre 1996. Un juge de Parral, Jorge Norambuena, ordonne l'arrestation de Paul Schaefer.

Mars 1997. Ouverture d'une enquête pour obstruction à l'action de la justice et association présumée illicite. Le 20, nouvelle perquisition.en même temps que dans la propriété de Bulnes et dans celle de Santiago.

Avril 1997. Le juge Norambuena veut évaluer l'état physique et psychologique de tous les enfants, chiliens et allemands, ayant séjourné au sein de l'« internat intensif ».

Mai 1997. Survol de la Colonia en hélicoptère ; fouilles durant plusieurs jours.

Juin 1997. Tobías Müller, citoyen allemand, et son ami Zalo Luna s'échappent de la Colonia. Le 18, perquisition massive.

Mars 1998. Fuite du chef de la sécurité de la Colonia, Erwin Fege, et d'une infirmière, Brigitte Malessa. L'avocat Hernán Fernández, qui défend les familles des enfants victimes d'abus sexuels, affirme que la police ne s'est pas donné les moyens de rechercher Paul Schaefer.
Pinochet devient sénateur à vie. Le 22 septembre, il arrive en Grande-Bretagne pour subir une intervention chirurgicale.

1998. Le magistrat chargé d'instruire les plaintes déposées contre Augusto Pinochet ordonne une enquête sur l'utilisation de la Colonia comme centre de détention de la DINA et possible lieu d'inhumation de disparus entre 1974 et 1976.

Mars 2000. Pinochet quitte Londres à bord d'un avion chilien à destination de Santiago.

Juin 2000. La Colonia est soupçonnée d'avoir abrité plusieurs ex-dignitaires nazis dans les années 60 et 70. Walter Rauff, l'inventeur des chambres à gaz mobiles, a vécu dans le sud du Chili jusqu'à sa mort en mai 1984.

Août 2000. Le député Jaime Naranjo affirme disposer d'informations selon lesquelles des membres de la Colonia achèteraient des terrains dans le sud du Chili.
Répondant à un député qui évoquait l'existence d'une ligne téléphonique reliant directement la Colonia à son siège de Santiago, puis à un local de l'ex-DINA, la Colonia nie tout lien avec l'armée chilienne.
L'avocat Hernán Fernández dénonce l'obstruction systématique pratiquée selon lui par le général Luis Rieutord et le major Fernando Hormazábal, responsable des carabiniers à Parral, de même que par le sous-préfet de Linares qui ferait peu cas de ses réclamations.

Septembre 2000. Incarcération de Gerhard Mücke, alias « *Tío Mau* ». Le juge Juan Guzmán l'interroge sur les détenus disparus à la Colonia. Le Conseil de défense de l'État entame également des poursuites au nom du fisc.

Des experts du laboratoire de police criminelle de Concepción perquisitionnent à la Colonia dans le cadre de l'enquête sur la disparition du militant Alvaro Vallejos Villagrán (ex-dirigeant du MIR). Saisie d'une importante documentation.

Revers pour le juge Guzmán : la cour d'appel de Santiago annule la procédure ouverte contre le hiérarque de la Colonia, Gerhard Mücke. La Cour suprême est saisie.

Octobre 2000. La Cour suprême reconnaît le bien-fondé des poursuites contre Mücke, qui voit suspendu son visa de résident permanent au Chili. Son expulsion ne peut intervenir tant que la justice n'aura pas statué sur les faits qui lui sont reprochés.

Décembre 2000. Hartmut Hopp, porte-parole de la Colonia, échappe aux poursuites pour infraction à la loi sur l'adoption ; le Conseil de défense de l'État fait appel.

Février 2001. Le chef de la police judiciaire en charge du dossier de la Colonia reçoit un avertissement de la justice au sujet de la perquisition effectuée sur place en octobre 2000. La police fait appel.

Nouvelle tentative de fuite. Doris Gert, 32 ans, est récupérée par la Colonia quelques heures plus tard dans les environs.

Mars 2001. La Cour suprême valide la perquisition au cours de laquelle ont été saisies les archives de la Colonia.

Avec l'accord de la Colonia, une femme se rend à l'aéroport de Santiago pour y rencontrer ses deux sœurs venues d'Allemagne ; elle fait faux bond à ses gardes.

Avril 2001. La Cour suprême suspend l'avertissement frappant le chef de la police judiciaire.

Juillet 2001. La justice examine le cas de la doctoresse allemande qui a rédigé un faux certificat de décès, quatorze ans plus tôt, après la mort de l'enfant Harmut Munch, tué d'une balle. Recours des avocats de la Colonia.

Août 2001. Le nouveau porte-parole de la Colonia, Hernán Escobar, dément toute implication de la secte dans la disparition de Boris Weisfeiler.

L'avocat des victimes mineures de Paul Schaefer et le

Conseil de défense de l'État s'opposent à la clôture de l'enquête sur les présumés abus sexuels. Ils réclament la poursuite des recherches, ainsi que l'audition d'un témoin en fuite, un certain « Fred », chauffeur de Schaefer.

La Cour suprême accepte de suspendre les poursuites contre Pinochet, invoquant la dégradation de son état mental.

Septembre 2001. Le juge chargé du dossier de la Colonia lance un mandat d'arrêt à l'encontre d'Alfred Matthussen. Suspecté d'avoir contribué à soustraire à la justice la dernière victime de Schaefer, il aurait quitté le Chili.

Octobre 2001. La justice française lance un mandat d'arrêt international contre l'homme le plus recherché du Chili dans le cadre de la disparition du dirigeant du MIR, Alfonso Chanfreau.

Novembre 2001. Un groupe de 46 députés affiliés au Parti social-démocrate invite le gouvernement allemand à envoyer au Chili une équipe de policiers pour aider à mettre la main sur Paul Schaefer.

Février 2002. Mort dans des conditions troubles du colon Karl Albert Stricker, à la suite d'un prétendu accident du travail.

Juin 2002. La cour d'appel confirme une décision de 1991 au sujet de la situation fiscale de la Colonia. Avec les amendes et les intérêts, elle doit 9 milliards de pesos ; une transaction est envisagée.

Août 2002. Le juge Juan Guzmán se déclare incompétent dans le dossier instruit contre Gerhard Mücke au sujet de la disparition du militant Vallejos Villagrán. Le dossier est transmis au juge de Talca, Hernán González... lequel renvoie le dossier à la justice militaire.

Septembre 2002. Un tribunal de Talca ordonne de poursuivre deux colons, dont Gerhard Mücke, pour « complicité » dans l'affaire des abus sexuels sur mineurs.

13 avril 2003. Quatre colons s'échappent avec l'aide d'un juge et de la police. Parmi eux, le Chilien Franz Baar Kohler (fils adoptif du hiérarque Hugo Baar qui quitta la Colonia en 1985), son épouse, Ingrid Szurgelies Selent, et les parents de celle-ci. La justice leur demande notamment de participer à l'identification de quatre colons connus sous les pseudonymes de « *Tío Pluto* », « *Tío Pinki* », « *Tío Schatz* » et « *Tío Mau* ».

Juillet 2003. La justice française clôt l'instruction du dossier Pinochet ouvrant la voie à un procès par contumace.

BIBLIOGRAPHIE

Colonia Dignidad. En quête de la sortie du labyrinthe, par Jaime Lagos et Paul Friedrich Violenstein, éd. Jean Richter, 1988 (Chili).

Los Zarpazos del puma, la cavarana de la muerte, par Patricia Verdugo, éditions Cesoc, 1989 (Chili).

Los nazis en Chile, par Victor Farias, Seix Barral.

Colonia Dignidad, par Gero Gemballa, éd. Cesoc, 1990.

Colonia Dignidad, von der Psychosekte zum Folterlager, par F. Paul Heller, éd. Schmetterling Verlag, 1993 (Allemagne).

La máscara derrumbada. Sociología de la sectas, par Humberto Lagos, éd. Cesoc, 1996 (Chili).

Se busca. Paul Schaefer, salvador o demonio de Colonia Dignidad, par Marcelo Araya, éd. Cesoc (1998).

Pinochet face à la justice espagnole, par Paz Rojas B., Victor Espinoza C., Julia Urquieta O., Hernán Soto H., éd. L'Harmattan, 1999 (France).

Los Alemanes y la comunidad chileno-alemana en la historia de Chile, sous la direction de Ricardo Krebs, éd. Liga chileno-alemana, 2001 (Chili).

Le Dossier Pinochet, par Dominique Rizet et Rémy Bellon, Michel Lafon, 2002 (France).

La Mort lente des disparus au Chili sous la négociation civils/militaires (1973-2002), par Antonio Garcia Castro, éd. Maisonneuve & Larose, 2002 (France).

El último secreto de Colonia Dignidad, par Carlos Basso, éd. Mare Nostrum, 2002 (Chili).

Pinochet, un dictateur modèle, par Marc Fernandez et Jean-Christophe Rampal, Hachette Littératures, 2003 (France).

Justice et politique, le cas Pinochet, par Michel Pinçon et Monique Pinçon-Charlot, éd. Syllepse, 2003 (France).

La Folie de Pinochet, par Luis Sepúlveda, éd. Métailié, 2003 (France).

TABLE

*Composition et mise en pages réalisées
par ÉTIANNE COMPOSITION
à Montrouge*

Impression réalisée sur CAMERON par
BRODARD ET TAUPIN
La Flèche

pour le compte des Éditions Fayard
en mars 2004

Imprimé en France
Dépôt légal : mars 2004
N° d'édition : 42785 – N° d'impression : 22996
ISBN : 2-213-61674-4
35-57-1874-01/3